超限战
Transfinite War

乔良 王湘穗
——著

辽宁人民出版社

©乔　良　王湘穗　2024

图书在版编目（CIP）数据

超限战 / 乔良，王湘穗著 . — 沈阳：辽宁人民出版社，2024.7
ISBN 978-7-205-11163-2

Ⅰ.①超… Ⅱ.①乔… ②王… Ⅲ.①军事战略—研究 Ⅳ.①E81

中国国家版本馆CIP数据核字(2024)第094526号

出版发行：辽宁人民出版社
　　　　　地址：沈阳市和平区十一纬路25号　邮编：110003
　　　　　电话：024-23284325（邮　购）024-23284300（发行部）
　　　　　http://www.lnpph.com.cn
印　　刷：天津中印联印务有限公司
幅面尺寸：160mm×230mm
印　　张：18.25
字　　数：231千字
出版时间：2024年7月第1版
印刷时间：2024年7月第1次印刷
责任编辑：王　增
封面设计：人马艺术设计·储平
版式设计：任尚洁
责任校对：吴艳杰
书　　号：ISBN 978-7-205-11163-2
定　　价：68.00元

中文新版自序

这就是今天的战争

这是自1999年1月本书面世后的第五个中文版本。

四分之一个世纪过去之后再回望，连我们自己都惊讶，25年前，我们居然为未来世界描绘的是一张路线图：9·11，伊拉克战争，中东颜色革命，中美贸易战-科技战，席卷全球、扑朔迷离的新冠灾难，俄乌战争开启后西方对俄罗斯的经济-金融制裁，等等，无不被这本区区十二万字的小书一一囊括。那时我们说，这就是未来的战争，而随后发生的历史在验证过我们的预警后，告诉世人，这就是今天的战争。

从这个意义上说，《超限战》是一个预言，一个被不断涌现的历史所证实的预言。

但我们不是巫师，我们只是思考者。我们依靠的不是卜噬占卦，而是基于对已经发生的历史事件中，所有那些蕴含着未来因子的真实案例与数据的分析。此外，还有逻辑。

《超限战》也是一部逻辑之书，它不是先验论，而是被建立在历史事实之上的严密逻辑推导出来的新战争理论。这一理论预见了也影响了世界风貌的改变。

正因如此，我们有限接触过的美国、法国、意大利、日本以及印度、巴基斯坦还有委内瑞拉、阿根廷的政客、学者与军人，都在骄傲地告诉我们："我读过这本书！"

也因如此，一向要求别人尊重知识产权的美国，会在几乎与该书问世至今同样长的时间里，连续盗版并非法销售了三个版本的《超限战》。

更因如此，美国霍普金斯大学，会从2005年至2009年连续五年，召开了五届"全美《超限战》研讨会"。作为这一研讨的直接成果，就是在该书出版后的第八个年头，参加过霍普金斯大学研讨的前美海军陆战队司令马蒂斯上将与退役海军中校霍夫曼，推出了让包括中国军人在内的许多国家的军队趋之若鹜的"混合战争"理论。但这两位作者似乎比他们的追随者要清醒和诚实。他们在自己著作的前言中坦率承认：《超限战》是第一代混合战争理论，我们的理论受到了该书的启发。

但谢谢马蒂斯将军和霍夫曼中校，尽管我们接受你们的坦承——承认这两个理论之间的传承关系，但我们并不认为"混合战争"理论是"超限战"的"第二代"延展。

因为这二者根本的区别在于，对"非战争军事行动"与"非军事战争行动"这两大概念的认知。二者的区别绝不仅仅是词语顺序的改变。它是广义战争论与狭义战争论——传统战争叠加非战争要素——的分水岭。

《超限战》想提醒人们的是，21世纪后战争将无所不在，无人不可成为战士，无工具不可成为武器，无领域不可成为战场；而"混合战争"理论则告诉发动战争的政客与参加战争的军人们，在对对手进行军事打击时，最好叠加进经济、外交、文化、心理等非军事工具。而这一军事+其他的模式，只是整个"超限战"理论的一角，即我们所提出的"军事手段与其他非军事手段的超领域、超界限、超限度组合"。

如果读者能细心体味一下，应不难发现，今天世界正在发生的所有重大事件，更接近前者还是后者的描述与预见。

这是我们在本书初版25年，现在即将要出版第五个版本时，想对读者们说的话，权作序。

乔良　王湘穗
2024年5月28日

中文四版自序

让历史去验证

这是我们为《超限战》的第四个中文版写的序言。

十七年里,这本初版于20世纪最后一个冬天的小书,历经坎坷,几度沉浮,熬老了甚至熬走了与它的命运发生过这样那样奇妙联系的一代人,也熬白了我们俩的须发,唯独它,看上去依旧年轻。

它的生命力,不取决于我们的期待,而是取决于来自这个世界的那么多质疑、非议和误读,以及同样多的理解、认同和欣赏,比这更重要的是,它在过去的十七年里,不断被历史所验证。

同样是十七年前,当美国人用五枚激光制导炸弹精确"误炸"了中国驻南联盟大使馆之后的8月中旬,《华盛顿邮报》记者潘文(John Pomfret)以"中国人深思'超限战'"为题,在该报头版上发表长文,第一次提到"这是四十年来中国在西方影响最大的一部书"时,我们以为,这只不过是这位记者为了引起美国人对此书的警觉,故作惊人之语。

还是这一年,中国人民解放军军事科学院的姚云竹大校(后来成为军科院的第三位女将军)把美国军方情报系统与美国中央情报局联合翻译的《超限战》英文版打印本转送给我们,说这是美国一高级军方代表团送给她的"礼物"。在把这本据她说"翻译得非常漂亮,甚至比你们的原文还棒"的英译本交到她手里时,那位美国将军顺便告诉她:"这本书美国高级将领人手一册，同时也是西点军校（美国陆军学院）学员的课外必读书。"当时，我们也仅仅以为这是西方人惯常的夸大其词。

此后不久，新世纪降临的同时，美国海军学院给我们来函，要求我们授权给他们，将此书作为美国海军学院的教材，并声称"这本书对于美国的军人和非军人都至关重要"，我们依然认为，这只是因为美军比我们更注重研究对手罢了，不值得我们过于在意。

直到两年后的9月11日，当18名恐怖分子操纵3架波音飞机，撞向世贸大厦和五角大楼的电视画面，令人瞠目地突现在我们眼前，而随即美国总统小布什面色阴沉地向全世界宣布"这就是战争"时，我们才意识到，这部书和我们的命运，都可能将因此改变。

此后，整整过了一年，在"9·11"事件周年纪念日这一天，举世闻名的亚马逊书店和Newsmax网站联合盗版发行《超限战》，并故意将书名改为"无限的战争——中国政府摧毁美国的绝妙计划"，这本书也因此成为美国人未经我们授权，盗印出版并公开发行的第一本中国人写的书。

这以后，从2006年至2009年，美国约翰斯·霍普金斯大学连续四年召开全美《超限战》研讨会，每年都出版厚厚的一册论文汇编。在2006年召开的首届研讨会上，美国中央战区原司令、海军陆战队四星上将安东尼·津尼（Anthony C. Zinni）做了主题发言；次年，在第二届研讨会上，时任美国战略司令部司令（后升任美国参谋长联席会议即参联会副主席）、四星上将詹姆斯·卡特赖特（James Cartwright）发表了演讲。在会上，这两人对"超限战"的评价是"人类已进入'超限战'时代"，"超限战是不可战胜的"。

再后来，中国人民解放军军事科学院翻译了美军2006年最新版《陆军作战条令》作为内部资料，而《超限战》书中的一些观点，已被美国人正式写进了该条令。

对于作者来说，自己的著作被别的国家、被其他语种所移译并推重，是一件值得荣幸的事情，但对于身为军人的我们，为自己的国家和军队奉献的思想，仅仅被对手国和他们的军队所重视与研究，则不能不说是一种不幸。

所幸，书是唯一一种不需要双脚就能游走于世界的奇特造物。即使在公开场合一直被视为禁忌的最初几年里，这本书也始终是中国军人——从高级军官到下层官兵——乃至社会青年热议的话题。今天，人们终于可以公开地接纳它时，或许会发现，"超限战"这三个字早已成为超越军语范畴的流行用语。只要人类社会中还存在竞争和冲突，这个词就会有生命力。

当然，对我们来说，我们的"野心"不会止于为《军语》贡献一条新"军语"，或为"大众词典"贡献一句"流行语"。在美国哈德逊研究所政治与军事分析研究中心主任理查德·韦茨看来，面对"超限战"等下一代的战争战术，西方尚未找到有效方法予以应对。即使是此后美国人提出的"混合战"概念（这个概念很快被俄罗斯人接了过去，加以发挥），也仍可被视为西方人的翻版"超限战"，从概念到原理都没有超出《超限战》在十七年前就给定的"新战争"范围。即便按照他们的理论进行所谓"混合战"实践，也不过是用"超限战"打"超限战"，仅此而已。至于更多的尾随《超限战》而至的这样那样的"××战"，则基本上可以视作搭顺风车之作，无须我们多言。

我们从没打算让《超限战》停留在一大堆奇思怪想或邪招异术之上。我们希望读者把《超限战》看作有关思维方式的书。为了探究这种异于现下流行的思维模式，我们一开始要做的事情，就是改变自己的思维方式。我想我们做到了这一点，我们沿着"组合（手段）"与"错位（运用）"这两条线索，一路摸索到了"新战争"与"新战法"的门径。透过门隙，我们看到了本·拉登的残忍面孔，也窥破了美式战争的堂奥，我们甚至自信地认为，我们可能望见了"胜律"的背影。但愿这不是错觉。

需要特别说明的是，细心的读者会发现，与前三个版本不同，这一版厚了许多，因为在本书的后半部分，我们收录了美国约翰斯·霍普金斯大学四年《超限战》研讨会的部分论文作为美国人"反超限战"的研究成果，一并提交给读者，让大家直接感受一次"思想超限战"的交锋。谁的思想更能走进读者心灵，占据读者的大脑，相信你们会有自己的结论。而不论是何种结论，都是我们所期待的，因为那必定是思想碰撞的结晶。

从家族、氏族繁衍出社会和国家以来，人类一代又一代地始终处在各种利益的冲突、争夺、博弈之中。为此，人们设计出了种种方案、计划和理论，《超限战》不过是这无数种方法中的一种。毫无疑问，它不可能是最后的解决方式。但我们亲身经历的多位我军德高望重的将领，在我们面临最艰难的人生时刻对我们的支持和保护，还有我们亲耳听到的多位外国将校军官对本书的由衷激赏，以及更多的不知姓名的读者对本书令人感动的认同和肯定，都使我们对本书的价值和作用充满信心。

不管怎么说，当这部书的第四个版本摆在我们面前，也呈现在读者眼前时，我们有理由相信，它会比我们两人的寿命更长。不过，我们更想告诉世人的是，我们写这样一部书，是为了帮助人类抑制乃至消灭战争，而绝不是延续战争。

2016年7月21日于北京

中文三版自序

无处不见超限战的踪迹

白驹过隙，不觉中《超限战》已面世十年。最初我们特意为概括战争最新趋势而自创的"超限战"一词，现已不但成为军语，还成了国际流行语，以至书店中不时有冠"××超限战"的书出现，令人生出几分感慨。

这十年里，发端于20世纪80年代的世界军事革命进程还在继续。先后发生的科索沃战争、伊拉克战争和至今尚未结束的"最漫长"的阿富汗战争，向世人渐次展示着此番军事革命的成果与瑕疵。就像我们在《超限战》中指出的那样，大量的技术发明，在不断刺激人们对新武器心驰神往的同时，也迅速消解了每一种武器的神奇。"没有谁能拥有战争冠名权。"十年教训，让人们已渐从沉醉于"更新、更强"武器的研发，转而表现出对新武器装备的"节制"。军人们更关注的问题是，如何把各种新旧装备组合在一起，变传统的"平台中心战"为"网络中心战"式的体系对抗。作为一个标志性事件，美国在F22飞机刚装备部队后就关闭了生产线，令全球军界乃至许多先进武器的发烧友错愕不已。与之对应，陈旧的B52和C130飞机却"老树绽新花"，经过适用性改造后，在今天的战场上大放异彩。看来，武器的代次已经不像以往那样清晰，军事性战争的发展也充满着不确定性。可以确定的是，即使是美国这样拥有强大的战争融资能力的国家，也难以维持过于昂贵的传统帝国式战争。

在力有不逮的情况下，合理的思路是调整战争的目标——放弃要对手无条件投降式的"全胜""零和"追求，选择可实现、可控制的有限目标。随着战争目标的改变，战争的手段亦会改变。大量军事、非军事、超军事手段的组合运用，构成了今天广泛存在的"超限战"现实。不仅在科索沃、伊拉克、阿富汗的军事性战争里有超限战，在美元与欧元、发达国家与新兴国家间的博弈中，也无处不见超限战的踪迹。不论人们喜欢不喜欢，超限战都是一种事实。面对这种新的战争趋势，最新版的美军作战条令条例已开始正面引用《超限战》的内容，西方一些军事院校多次召开超限战专题研讨会，台湾地区"汉光演习"中也有所谓根据超限战思想设计的金融攻击情节，我们还发现了印度盗版的《超限战》、越南文的《超限战》盗译本和智利学生关于超限战的论文。令人感叹的是，某些国家还有专门针对《超限战》作者的超限战，尽管我们早有察觉，但在被证实后仍感震惊。

在我们看来，作为一种战争形态，"超限战"属现在进行时。然而，作为文本的《超限战》，却属于历史。围绕这本书发生的许多故事，体现出不同国家、不同的人对新观念、新思想的不同态度，这使《超限战》三版时保存历史原貌本身就具有历史价值和意义。就像刻舟求剑，如果船移动了，一切便失去了依据。

剑落于此，故泊舟于此——所以，我们确定，中文三版除了补上法文版序言和一些评论文章，依然一字不改。

中文再版自序

我们的命运被改变

本书初版至今，算来已六年有半。六年时间不长，围绕这本书在国内外掀起的种种喧哗与骚动，至今还未完全平息。不过在我们两人这里，此事已是尘埃落定，因为我们一开始就认定，我们要写给这个世界的，只是一本有关新战争的兵书，而不是一本道学专著。尽管我们并不认同用伦理学观点去度量兵学理论，但我们仍然承认这是读者自己的权利。一本书既已出版，是耶，非耶，就只能由人去评说。对此，我们不想干预，实际上也干预不了。所以，尽管我们发现不少赞同者和反对者一样，都没能真正理解这本书，我们仍然不想在发行第二版之际，对此做过多的辩白。

我们只是加进了一些附录，供有兴趣的读者参考，因为六年时间里毕竟发生了不少事情。特别是当世界上不少人把"9·11"这样的惊天事件与本书联系在一起时，的确有必要在新版中加进这些附录。但对于正文，我们决定不做任何改动。一是我们只能尊重历史；二是现在看来，我们当初所写的东西，六年后仍没有什么需要改动之处：它的脉息迄今还在与历史同步。阿富汗战争、伊拉克战争、东欧和中亚的颜色革命、基地组织及其他极端恐怖势力的继续肆虐，甚至最近国际油价历史性突破67美元，以及在美国某些政治势力的干预下，中国海洋石油集团有限公司收购美国优尼科公司的失败，都在向世人证实着这本书的生命力。

  这本书还未成为历史，但它毕竟已经创下了某些历史纪录，比如，它是中国第一本在一年时间里连续印刷10次的非文学类书；还有，它也是第一本被极其看重并维护知识产权的美国人公开盗版发行的中国人写的书。但这一切对我们而言，都不及我们在这本书中所表达的内容有意义。人有人的命运，书有书的命运。有意味的是，人（作者）往往无法改变书的命运，而书却常常能改变人（作者）的命运。六年间，我们的命运确已被这本书所改变。而对这本书被误读误解的命运，我们却无能为力。好在我们对历史特别是人类军事思想史充满信心，因为迄今为止，它们还从来没有不公正过。

  仅以此为再版序。

2005年8月16日作者识

作者为《超限战》法文版所作序言

中央情报局误译误读别有用心

我们对《超限战》能被翻译成世界上最优雅的文字——法文出版，感到深深的荣幸。

这首先是因为从拉伯雷、伏尔泰、卢梭、雨果、巴尔扎克，一直到普鲁斯特和加缪……这些用法文写作的作家和思想家，给我们的阅读生涯和思想历程刻下了难以磨灭的印记。其次，对于军人来说，这也许更重要——法国是拿破仑的祖国。作为军人的拿破仑，要比作为皇帝的拿破仑在这个世界上拥有更高的声誉和威望。他的一句话，"每个法国士兵的背囊里都有一根元帅的节杖"，直到今天还在激励着每一个想当元帅的士兵；而对中国人来说，他的另一句话，"中国是一头睡狮，千万别叫醒它"，上百年来更被当作唤醒麻木的中国人的警世名言。成为真正的"醒狮"，至今仍是许多中国人刻骨铭心、孜孜以求的目标。很遗憾，我们不能直接阅读法国历史上那些伟大先贤写下的优美文字。对于他们和他们的不朽著述，我们和绝大多数中国人一样，主要是借助翻译家的中介去了解，尽管这些出色的翻译仍然无法完全体现原作的博大精深，但还是让我们多少探悉到法兰西伟大的精神世界。由此，我们也知道，要把用另一种语言思考的思想变成其他文字有多么困难，选择重要文献几乎成为翻译出版的第一信条。《超限战》作为一部研究未来战争

作者为《超限战》法文版所作序言　中央情报局误译误读别有用心

趋势的著作，在中国拥有许多读者，却很难保证在法国也拥有同样大量的读者，因此能被选中翻译成法文，对我们来说不啻一种荣誉。

意大利前驻华武官、现任北约驻南欧地区司令法比奥·米尼将军为意大利文版《超限战》所作序言的标题是"超限战：第四'福音'书"。他已看到，由于语言的障碍和译本的不同，就像有不同的福音书那样，有四本不同的《超限战》。米尼将军并没有夸大其词。他认为，美国中央情报局下属的对外广播局资助的汉学家们"用相当出色的英语"翻译的《超限战》，是"第三本"《超限战》。这个译本的错误相当明显。比如，书名被翻译为"Unrestricted Warfare"，也就是"没有限制的战争"，这显然不符合我们把书名定为"超限战"的本意。我们在书中明白无误地写道："无限的超越是不可能的，也是做不到的。任何超越都只能在一定的限度内进行。就是说，超限并不等于无限，而只是扩大了的'有限'，即超出某一领域、某一方向的固有界限，在更多的领域和方向上组合机会和手段，以实现既定的目标。这就是我们为'超限组合战'下的定义。"显然，按我们的本意，"超限战"（超越界限和限制的战争）译为"Wars Beyond Limits"更恰当。再看副标题，原书为"全球化时代的战争与战法"，Newsmax网站发表的翻译则是"China's Master Plan to Destroy America"（中国官方毁灭美国的计划），这已经不是离题万里，而是荒谬至极甚至是别有用心了！同样应该指出的是，这个英译本对内容的翻译也有许多错谬之处，如我们在书中有这样一段话："武器新概念则使普通人和军人一起对自己习以为常的事物也会成为战争武器而大感骇异。相信人们会在某一个早上醒来时吃惊地发现，许多温良和平的事物都开始具有了攻击性和杀伤性。"这一论断被波音747客机在那个血色的早晨证明以后，人们对我们提出的"武器新概念"有了更深的印象和警觉；可是该译本竟南辕北辙地把"吃惊地发现"，令人吃惊地翻译成了"惊喜地发现"，这一错误，完全

013

可能把我们由预言家变成心机险恶的"凶徒"。这样一来，在所有阅读英文版《超限战》的人那里，我们就完全从喊"狼来了"的孩子变成了狼，从研究"恐怖主义"现象的人变成了"恐怖分子"。

不错，《超限战》专门拿出一小部分篇幅对"新恐怖战"进行了论述，其中特别分析了"本·拉登式的恐怖主义"的一些特征："所有用非军事战争行动对国际社会宣战的非国家力量的主体，都是以超国家、超领域、超手段的方式出现的。有形的国家疆界，无形的网际空间，国际法、国家法、行为准则、道德伦理，统统对他们不构成约束力。他们不对任何人负责，不为任何规则所限，在目标的选择上无所不忝其列，在手段的选择上无所不用其极。他们因行动诡秘而有很强的隐蔽性，因行为极端而造成广泛的伤害，因不加区分地攻击平民而显得异常残忍。现代媒体实时、连续、覆盖式的宣传，又极大地强化了这一切的恐怖效果。与这些人作战，将没有宣战，没有固定战场，没有正面搏杀，大多数情况下不会有硝烟、炮火和流血，但国际社会遭到的破坏和创痛，丝毫不亚于一场军事性战争所带来的。"这段写在"9·11"三年前的文字，应该说已经相当准确地指明了新恐怖主义的危害和行动特点。一切有良知的读者，不难从这段文字中了解到我们对恐怖主义的基本态度。

我们愿意再次提醒人们：由于技术大量的发明和综合运用，以及非国家组织和国家一道成为战争主体，全球化时代的战争正在发生着根本性的变化，出现了与传统军事性战争并列的非军事战争，如金融战、网络战、法规战、贸易战、新恐怖战等，《超限战》就是对这一变化的本质概括，我们正是在此意义上说超限战即超越军事领域的战争。这种"非军事战争行动"可能正是人类在全球化时代军事暴力的替代品。与常规战争相比，超限战的范围更宽泛，却减少了纯军事性战争的血腥气息，尽管这种战争对人类形成的强制性结果同样残酷，但我们仍有理由称之为"慈化"的战争。

从某种意义上说，作为一种战争趋势，超限战不是我们的发明，只是我们的发现，因为在我们提出这一概念之前，所有那些带有帝国色彩的国家都已经相当充分地实践过了这一战争样式，但"超限战"毫无疑问是对这一趋势的最早命名和专门论述。对于这种趋势，我们相信，如果恐怖主义组织能够领悟，各国在实施反恐作战时同样会领悟，其中的关键所在是看谁的思想更透彻、行动更主动，用我们的话说，"谁组合好谁赢"，谁就是"超限战"的胜利者。

在我们看来，对《超限战》的误读和误解，主要是某些国家中的某些人和某些势力的刻意所为，但也不能完全排除语言翻译的因素。上帝是聪明的，他知道阻止人们修建巴比伦塔的最好办法是设置语言障碍，但作为上帝之子的人类显然更加聪明，他们找到了克服包括语言障碍在内的一切障碍的办法，这就是沟通与交流。

《超限战》的法文译本出版，就是人们企图克服思想和语言障碍进行沟通与交流的一次有意义的尝试。为此，我们感谢Bibliotheque Rivages出版社和翻译者，感谢他们为此书所付出的如此多的辛劳。同样，我们也要感谢每一位通过法文阅读此书的读者。按照米尼将军的排列法，这应该是"第五本"《超限战》了，我们唯一的愿望是，这是误读和误解作者本意最少的一本书，如是，那将是我们的"福音"。

作者为日文版所作序言

"9·11"的悲剧不可避免

我们从来都不曾希望自己能成为预言家，特别是预言恐怖事件可能成为某种血腥现实的先知，但是造物主并不想理会我们的这一愿望，正像它常常不理会人类的许多善良愿望一样。9月11日之后，我们从接到的大量电话中听到最多的一个词是"不幸言中"。意指发生在纽约曼哈顿岛上的那场真正的美国悲剧，三年前我们就已在所写的这本薄薄小书《超限战》中做过准确的预言和判断。这真是一次可怕的应验，可怕到我们丝毫无法从中获得一丝快慰——当举世闻名的世贸大厦的那两座姐妹楼，在全世界面前悲惨而又残酷地垮塌时，你绝不可能因为"这证明你是对的"而自鸣得意。成千上万无辜者的生命在瞬间化作尘埃，这种残暴带来的震惊，远远压过了我们对个人研究成果的满足。

与此同时，我们也感到了深深的无奈和悲哀。三年前，我们已明确无误地在这本小书中指出：新恐怖主义将成为21世纪初叶人类社会安全的主要威胁，其特点将是以一场战术级别的行动达到对当事国战略级别的打击和震撼。我们在书中告诉人们："本·拉登式的恐怖主义的曝光，向世人强化了这样一种印象：任何国家力量，不论多么强大，都难以在一场无规则游戏中占上风。"我们还特别指出："他们因行动诡秘而有很强的隐蔽性，因行为极端而造成广泛的伤害，因不加区分地攻击平民而显得异常残忍。现代媒体实时、连续、覆盖式的宣传，又极大地强化了这一切的恐怖效果。"说这些话时，我们两人像是一对喊"狼来了"的孩子。与"9·11"事件一样不幸的是，那时没有人相信我们的话，不过把我们当作以耸人听闻的方式说谎的孩子罢了，甚至有人干脆指斥我们就是狼，说我们是在宣扬恐怖主义。然而，狼真的来了，并且是以我们预言的方式：非职业军人——使用非常规武器——针对无辜平民——在非军事意义的战场上——打一场超越军事领域和界限的战争。这就是超限战对"新恐怖主义"的定义。对照来看，"9·11"几乎百分之百符合这一定义。

据说，"9·11"事件发生的第二天，美国的一位三星将军告诉电视观众："几年前，中国的两位军官写了一本叫"超限战"的书，已经就恐怖主义对世界特别是美国的威胁发出了警示，却没有引起我们的注意。现在，他们所提到的事情已经活生生地在我们的眼前发生了，看来我们有必要回过来再重新读读这本书。"应该说，比起他们在世界各国的同僚，美国军方的思想触角已算相当地敏感。《超限战》的英译本在这本书出版的当年就摆上了五角大楼将军们的案头，美国海军学院甚至还曾直接给我们来函，要求转让非商业性的内部版权，以便将此书列为该院的正式教材。然而，仅此而已，事实证明，他们没有理解这本书所发出的警讯。

我们并不会天真地认为，如果三年前美国人比现在更认真地读了这本书，就一定能避免"9·11"悲剧的发生。在这一点上，我们很悲观。除了提醒人们注意本·拉登式的恐怖主义，我们还特别向世人发出警告："如果所有的恐怖分子把自己的行动仅仅局限在爆炸、绑架、暗杀和劫持飞机这类传统路数，倒还不是最恐怖的。真正恐怖的是，恐怖分子与各种可能成为超级武器的高新技术相遇。"这就是说，除了本·拉登式的恐怖主义，我们还将面临其他形形色色的恐怖主义，比如由某个黑客组织发动的网络恐怖战或金融投机家们发动的金融恐怖战。这些恐怖主义者将充分凭借高技术为他们提供的便利，把他们染指的任何地方都变成血腥的或不那么血腥的战场。但有一点不会变，那就是恐怖，并且是神出鬼没、飘忽无形的恐怖。任何国家都将对它——防不胜防。

显然，这已经是一种全新的、不同于传统意义上的战争形态。当我们把它称为"非军事战争行动"时，曾遭到过某些军事专家的嘲笑："什么样的战术行动，能够震撼美国这样的超级大国？"他们认为这样的问题连想象一下都匪夷所思；他们认为战争就是军事，"非军事战争行动"？这不合逻辑。不幸的是，恐怖主义本身就不合乎人类善良天性的逻辑。更不幸的是，对这样一个简单结论的获知，人类——今天是美国人，需要付出血的代价。现在，结论已经出来了，美国总统乔治·布什说："这就是战争！"

但是，即使我们懂得了这就是战争，仍然不能避免这种战争的发生，因为这是所有战争中最不确定的战争，没有确定的敌人、确定的战场、确定的武器，一切都不确定。这就使得任何惯常以确定方式打击敌人的军事行动，都将面临"老虎吃天，无从下口"的尴尬。在我们看来，"无论是黑客的入侵、世贸中心大爆炸，还是本·拉登的炸弹袭击，都大大超出了美军理解的频带宽度。如何对付这样的敌人，美军显然在心理上和手段上，特别是在军事思想以及由此派生的战法上准备不足"。并且，即使打击恐怖主义的一方在某个时段、某个局部取得了某种程度的胜利，如果它不能确保将恐怖主义连根拔除，就势必还将面临"按下葫芦起了瓢"的困境，问题是"将恐怖主义连根拔除"谈何容易！这就牵出了另一个话题：哪里是恐怖主义的根源？并连带出一个问题：什么导致了恐怖主义？不同种族、不同文化、不同宗教和不同的价值观，将对此问题给出不同的答案。但不管是什么答案，都无法抹去一个事实：恐怖主义是被强势集团挤迫得日益边缘化的弱势集团的绝望挣扎。如果我们所有人都能认同这一点，那就应该可以同样认同如下结论：对恐怖主义仅仅进行国家暴力式的打击是远远不够的，也无法从根本上解决问题。

不过，无论恐怖分子如何制造骇人听闻的恐怖事件，全球化的列车依旧在呼啸前行，瞬间的刹车或减速几乎无法改变它的既定轨道，而我们全都是这趟车上的乘客。列车前进的方向是否正确，列车本身的性能是否安全可靠，都与我们每个人息息相关。既然同在一列车上，就不存在单边安全。安全是共同的、一体的，这意味着即使是车长，也不能把自己的安全置于众多乘客之上，特别是，你必须善待车上的每一个人，我们不能让哪一位乘客因绝望而怀有与列车同归于尽的心理去铤而走险，因为这将反过来危及我们自身的生存。

这就是"9·11"事件后，我们想到的打算补写进《超限战》一书中的话。

2001年9月26日于北京

序论
海湾战争改变世界

　　每个经历过20世纪最后十年的人，都会深刻地感受到这个世界的变化。相信没有人敢说，历史上还有哪个十年发生的变化比这个更大。促成沧桑巨变的原因当然数不胜数，但只有为数不多的原因被人们反复提及。其中之一就是海湾战争。

　　一场战争改变世界。把这样的结论与一次发生在局部地区并且仅仅持续了42天的战争联系在一起，似乎有些夸大其词。不过，事实的确如此，无须一一列举1991年1月17日之后开始出现的所有新名词，只需举苏联、波黑、科索沃、克隆、微软、黑客、互联网、东南亚金融危机、欧元，还有世界上唯一的超级大国——美国，这些就足够了。它们差不多构成了近十年来这颗星球上的主题词。

　　而我们要说的是，这一切都与那场战争有关，不管是直接的还是间接的关联。只是，我们并不想神化战争，特别是不想神化一场敌我双方实力悬殊的一边倒的战争。恰恰相反，在我们深入考察那场仅用一个月时间就改变了整个世界的战争时，我们还注意到了另外一个事实：战争本身也已经被改变了。

　　我们发现，从那场可以用"辉煌"和"主宰"之类的字眼去形容的战争到达战争史上迄今为止的最高顶点之后，战争，这个人们原以为会在世界舞台上扮演更重要角色的事物，突然一下子，竟坐在了B角的位置上。

一场改变世界的战争最终改变了战争自己，这真令人匪夷所思，但又让人不能不深思。我们所指的不是战争工具、战争技术、战争方式或战争形态的改变。我们所指的是战争作用的改变。谁能想象，一个由于他的出现而改变了整个剧情的不可一世的演员，突然发现自己竟是最后一次扮演这种独一无二的角色。并且，还未等走下舞台，就已经被告知不大可能再担任A角，起码不再是唯一占据舞台中心的角色了，这该是一种什么样的感觉？

也许，对这种感觉体会最深的，大概要数一心想把救世主、消防队员、世界警察、和平使者等角色全部扮演起来的美国人了。从"沙漠风暴"吹过后，山姆大叔就再没能取得过一次可以称道的胜利。不管是在索马里还是在波黑，无不如此。特别是在最近一次美英联手空袭伊拉克的行动中，同样的舞台，同样的手段，同样的演员，却无法再成功地上演八年前那幕令人印象深刻的壮剧。曾经无往不利的军事手段，在比世界上大多数军人的头脑都更复杂的政治、经济、文化、外交、民族、宗教等问题面前，突然空前地显示出了它的局限性。而这在强权即公理的时期——20世纪大部分历史都属于这一时期——都是不成问题的问题。问题是，以美国为首的多国部队，在科威特的沙漠地带结束了这个时期，从而开始了一个新的时期。

这个时期眼下还看不出将导致大批军人的失业，也不会使战争从这个世界上绝迹。所有这些都还在未定之天。唯有一点可以确定无疑：从此往后，战争将不再是原来的战争。就是说，如果人类今后仍不得不进行战争，战争将不能再按我们已知的方式进行了。

我们无法否认自由经济、人权观念和环保意识之类新的动机对人类社会和心灵的冲击，但战争的异变肯定有比这更复杂的背景，否则，战

021

争这只不死鸟就不会在濒临式微时获得涅槃：当人们开始倾向并庆幸更少地使用军事暴力的手段解决争端时，战争却以其他形式在其他领域获得新生，成为一切怀有控制别国或他人意图的人手中威力巨大的工具。从这个意义上看，我们有理由把毁损度绝不亚于一场战争的索罗斯们对东南亚的金融攻击、本·拉登对美国使馆的恐怖袭击，以及奥姆真理教教徒对东京地铁的施毒和小莫里斯之辈在互联网上的捣乱，认定为准战争、类战争、亚战争，即另外一种战争的雏形。

不管如何称呼它们，都无法使我们变得比从前更为乐观。我们没有理由乐观，因为纯粹意义上的战争作用的缩小，并不意味着战争的终结。即使身处所谓后现代、后工业时期，战争也不会被彻底地解构。它不过是以更复杂、更广泛、更隐蔽、更微妙的方式重新侵入人类社会罢了。就像拜伦在悲悼雪莱的诗中所说的那样："什么都没有发生，不过是经历一次海水的幻化而已。"经过现代技术和市场体制幻化的战争，将更多地以非典型性战争的形态展开。换句话说，我们在看到军事暴力相对减少的同时，肯定会看到政治暴力、经济暴力、技术暴力的增多。但不管是何种形式的暴力，战争就是战争，外观的变化并不妨碍任何战争对战争原理的遵循。如果我们承认新的战争原理将不再是"用武力手段强迫敌方接受自己的意志"，而是"用一切手段，包括武力和非武力、军事和非军事、杀伤和非杀伤的手段，强迫敌方满足自己的利益要求"的话。

这就是变化。战争的以及由此产生的战争方式的变化。那么，究竟是什么导致了变化，以及是怎样的变化、向何处变化和如何面对这些变化，这是本书试图触及并揭示的课题，也是我们决定撰写本书的动机。

1999年1月17日，时值海湾战争爆发八周年

目 录

中文新版自序
这就是今天的战争 / 001

中文四版自序
让历史去验证 / 004

中文三版自序
无处不见超限战的踪迹 / 008

中文再版自序
我们的命运被改变 / 010

作者为《超限战》法文版所作序言
中央情报局误译误读别有用心 / 012

作者为日文版所作序言
"9·11"的悲剧不可避免 / 016

序论
海湾战争改变世界 / 020

上卷　论新战争

第一章
总是先行到来的武器革命 / 007

第二章
战神的面孔模糊了 / 023

第三章
背离经典的经典 / 041

第四章
美国人在大象身上摸到了什么 / 059

下卷　论新战法

第五章
战争博弈的新着法 / 089

第六章
寻找胜律：剑走偏锋 / 111

第七章
万法归一：超限组合 / 131

第八章
必要的原则 / 151

结语
全球化时代的超限战 / 163

本书自创词表 / 168

附录一
超限战与现代战争 / 169

附录二
从"妖魔化"到学理化
——对《超限战》评介的流变 / 188

附录三
超限战：寻求均衡者
——《简氏防务周刊》对《超限战》的评价 / 194

附录四
国家与新恐怖主义之间的角逐
——超越军事界限的战争 / 201

附录五
"9·11"周年祭——21世纪的真正开端 / 207

附录六
《超限战》的历史传承及对霸权主义的警示 / 209

附录七
自"超限战"中和平崛起：针对中国特点的大战略 / 218

中文初版后记 / 257

中文再版后记 / 259

中文三版后记 / 260

上卷
论新战争

故国虽大，好战必亡；天下虽安，忘战必危。

——司马穰苴

科学及与之相联系的技术进步通过一系列革命步骤——向前的巨大步伐，给了我们一幅关于自然界的全新图景。

——伯纳德·科恩

技术是现代人类的图腾。[1]

在功利主义的熏风吹拂下，技术比科学更受人们青睐是不足为奇的。科学大发现的时代，已经留在了爱因斯坦以前的岁月中。现代人则越来越倾向于：在我活着的时候，就看到一切梦想实现。这使他们在为自己的明天下注时，大都透过上千度的近视镜片去乞灵膜拜技术。如是，在不太长的时间里，技术得到了令人瞠目的爆炸性发展，给急功近利的人类带来了数不胜数的好处。我们自豪地把它称为技术进步，却不知此时自己正置身于一个迷失了心性的技术蒙昧期。[2]

技术在今天已日益变得令人眼花缭乱和不可控制。贝尔实验室和索尼公司不停地推出新奇的小玩意儿，比尔·盖茨年年开启他的新视窗，克隆羊"多莉"证明人类已经打算替代造物的上帝。俄制令人生畏的SU-27战斗机还没在任何一场战争中派上用场，SU-35就已经登台亮相[3]，而SU-35能否在战场上出尽风头后再功成身退也是件大可怀疑的事。技术就像套在人类脚上的"魔鞋"，在被商业利益拧紧了发条后，人们只能

---

1. 哲学家奥斯瓦尔德·斯宾格勒在他的《人类与技术》一书中说："技术是像我父上帝一样永恒和不可变化的，它像上帝之子一样拯救人类，它像圣灵一样照耀着我们。"斯宾格勒对技术一如神学家对上帝般的崇拜，正体现了人类进入大工业时代后并在后工业时代愈益兴盛的另一种蒙昧。
2. 在这方面，法国哲学家兼科学家让·拉特利尔有独到见解，他认为，科学技术对文化既有破坏效应，也有诱导效应。在这两种效应的综合作用下，人类很难保持对技术的清醒判断。
3. 尽管超视距（BVR）武器的完善，已使空战的基本概念发生了很大变化，但毕竟没有完全取消近距格斗。能做"眼镜蛇"机动的SU-27和能做"钩子"动作的SU-35，都是迄今为止最出色的战斗机。

随鞋起舞，按照它给定的节奏飞快地旋转。

瓦特、爱迪生的名字几乎是技术大发明的同义语，用这些技术巨匠去命名他们的时代可以说理所当然。不过，从那以后，情况发生了变化，一百多年来无法数计的五花八门的技术发明，使得任何一项新技术的出现都很难在人类生活的领域中妄自尊大。如果说"蒸汽机时代""电气化时代"这些提法在当时还可谓实至名归，那么今天，当种种新技术像不断拍打时代堤岸的涌浪，使人们都来不及短暂地欢呼，就被淹没在更高更新的技术潮头之下时，仅以一种新技术或一位发明家命名一个时代的时代已成明日黄花。这就是为什么如果我们把当今时代称为"核时代"或"信息时代"，仍会毫无疑问，因为信息技术的出现是人类文明的福音，它是迄今为止唯一能给从潘多拉魔盒中放出去的所有技术"瘟疫"注入更大能量，同时又加上一道金箍对其进行控制的手段。只是谁又能为它也戴上道金箍眼下还是个问题。悲观的论点是，假如这一技术朝人类不可控的方向发展，最终将使人类成为它的牺牲品。如此可怕的结论却丝毫没能减弱人们对它的热情。它本身显示的乐观前景对渴望技术进步的人类具有更强烈的诱惑性。毕竟它所独有的交流与共享的特性，是我们可以期望的引领人类走出技术蒙昧的灵性之光。尽管这还不足以让我们与那些一叶障目的未来学家一样，用它的名字来冠名整个时代。它的特性恰恰使它无法取代大量已有的、正在出现的和即将诞生的各类技术，特别是像生物技术、材料技术和纳米技术这些与信息技术彼此借重、彼此推进直至彼此共生的技术。

三百年来，人们早已习惯于在技术领域里盲目地喜新厌旧，对新技术的无尽追求成了解决一切生存难题的灵丹妙药。人们沉迷其中而渐入歧途。就像为掩饰一个错误通常会再犯十个错误一样，为解决一个难题人们也常常不惜为自己带来十个难题。[1]如为更便捷地代步人们发明了汽车，但紧跟在汽车屁股后面的一长串问题——采矿冶炼、机械加工、石油开采、橡胶提炼、道路修筑等，又需要采取同样一长串的技术手段去解决，直到最终导致污染环境、破坏资源、挤占耕地、交通事故等更多更棘手的问题出现。到头来，以车代步的原始目的与这些派生的问题相比，倒似乎显得无足轻重了。技术的无理性膨胀，就是这样让人类不断地把一个个初始目标遗失在枝杈横生的技术之树上而迷途忘返。我们不妨把这种现象称作"枝杈效应"。所幸的是，在这个时候，现代信息技术出现了。这肯定是技术史上最重要的一场革命。其革命性意义不仅仅在于它本身是一项全新的技术，更在于它是一种能轻松穿透技术间的重重壁垒，把看似毫不相关的各种技术联结在一起的黏合剂。通过它的黏合，不但可能派生出许多非驴非马又亦此亦彼的新技术，还给人类与技术的关系提供了一种全新思路：人类只能站在人类的角度，才能认清技术的工具性实质，才不至于在解决自身面临的生存难题时，成为技术——工具的奴隶。人类完全可以充分展开自己的想象，在使用每一项技术时穷尽其潜能，而不必像熊瞎子掰苞米那样，不断地用新技术去淘汰旧技术。在今天，单项技术的独立使用已经变得越来越不可想象。信息技术的出现，为各种新旧技术以及高新技术间的匹配使用，提供了无限的可能性。无数事实证明，技术的综合运用甚至比技术的发明更能推动社会的前进。[2]单声部引吭高歌的局面正在被多声部大合唱所取代。技术的大融合正在不可逆转地导致全球化趋势的上升，而全球化趋势又反过来加速了技术

---

1. 戴维·埃伦费尔德在《人道主义的僭妄》一书中，列举了许多这样的事例。施瓦茨在《过度巧妙》中说："一个问题的解决会产生一批新问题，这些问题最终会排除那种解决。"热内·迪博在《理性的觉醒》中也谈到了同样的现象。
2. E. 舒尔曼在《科技时代与人类未来》中指出："在以现代技术的爆炸性发展为基础的当代文化的动态发展中，我们将越来越多地面临多学科合作的事实。……一门特殊的科学无法足够科学地指导实践。"

大融合的进程，这便是我们这个时代的基本特征。

这一特征必会投射到时代的任何方向上，战争领域自然也不会例外。任何一支渴望现代化的军队都离不开新技术的喂养，而战争的需要从来就是新技术的催产士。海湾战争中有500多种20世纪80年代的高新技术登台亮相，使得这场战争简直就像新武器们的表演场。但给人留下深刻印象的不是新武器本身，而是武器发展和使用中的系统化趋向，像"爱国者"拦截"飞毛腿"，看似如用霰弹枪打鸟那么简单，实际上要牵动部署在大半个地球上的许多兵器：DSP（"国防支援计划"）卫星发现目标后，向澳大利亚地面站传送警报，经美国本土的夏延山指挥所再把信息发给利雅得中心指挥所，然后命令"爱国者"操作员进入战位，光是在90秒钟的预警阶段，就要依赖空间系统和C3I系统（指挥、控制与通信集成系统）的多次传接配合，真可谓"一弹动全球"。众多武器间超距离的实时合作，形成了前所未见的作战能力，而这正是信息技术出现之前无法想象的事情。假如说，在第二次世界大战之前，单种武器的出现还可能引起军事革命，那么在今天，已经没有谁能独领风骚了。

技术综合——全球化时代的战争，取消了武器对战争的冠名权，在新的基点上重新排列了武器与战争的关系，新概念武器特别是武器新概念的出场，使战争的面孔日渐变得模糊。一次"黑客"侵袭，算不算敌对行动？利用金融工具去摧毁一国经济，能否视为一场战争？CNN（美国有线电视新闻网）对美军士兵暴尸摩加迪沙街头的报道，是不是动摇了美国人充当世界宪兵的决心，从而改变了世界战略的格局？对战争行为的判断是看手段还是看效果？显然，从传统的战争定义出发，已经无法对以上问题给出令人满意的答案。当我们突然意识到所有这些非战争行动都可能就是未来战争的新的构成因素时，我们不得不对这种战争新模式进行一次新的命名：

超越一切界限和限度的战争，简言之：超限战。

如果这一命名能够成立，那么，这种战争意味着手段无所不备，信息无所不至，战场无所不在；意味着一切武器和技术都可以任意叠加；意味着横亘在战争与非战争、军事与非军事两个世界间的全部界限统统都要被打破；还意味着已有的许多作战原则将会被修改，甚至连战争法也需要重新修订。

但是，战神的脉搏是难以把握的。要想谈论战争，特别是谈论发生在明天晚上或是后天早晨的战争，你别无他法，只能屏息定性，仔细号切战神在今天的脉象。

第一章
总是先行到来的武器革命

一旦技术上的进步可以用于军事目的,并且已经用于军事目的,它们便立刻几乎强制地,而且往往违反指挥官的意志地引起作战方式上的改变甚至变革。

——恩格斯

武器革命总是比军事革命先行一步，当革命性的武器到来之后，军事革命的到来就是迟早的事了。战争史在不断提供这样的证明：青铜或铁制的矛造就了步兵方阵，弓箭和马镫为骑兵提供了新的战术[1]，从使用黑火药的枪炮中萌生了整套近代战争的模式……从圆锥子弹和来复枪[2]作为技术时代的尖兵登上战场起，武器干脆就在战争的胸前缀上自己的名字。先是钢甲巨舰充当海上霸主，开启了"战列舰时代"，再是它的兄弟"坦克"名冠陆战，然后是飞机称雄天空，最后原子弹横空出世，昭示"核时代"的来临。今天，大量的高新技术武器不断涌现，使武器俨然成了战争的首席代表。当人们谈到未来战争时，已经很习惯地用某种武器或是某项技术去称呼它，叫它"电子战""精确武器战""信息战"。在思维轨道的惯性滑跑中，人们还不曾察觉，某种不显眼但很重要的变化正在悄悄来临。

---

1. 恩格斯说："弓箭对于蒙昧时代，正如铁剑对于野蛮时代和火器对于文明时代一样，乃是决定性武器。"（《马克思恩格斯选集》，第4卷，人民出版社，1972年，P19。）
关于马镫对改变作战方式的作用，可以参阅顾准的文章《马镫和封建主义——技术造就历史吗？》译文及评注："马镫……它立即使白刃战成为可能，而这是一种革命性的新战斗方式。……很少有发明像马镫那么简单，但很少有发明在历史上起过像它那样的触媒作用。""马镫在西欧引起了军事——社会一系列改革。"（《顾准文集》，贵州人民出版社，1994年，P293—309。）
2. "在1850—1860年之间发明的来复枪和圆锥形子弹与任何先后的新武器技术发展相比都具有更深刻的直接革命性影响。……20世纪出现的高爆弹、飞机、坦克对当代产生的影响肯定比不上当时的来复枪。"详见T. N. 杜普伊所著的《武器和战争的演变》中的第三部分第21节"来复枪、圆锥形子弹和散开队形"。（军事科学出版社，1985年，P238—250。）

没有谁能拥有战争冠名权

武器革命是军事革命的前奏。与以往有所不同的是，即将到来的军事革命，将不再被一两种单一武器所推动。大量的技术发明，在不断刺激人们对新武器心向神往的同时，也迅速消解了每一种武器的神奇。以往数种武器或装备的发明，像马镫、马克沁机枪[1]，就足以引起战争样式的改变，现在则需要上百种武器构成若干个武器系统，才能从整体上影响战争。武器发明得越多，单一武器在战争中的作用就越小，这是隐含在武器与战争关系里的悖论。就此意义上说，除了全面使用核武器这一越来越不大可能出现的情况可以被称为核战争，其他任何一种哪怕是极富革命性的武器，都已不再拥有对未来战争的冠名权。

或许正是因为人们认识到这一点，才有了"高技术战争"和"信息战"[2]的提法，意在以宽泛的技术概念替代具体的武器概念，用模糊学的方法解决这道难题。可这似乎仍然不是解决问题的办法。

细究起来，最先出现在美国建筑业中的"高技术"[3]一词，实在是有点

---

1. 在第一次世界大战的索姆河会战中，英军于1916年7月1日对德军发起进攻，德军用马克沁机枪向密集队形的英军扫射，使英军一天内伤亡6万人。从此，密集队形的冲锋逐渐退出了战场。(《武器与战争——军事技术的历史演变》，刘戟锋著，国防科技大学出版社，1992年，P172—173。)

2. 如果不把维纳关于战争游戏机器的看法，当成对信息武器的最早论述，那么，汤姆·罗那在1976年所说的一句话，即信息战"是决策系统之间的斗争"，就使他成了"信息战"这一术语的最早提出者。(美国《军事情报》杂志1997年1—3月号，道格拉斯·迪尔斯"信息战的内涵、特点与影响"。)曾有过十余年服役经历的我国青年学者沈伟光通过独立研究，于1990年出版了《信息战》，这大概是研究信息战最早的专著。托夫勒借"第三次浪潮"的声势，在他的畅销书《权力的转移》中，把"信息战"概念推向全球，而海湾战争恰好成了这一作战新概念最精彩的广告。于是，谈论"信息战"成了一种时髦。

3. 国外专家认为"高技术"是一个没有完全固定下来的概念，也是一个动态概念，不同国家对"高技术"的侧重点各异。军事"高技术"主要包括军用微电子装置技术、计算机技术、光电子技术、航天技术、生物技术、新材料技术、隐形技术、定向能技术。军事高技术最主要的特征是"综合性"，即各项军事高技术都是由多种技术组成的，是一个技术群。(详见中国人民解放军军事科学院外国军事研究部《外军资料》1993年69期。)

语焉不详。什么是"高技术"？它针对什么而言？从逻辑上说，高和低只是相对概念。而用一个可变性很大的概念，刻舟求剑式地为千变万化中的战争命名，本身就很成问题。当一代所谓的"高技术"随着时间的推移变成低技术时，我们是否还准备把接下来出现的新鲜玩意儿再次命名为"高技术"？而这是否会给我们在技术大爆炸的今天，称呼和使用每一项新出现的技术带来混乱和麻烦？何况是否为"高技术"究竟应以什么为标准？就技术本身来说，每一项技术都是具体的，因而也就有它的时限性。昨天的"高"，很可能是今天的"低"，而今天的"新"，又会成为明天的"旧"。相对于M-60坦克、"眼镜蛇"直升机和B-52这些20世纪60—70年代的主战兵器，"艾布拉姆斯"坦克、"阿帕奇"武装直升机、F-117攻击机以及"爱国者"导弹和"战斧"巡航导弹是"高技术"；而在B-2轰炸机、F-22战斗机、"科曼奇"直升机和"杰斯塔"联合监视目标攻击系统面前，它们眼看着又要成为明日黄花。如此说来，始终都是一个变数的"高技术"武器概念，岂不成了"新娘子"的头衔，随着"年年花开人不同"，只剩下空壳一样的名分，不断地戴在那些正在成为"新娘子"的女人头上。那么，在接连不断的战争链条中，每一种武器都在随时随地由高变低、由新变旧，时间之矢不肯在任何一点上停留，也就没有一种武器可以久居"高技术"的王座。既然如此，所谓的"高技术"战争，究竟是指哪一种"高技术"？

泛泛而言的"高技术"不能成为未来战争的同义语，作为当代高技术之一的、几乎在所有现代武器的构成中都占有重要地位的信息技术，就更不足以用来命名一场战争。即使在一场未来战争中所有武器都嵌上信息元件而被充分地信息化，我们仍不能把这种战争称作信息战争，充其量也只能称之为信息化战争。[1]因为不论信息技术如何重要，它都不能完全替代每一种技术本身的功能和作用。比如，已经充分信息技术化了的F-22战斗机仍是战斗机，"战斧"导弹仍是导弹，而不能笼统地把它们称作信息武器，用这些武器进行的战争也不能被称作信息战。[2]广义的信息化战争和狭义的信息战完全是两回事。前者是指被信息技术所强化并伴随的各种形态的战争，后者则主要是指以信息技术为手段获得或压制信息的作战。此外，信息崇拜制造的当代神话，使人们误以为它是唯一的朝阳技术，其他的一切都已经日薄西山。这种神话可以给比尔·盖茨的口袋带来更多的钱，却不能改变这样一个事实，即信息技术的发展也同样依赖于其他技术的发展，相关材料技术的开发直接制约着信息技术的突破，如生物技术的

---

1. 关于"信息战"的定义，至今仍是众说纷纭。美国国防部所下的定义是——在保护己方的信息、信息处理、信息系统和计算机网络的同时，为干扰敌人的信息、信息处理、信息系统和计算机网络以取得对敌信息优势而采取的行动。美国陆军FM100-6号野战条令认为，"国防部对于信息战的认识偏重于信息在实际冲突中的影响"，而陆军的理解是"信息已渗透到从和平时期到全球战争中军事行动的各个方面"（军事科学出版社，中译本，P24—25）。"广义信息战是利用信息达成国家目标的行动。"美国空军大学教授乔治·斯坦对信息战下的这个定义，气魄显得比陆军要更大一些。布莱恩·弗雷德里克斯上校在《联合部队季刊》1997年夏季号上的文章中提到，"信息战是一个超出国防部范围的国家性问题"，这也许是对信息战的广泛性最准确的表述。
2. 与"信息战"概念的内涵越来越扩大的情景正相反，美军中一些有头脑的少壮军官对"信息战"概念，提出越来越多的反诘。空军中校詹姆斯·罗杰斯指出，"信息战并非新事物……那些断言信息战技术和谋略将必然取代'兵器战'的人是否有些太过自信了"（美《海军陆战队》杂志1997年4月）。罗伯特·古尔利海军少校则提出了"信息战方面7个误区：(1)滥用比喻手法；(2)过分夸大威胁；(3)过高估计自身实力；(4)历史的相关性与准确性；(5)回避批评的反常企图；(6)毫无根据的设想；(7)不规范的定义"（美《纪事》杂志1997年9月号）。空军少校玉林·怀特海德在《空中力量杂志》1997年秋季号上撰文指出，信息不是万能的，信息武器也不是"魔法武器"。对信息战的质疑并不限于个人，美国空军的文件《信息战的基础》对"信息时代的战争"与"信息战"做了严格区分，认为"信息时代的战争"是使用信息化武器的战争，如用巡航导弹攻击目标，而"信息战"则是把信息作为独立领域和强劲武器。同样，一些著名学者也发表了自己的意见。约翰斯·霍普金斯大学教授埃略特·科恩提醒道："同核武器并没有淘汰常规力量一样，信息革命也不会淘汰游击战术、恐怖主义或大规模杀伤性武器。"

进展就决定着信息技术未来的命运。[1]说到生物信息技术，我们不妨回到前面的话题，再做一个小小的假设：如果有人用信息制导的生物武器打击了生物计算机，它应该算生物战呢还是信息战？恐怕没有人能用一句话答得上来，但这是完全可能发生的事情。其实，人们根本不必为信息技术能否在今日做大煞费苦心，因为它本身就是技术综合的产物，它的第一次出现以及每一次进步，都是一个与其他技术我中有你、你中有我的融合过程，而这正是技术综合—全球化时代最本质的特征。这一特征当然也会像钢印数码一样在每一件现代武器上留下它的典型印记。我们并不否认，在未来战场上，某些先进武器仍会起主导作用，但对于决定战争的胜败，已很难有谁还能占据独一无二的地位。它可能是主导的，却不是唯一的，更不会是长久不变的。也就是说，没有谁还能把自己的名字大言不惭地冠于某一场现代战争的前面。

有什么武器打什么仗与打什么仗造什么武器

"有什么武器打什么仗"与"打什么仗造什么武器"这两句话道出了常规战争与未来战争的明显分野，也点明了在这两类战争中武器与战法的关系。前者反映了处于自然状态下进行战争的人类对武器与战法关系的不自觉或被动适应，后者则预示了进入自由状态时人们对同一命题的自觉或主动选择。自有战争以来，人们一直遵循的一条不成文的通则就是"有什么武器打什么仗"。往往在有了一种武器之后，才开始形成与之匹配的战法。武器在前，战法随后，武器的演变对战法的演变具有决定性

---

[1]. 利用生物技术设计生产的大分子系统是更高级的电子元件生产材料，如蛋白分子计算机的运算速度和储存能力比现有计算机强大数亿倍。(《跨世纪的军事新观点》，军事科学出版社，1997年版，P142—145。)

的制约作用。这里固然有时代和技术的局限因素，但也不能说与每一代武器制造专家们都只考虑武器自身性能是否先进而不论其他的线性思维无关。或许这就是武器的革命总是先于军事革命的一个原因。

尽管"有什么武器打什么仗"这句话就其本质而言是消极的，因为它的潜台词所折射的是一种无奈，我们却无意贬低它在今天所具有的积极意义，这种积极意义就是立足现有武器，寻找最佳战法。换言之，就是力求找到最能与既定武器相匹配的作战方式，从而使其性能的发挥达到最大值。今天，从事战争的人已经在有意无意间完成了使这一法则从消极到积极的过渡。只是人们仍然误以为这是落后国家在无奈中唯一可能采取的主动。殊不知就是美国这样的世界头号强国，也同样需要面对这种无奈，即使富甲天下，也未必就能用清一色的高新技术武器去打一场费用昂贵的现代化战争。[1]只不过它在新旧武器的选择搭配方面有更多的自由罢了。

如果能找到良好的契合点，也就是找到最恰当适宜的战法，新旧不同代次的武器搭配使用，不仅能消解武器单一性的脆弱，还可能成为武器效能的"倍增器"。曾多次被人预言早该寿终正寝的B-52轰炸机在与巡航导弹及其他精确制导武器结合后又重放异彩，至今仍未歇下它的翅膀；A-10飞机利用外挂的红外导弹，使自己具备了原本没有的夜间攻击能力，而其与阿帕奇直升机的配合相得益彰，更使这种20世纪70年代中期出现的武器平台雄风大振。可见，"有什么武器打什么仗"并不是消极无为。如今日益开放的武器市场、多元的武器供应渠道，为武器的选择提供了极大的余地；多代次武器的大量并存，为武器的跨代次组合提供了比以往任何时代更广阔也更可为的基础。只要破除把武器代次、用途、

1.即使在被人们称为新式武器试验场的海湾战争中，也有许多老式武器和普通弹药发挥了重要作用。(详见《海湾战争——美国国防部致国会的最后报告附录》。)

联结方式固定化的思维惯性，就可能化腐朽为神奇；如果以为打现代战争就一定要靠先进武器，一味迷信这类武器的神奇作用，反倒会化神奇为腐朽。我们正处于以火药为标志的武器系统向以信息为标志的武器系统跃进的武器革命阶段，其间会有一个相对漫长的武器更迭期。眼下我们无法预言这一时期有多长，但可以肯定的是，只要这一更迭没有结束，有什么武器打什么仗就是任何国家包括美国这样拥有最多先进武器的国家处理武器与作战间关系的最基本的办法。

需要指出的是，最基本的不一定就是最有前途的。在消极的前提下积极进取只是特定时期的特定做法，而并非永恒的法则。科技进步在人类手中早已从被动发现变成主动发明，美国人提出"打什么仗造什么武器"的设想，引发了武器与战法关系自有战争以来的最大的一次变革。先确定作战方式，然后再来研制武器，在这方面，美国人吃到的第一只螃蟹就是"空地一体作战"，时下沸沸扬扬正当红的"数字化战场"和"数字化部队"[1]则是它的最新尝试。这种做法标志着武器总是领先于军事革命的地位已经动摇，战法先行而武器随进或是两者相互砥砺、推挽前行构成了它们之间的新关系。同时武器自身也发生了具有划时代意义的演变，它的发展不再只是看单一武器性能的改进，更要看武器是否具备与其他武器联结和匹配的良好性能。像当年高蹈独行的F-111轰炸机因其太先进以至无法与其他武器匹配而只能束之高阁的教训已被汲取，那种企图依靠一两种高新技术武器充当"撒手锏"致敌于死命的思想显然已经过时。"打什么仗造什么武器"这种带有鲜明时代特点和实验室特征的做法，既

---

1. 从"空地一体战"开始，美军武器装备的研制大体上都分为5个阶段：提出需求，拟定方案，方案论证，工程研制和生产，装备部队。对数字化部队的装备也是按此路子进行研制。（美《陆军》杂志1995年10月号）1997年3月，美国陆军举行旅规模的高级作战试验，共检验了58种数字化装备。（美《陆军时报》1997年3月31日、4月7日、28日）根据美陆军器材司令部司令约翰·E. 威尔逊上将的介绍，他的任务就是和美陆军训练与条令司令部合作，为他们的大胆而新颖的设想，开发合乎需要的先进技术装备。（美《陆军》杂志1997年10月号）

可以被视为一种主动选择，也可以被当成以不变应万变之策，它在酝酿战争史的重大突破的同时也隐含着现代战争的潜在危机：为一种尚在探讨研究中的战法度身定做一套武器系统，就如同为不知谁来赴约的盛宴准备菜肴，差之毫厘就可能谬之千里。从美军在索马里遇上艾迪德的军队后一筹莫展的表现看，最现代化的军队也不具备调节众口的能力，应付不了不按常规行事的敌手。在未来战场上，数字化部队很可能会像擅长烹饪奶油浇龙虾的大厨师一样，面对坚持啃玉米棒的游击队员徒叹奈何。武器和军队的"代差"[1]也许是需要格外重视的问题，代差越近，代位高的一方战果越显著，而代差拉得越开，彼此间相互对付的办法就越少，甚至可能谁也吃不掉谁。从已有的战例来看，高技术军队难以应付非正规战争和低技术战争，这其中或许有某种规律存在，起码是一种值得研究的有趣现象。[2]

新概念武器和武器新概念

与新概念武器相对，迄今为止我们所知道的一切武器几乎都可统称为旧概念武器。之所以称其为旧，是因为这类武器的基本性能就是机动力加杀伤力。即或像精确制导炸弹等高新技术武器，也不外乎添加进了智力和结构力这两种因素而已。从实用角度来说，不论如何改头换面也无法改变其传统武器的性质，即它始终被职业化战士所掌握并在一定战场上所使用。所有这些沿传统思路制造出来的武器和武器平台，在适应

---

1. 俄罗斯总参谋军事学院科研部主任斯利普琴科认为，战争和武器已经经历了五代，现在正走向第六代。(《美俄新军事革命》，朱小莉、赵小卓著，军事科学出版社，1996年，P6。)
2.《国防大学学报》1998年第11期刊登了陈伯江对美国国防部小组委员会主席菲利普·奥迪恩的访问记。菲利普·奥迪恩多次提到"非对称作战"，认为这是对美国的新威胁。安图利亚·埃切维利亚在《参数》杂志上发表文章，提出"在后工业时代最难对付的仍是'人民战争'"。

现代战争和未来战争的努力中，无一例外都已走进了死胡同。那些想用"高技术"的魔法将传统武器点铁成金、脱胎换骨的愿望，最终落入无休止消耗有限经费和军备竞赛的"高技术"陷阱。这就是传统武器发展过程中必然面对的悖论。

为保持武器的领先，只能在研制经费上层层加码；层层加码的结果，则是无人有足够的经费保持领先。其最终的结果是，保卫国家的利器，反倒成了导致国家破产的诱因。

最近的例证也许最有说服力。苏军前总参谋长奥尔加科夫元帅敏锐地洞悉了"核后时代"武器发展的走向，提出"军事技术革命"这一崭新概念时，他的思想显然领先于他的同时代人。但思想的超前并没有给他的国家带来福祉，反倒带来了灾难性后果。[1]这个在冷战背景下被他的同僚们视为独步一时的设想一经提出，便大大加剧了美苏间存在已久的军备竞赛，只是当时还没有人会预料到，其结果竟是苏联解体及其在超级大国的角逐中彻底出局。一个强大的帝国在一枪未放的情况下就土崩瓦解，活生生印证了吉卜林的一句名诗："帝国的灭亡，不是轰隆一响，而是扑哧一声。"不独苏联如此，今天的美国似乎也在步其老对手的后尘，为我们提出的武器发展悖论提供新的证明。随着技术综合时代的轮廓日渐清晰，他们投入新武器研制的费用越来越多，武器的价格也越来越昂贵，20世纪60—70年代研制F-14、F-15战斗机的花费是10亿美

1.美国防务专家认为，奥尔加科夫已经看到电子技术将使常规武器发生革命，并使之在效果上取代核武器。但奥尔加科夫在军事革命问题上的远见卓识因体制问题而搁浅，"如果一个国家跟踪技术革命的代价极其高昂，超出了它的体制和物质条件所能承受的限度，而它仍然坚持与其对手进行军事实力的竞赛，那么，其结果只能是在可以使用的军事力量方面更加落后。俄罗斯在沙皇和苏联时期都是这个命运：苏联承受着难以承受的军事负担，军方又不愿意接受收缩战略的要求"。（见美国《战略评论》杂志1996年春季号，"为下一场战争做准备：对军事革命的一些看法"，斯蒂芬·布兰克著。）

元，80年代研制B-2飞机[1]就突破了100亿美元，而90年代F-22飞机的研制费超过了130亿美元，若以重量计，单价在13亿~15亿美元的B-2飞机的价格比同等重量的黄金还要贵两倍。[2]像这样昂贵的武器在美军武库中比比皆是，如F-117A轰炸机、F-22主战飞机、"科曼奇"武装直升机，这些武器的价格几乎件件超过或接近上亿美元，大量费效比如此不合理的武器，给美国军队披上了越来越沉重的甲胄，把他们一步步拖向在经费上层层加码的高技术武器陷阱。财大气粗的美国人尚且如此，其他每每囊中羞涩的国家在这条路上又能走多远？显而易见，谁都很难走下去。走出困境的办法当然是另辟蹊径。

于是，新概念武器应运而生。只不过让人感到有点不平的是，在这方面引领潮流的又是美国人。早在越战时期，投放在"胡志明小道"上空造成倾盆暴雨的碘化银粉末和撒播在亚热带丛林中的脱叶剂，已使"美国鬼子"在新概念武器和手段残忍两方面都独领风骚。此后三十年，他们更在财力和技术的双重优势下，令人无力在此领域望其项背。

不过美国人也并非事事占尽风头，在新概念武器之后提出范围更广泛的武器新概念，本是顺理成章的事，但美国人没能在这方面厘清头绪。因为提出武器新概念无须凭借新技术做跳板，只需要一种明快而犀利的思想，而这并不是思想附丽于技术的美国人之所长。美国人总是在技术未曾到达的界域停顿思想的呼吸。不容否认，被人为制造出来的地震、海啸、灾害性天气或是次声波、新生化武器等都属于新概念武器[3]，并且与

1.1981年，美空军预计投入220亿美元就可生产132架B-2，但八年后，这笔钱只造出一架B-2飞机。若以重量来计算，一架B-2是同等重量黄金价值的3倍。（见朱志浩："美国隐身技术政策之剖析"，《现代军事》1998年第8期，P33。）
2.美国国防部对1993年1月13日空袭伊拉克的情况进行了分析，认为"高技术"武器存在许多局限性，综合效应炸弹有时比精确制导炸弹效果更好。（美《航空与航天技术周刊》1993年1月25日）
3.新概念武器主要包括动能武器、定向能武器、次声武器、地球物理武器、气象武器、太阳能武器、基因武器等。（《跨世纪的军事新观点》，军事科学出版社，P3。）

我们通常所说的武器已有很大区别，但它们都还是与军事、军人、军火商有关的以直接杀伤和损毁为目标的武器。从这个意义上说，它们只不过是改变了武器的机理和在杀伤力、损毁力方面成倍放大了的非传统武器而已。

武器新概念则不同。它和人们所说的新概念武器完全是两回事。如果说新概念武器是超出传统武器范畴的，可以在技术层面上掌握和操作的，能够对敌方造成物质或精神杀伤的武器，那么这种武器在武器新概念面前，仍旧是狭义的武器。武器新概念就是广义武器观，它把所有超出了军事领域，但仍能运用于战争行动的手段都看作武器。在它眼里，一切能造福于人类的，皆可加害于人类。也就是说，今天世上的一切没有什么不能成为武器的，这就要求我们对武器的认识要有打破一切界限的自觉。当技术的发展正在努力增加武器的种类之际，思想的突破则一举拓开了武器王国的疆域。在我们看来，一次人为的股灾、一次电脑病毒的侵入，或是使敌国汇率发生异动，在互联网上抖搂敌国首脑的绯闻、丑闻，统统都可被纳入新概念武器之列。武器新概念为新概念武器提供指向，新概念武器则使武器新概念固定成形。对于大量出现的新概念武器，技术已经不是主要因素，关于武器的新概念才是真正的深层原因。

必须明确的是，武器新概念正在打造与平民生活紧密相连的武器。假如我们说出的第一句话是新概念武器的出现，肯定会将未来战争提升到普通人甚至是军人都难以想象的水平，我们要说的第二句话就该是武器新概念则将使普通人和军人一起对自己身边习以为常的事物也会成为战争武器而大感骇异。相信人们会在某一天早上醒来时吃惊地发现，许多温良和平的事物都开始具有了攻击性和杀伤性。

武器的"慈化"倾向

原子弹出现以前，战争一直处在杀伤力的"短缺时代"。改进武器的努力主要是为了增加杀伤力。从由冷兵器和单发火器构成的"轻杀武器"，再到由各种自动火器构成的"重杀武器"，武器的发展史几乎就是不断增加武器杀伤力的过程。漫长的短缺，造成了军人们对拥有更大杀伤力武器的难以满足的渴求。随着美国新墨西哥州荒原上腾起的一朵红云，军人们终于如愿以偿地获得了一种大规模杀伤性武器，它不仅能将敌人全部杀死，还能够再杀死他们一百次一千次。它使人类拥有了超过需要的杀伤力，战争的杀伤力第一次有了富余。

哲学原理告诉我们，一切事物达到极致后都会转向它的反面，发明像核武器这样的能够毁灭全人类的"超杀武器"[1]，使人类掉进了自己设置的生存陷阱。核武器成了悬在人类头顶上的达摩克利斯之剑，它迫使人们思索：我们真的需要"超杀武器"吗？把敌人杀死一百次和杀死一次有什么不同？打败敌人却要冒毁灭地球的风险又有什么意义？怎样避免同归于尽的战争？

"确保互相摧毁"的"恐怖的平衡"是这些思索的直接产物，而它的副产品则是为不断增速的提高武器杀伤性能的疯狂快车提供了刹车装置，使武器的发展不再沿着轻杀武器——重杀武器——超杀武器的高速通道向前猛冲。人们试图寻求武器发展的新路径，既要有效发展，又能对武器的杀伤力实行控制。

任何重大的技术发明，都会有深刻的人文背景。1948年联合国大会通过的《世界人权宣言》及其后与此有关的50多个公约，为世界规定了

---

1. 用"超杀武器"的概念取代"大规模杀伤性武器"的概念，意在强调这类武器的杀伤力超过了战争的需要，是人类极端思维的产物。

一套人权国际准则,其中认定使用大规模杀伤性武器特别是核武器严重侵犯了"生命权",是"对人类的犯罪"。在人权等新政治概念的影响下,再加上国际经济一体化趋势,各种社会政治力量的利益要求和政治主张犬牙交错,对生态环境特别是人的生命价值的"终极关怀"概念的提出,导致对杀伤和破坏的顾忌,形成了新的战争价值观和新的战争伦理。武器的"慈化"[1]正是对人类文化背景的这种大变迁在武器生产和发展方面的反映。同时,技术的进步也使人们具备直接打击敌方中枢而不殃及其他的能力,为夺取胜利提供了许多新的选择,使人们相信最好的取胜办法是控制而不是杀伤。战争观念、武器观念都发生了变化,那种通过无节制杀戮迫使敌人无条件投降的想法,已成为旧时代的陈迹。战争已经告别了凡尔登战役式的绞肉机时代。

　　精杀(精确)武器和非杀(非致命)武器的出现,是武器发展的转折点,它标志着武器第一次不是向"强化"方向发展,而是呈现出"慈化"倾向。精杀武器可以精确地打击目标,减少附带杀伤,像能切除肿瘤却几乎不造成流血的伽马刀。它导致了"外科手术式"打击等新战法的出现,使不起眼的战斗行动亦能收到十分显著的战略效果。如俄国人仅用一枚导弹追踪移动电话信号,就使令人头痛的杜达耶夫永远闭上了强硬的嘴巴,顺带着也就缓解了小小车臣惹出的巨大麻烦。非杀武器能够有效地使人员和装备失去战斗力,但不会致人死命。[2]这些武器所体现的趋向标志着人类正在克服自己的极端思维,开始学习控制已经拥有却日显多余的杀伤力。在海湾战争长达一个多月的大轰炸中,伊拉克平民的

---

[1]."慈化"武器的"慈",主要指它减少了杀戮和附带杀伤。
[2].据英国《国际防务评论》杂志1993年4月号披露,美军大力研究包括光学武器、高能微波弹、声束武器和脉冲化学激光在内的多种非杀伤性武器。《简氏防务周刊》1996年3月6日报道,美国国防部非杀伤性武器高级指导委员会制定了一项政策,对此类武器的研制、采购和使用做了规定。此外,据《1997年世界军事年鉴》(P521—522)介绍,美国国防部成立"非致命武器研究领导小组",目标是使非致命武器尽早出现在武器清单上。

死亡人数仅以千数计[1]，远远低于"二战"期间的德累斯顿大轰炸。慈化武器是人类在武器领域进行的多种选择中最新的一种自觉的选择，它在给武器注入了新技术的因素之后，又加入了人性成分，从而破天荒地给战争涂上了温情的色彩。但慈化的武器仍然是武器，并不会因慈化的需要便降低武器的战场效能。要剥夺一辆坦克的作战能力，可以用炮弹、导弹去摧毁它，也可以用激光束去毁坏它的光学设备或是使乘员致盲。在战场上，一名伤员比一名阵亡者需要更多的照料，无人武器平台可以省去越来越昂贵的防护设施，发展慈化武器的人肯定已经对此经过了冷冰冰的费效比计算。剥夺敌人的战斗力，让敌人恐慌且丧失战斗意志，可谓非常上算的取胜之道。今天我们已经拥有足够的技术，可以创造许多更有效的造成恐惧的办法。像在天幕上用激光束投射一个受难圣徒的影像，就足以震慑那些虔信宗教的士兵。制造这样的武器在技术上已没有什么障碍，只是需要往技术成分中添加更多一些想象力。

慈化武器是武器新概念的派生物，而信息武器则是慈化武器的突出代表。不论是进行硬摧毁的电磁能武器，还是实行软打击的电脑逻辑炸弹、网络病毒、媒体武器，都是着眼于瘫痪和破坏而不是人员杀伤。慈化武器这种只可能诞生在技术综合时代的武器，极可能代表了最有前途的武器发展趋势，同时也会带来我们今天还无法想象和预知的战争状态或是军事革命。它是人类战争史迄今为止最具深刻内涵的改变，是新旧战争状态的分水岭，因为它的出现，已足以把冷热兵器时代的战争统统划进"旧"的时代。尽管如此，我们仍不能沉湎于技术浪漫主义的幻想，以为战争从此就会成为电子游戏般的对抗，因为即便是在计算机房内完成的虚拟战争也同样需要以国家的整体实力为前提，一个泥足巨人拿出十套虚拟战争的方案，也不足以威慑任何在实力上强于它的敌人。战争

---

1. 见中国人民解放军军事科学院《外军资料》，1993年3月26日，27期，P3。

乃死生之地、存亡之道，容不得丝毫的天真。哪怕有一天所有的武器都被充分慈化了，一场或许可以避免流血的慈化战争却依旧是战争，它可以改变战争的残酷过程，却无法改变战争强制性的本质，因而也就无法改变残酷的结局。

第二章
战神的面孔模糊了

在整个历史过程中,战争总是在改变的。

——博福尔

从先民们把对动物的狩猎变成对同类的杀戮之后，战争这头巨兽便始终被披甲执锐、为不同目的所驱使的军人们锁定于血腥的战场上。战争是军人们的事，俨然已成天经地义。几千年间，军人—武器—战场，一直是任何战争不可或缺的三项硬件，贯穿其中的则是它的软件：战争的目的性。这一切构成了战争的基本要素，从没有人对此提出什么疑问。问题是有一天，当人们发现所有那些似乎一成不变的要素通通变得让人把握不定时，战神的面孔还会是清晰的吗？

为什么而战和为谁而战？

对古希腊人来说，特洛伊战争的目的既显明又简单，美女海伦是值得用一场长达十年的战争去争夺的，如果《荷马史诗》的记载真实可信的话。视野有限、活动范围狭小、生存需求程度偏低、武器杀伤力严重不足，这一切使我们的先人们所进行的战争，在目标上大多比较单纯，几乎谈不上什么复杂性。只要是用正常手段无法得到的东西，他们一般都会毫不犹豫地用非常手段去获得。克劳塞维茨正是据此写下了他那句被几代军人和政治家奉为信条的名言："战争是政治的继续。"他们可能会为一支宗教派别的正宗地位而战，或为一片水草丰美的牧场而战，甚至为香料、烈酒、国王和王后的风流韵事不惜大动干戈，在史书上留下了诸如香料战争、情人战争、朗姆酒叛乱等令人啼笑皆非的词条。此外还有英国人为鸦片贸易对大清帝国发动的战争，这大概是有文字记载以来最大规模的国家贩毒行动。由此不难看出近代以前的战争在动机和行动上的单一性，及至后来希特勒提出的"为德意志民族争取生存空间"和日本人所谓的"建设大东亚共荣圈"，尽管从字面上看要比此前所有战争的目标都复杂了些，但其实质不过是新列强企图重新划分老列强的势力范围和攫夺其殖民地利益而已。

然而在今天，要判断人们为什么而战就不那么容易了。特别是冷战终结后，横亘于两大营垒之间的铁幕陡然崩毁，不论是"输出革命"的理想还是"遏止共产主义扩张"的口号，都失去了昔日登高一呼应者如云的号召力。壁垒分明的时代结束了。谁是我们的敌人？谁是我们的朋友？这个曾经对革命和反革命都是首要问题的问题，突然间变得扑朔迷离、难于把握。昨日的敌手正在成为今天的伙伴，从前的盟友则可能在下一场战事中兵戎相见。头一年还在两伊战争中为美国人猛击伊朗的伊拉克，第二年又成了美军猛击的对象[1]；由中央情报局一手训练的阿富汗游击队，一夜间变成了美国巡航导弹最新的打击目标；同是北约（北大西洋公约组织）成员的希腊和土耳其，为塞浦路斯问题争得几近动武，而缔有盟约关系的日本和韩国，则为一座小小的岛屿差点撕破脸皮。所有这些都一再印证了那句老话：没有不变的朋友，只有不变的利益。战争的万花筒被利益之手摇动着，呈现出变幻不定的镜像。高新技术的突飞猛进，推动着全球化的进程，更加剧了这种利益分化与利益组合的不确定性。从领土资源、宗教信仰、部族仇恨、意识形态，到市场份额、权力分配、贸易制裁、金融动荡，一切都可以成为开战的理由，不同的利益

1.伊拉克与美国的密切关系，可参见《沙漠勇士——联合部队司令对海湾战争的己见》（军事谊文出版社，P212）："伊拉克曾与美国建立起非常密切的关系。它曾经从美国接受了武器、关于伊朗动向的珍贵的情报以及打击伊朗海军的武装支持。"

诉求，模糊了战争的目的，使人们越来越难以说清他们在为什么而战。[1]

不必追问，每一个参加过海湾战争的小伙子都会告诉你，他们是为在弱小的科威特恢复正义而战，但战争的真实目的可能与这一冠冕堂皇的理由相去甚远，它们隐藏在这一理由的大伞下而不必担心直接面对阳光。事实上，每个参战国都是在精心掂量过自己的动机和目标之后，才决定投身于"沙漠风暴"的。整个战争中，西方都在为他们的石油生命线而战，在这个主要目标之上，美国人附加了建立以USA为标记的世界新秩序的追求，或许还有几分传教士式的维护正义的热忱；沙特人为了消除近在肘腋的威胁，甘愿打破伊斯兰禁忌而"与狼共舞"；英国人为回报山姆大叔在马岛战争中的鼎力相助，自始至终都热情响应布什总统的每一个举动；而法国人则为了不使他们对中东的传统影响力消失殆尽，终在最后一刻出兵海湾。这种情形下进行的战争，当然不可能是对单一目标的角逐。众多参战国构成的利益集合体，使一场"沙漠风暴"这样的现代战争，变成了一场在共同利益的旗帜下不同利益的追逐赛。于是，所谓共同利益，便成了在战争算式中能被参战各方都接受的最大公约数。要共同进行战争就必须兼顾各方的利益，因为不同的国家在同一场战争中肯定会有不同的利益诉求，即使是一个国家的内部，不同的利益阶层对战争也各有诉求。复杂的利益关系使我们无法把海湾战争归结为是为石油而战，还是为新秩序而战，抑或是为驱逐侵略者而战。只有极少数军人会领悟到政治家们都懂得的原理：现代战争与过往战争最大的区别就是，公开的目标和隐蔽的目标常常是两回事。

---

1. 见1993年美国《军官》杂志2月号发表了国防部长阿斯平的文章《谈安全环境的巨变》。

在什么地方作战？

"上战场去！"背着行囊的小伙子向家人告别，姑娘和亲人们含泪相送。这是战争影片中的典型场景。至于小伙子是骑马离去，还是搭火车、乘轮船、坐飞机，都不重要。重要的是目的地永远不变——烽火连天的战场。

在漫长的冷兵器时代，战场很小，也很紧凑，一块平地、一处隘口或是一座城池就足以展开两支大军捉对厮杀。在现代军人眼里，那令人神往的古战场不过是军用地图上不起眼的点状目标，根本容不下近现代战争波澜壮阔的场面。是火器的出现导致了军队阵形的疏开，点状的战场被逐步拉成了散兵线。第一次世界大战中绵延千里的壕堑战，把点线式战场扩展到极致的同时，又把它变成了几十公里纵深的面式战场。对当时的参战者来说，新战场意味着壕沟、碉堡、铁丝网、机关枪和炮弹坑，他们把在这种战场上展开的伤亡惨重的战争称作"屠宰场"和"绞肉机"。军事技术的爆炸性演变，不断酝酿着战场空间的爆炸性扩展。战场由点式走向线式，又从平面走向立体，不像一般人以为的需要那么久，可以说演变几乎是接踵而至。当坦克轰鸣着碾过战壕的时候，"齐柏林"飞艇早就学会了扔炸弹，而螺旋桨飞机也装上了机枪。只是武器的发展并不会自动地带来战场的改变，战争史上任何重大的进展都有赖于军事家的主动创新。富勒的《1914—1918年大战中的坦克》和杜黑的《制空权》，再加上图哈切夫斯基提出并指挥操演的大纵深作战，把驻留地表几千年的战场一下子托举到了立体空间。另一个试图彻底改变战场的人是鲁登道夫，他提出"总体战"的理论，想把战场与非战场连为一体，尽管没有成功，却使他成为此后大半个世纪中所有那些相似的军事思想的先驱。鲁登道夫的战场注定只能在马祖里湖和凡尔登。这是一个军人和他的时代的宿命。那时，战神的翼展所及不可能比克虏伯大炮的射程更远，当然也就不可能射出一发抛物线纵贯前后方的炮弹。二十年后，比鲁登道夫幸运的希特勒掌握了远程武器，他用梅赛德斯轰炸机和V-1、V-2导弹，打破了"英伦三岛"从未有入侵者染指的纪录。既不是战略家也不是战术家的希特勒凭着直觉搅混了战争的前后方界限，却并没有真正理解打通战场与非战场隔墙的革命性意义。也许，对一个十足的战争狂人和半吊子军事家来说，这是无法完成的思考。

但这一革命迟早都要到来。这一回，技术又一次走在了思想的前面。当还没有一个军事思想家提出广泛已极的战场概念时，技术已尽其所能，把现代战场扩延到了几乎无边无际的程度。太空有卫星，海底有潜艇，弹道导弹能打到地球上的任何地方，看不见的电磁空间里正进行着电子对抗，连人类最后的避难所——内心世界，也躲不过心理战的打击，天罗地网，令人无处逃遁。作战地域的宽度、纵深和高度这些概念都已显得陈旧过时，战场空间随着人类的想象力发展和技术掌握的程度加深而直逼极限。

即或如此，被技术牵引的思想也还不肯停下它的脚步，因为前者已经向后者展示了更加诱人的前景：仅在中观的常理空间扩大战场的幅员是远远不够的。未来，战场的改变已经不可能是对以往战场的机械式放大。那种以为在海洋更深处或是天空更高处进行的战争，就是未来战场扩展趋势的看法，不过是一种停留在普通物理学程度上的肤浅观察和结论。真正具有革命意义的战场改变来自对非自然空间的拓展，你无法把电磁空间视作原来意义上的战场空间，它是由技术创造又依赖于技术的另类空间，在这种"人造空间"或曰"技术空间"[1]里，长、宽、高或是陆、海、空、天的概念都失去了意义，因为电磁信号是不占据任何常理空间同时又能充盈并控制这一空间的特殊存在。可以预料，今后战场空

---

[1]."技术空间"，这是我们提出的一个新概念，以区别于物理空间。

间的每一次重大改观或延伸，都取决于某种技术发明或是多项技术结合是否能创造出崭新的技术空间。正在广泛引起当代军人们关注的"网络空间"，就是由电子和信息技术再加上专门设计的独特联结方式形成的技术空间。如果说在这一空间进行的战争还是由人来操控完成，紧随其后出现的"纳米空间"，则有望使人类真正实现无人化战争的梦想。一些充满想象力和创造力的军人，正企图把发生在明天的战争，导入这些新技术构成的空间。战场——战争的场所即将发生根本性改变的时刻已经为期不远。用不了多久，发生在我们身边却谁也不曾察觉的网络战争或纳米战争就可能成为现实。它会非常激烈，几乎不流血，但依然会决出战胜方和战败方。更多的情况下，这种战争将与传统意义上的战争并辔同行。两种战场空间——常理空间和技术空间，既重合又交错，既各行其是又互为表里，使战争同时在宏观、中观、微观和其他物理特性不同的领域间展开，最终构成人类战争史上亘古未有的战场奇观。与此同时，随着军用技术和民用技术、职业军人和非职业化战士愈来愈不分彼此，战场空间将越来越多地与非战场空间重叠，两者之间的界限也愈加模糊不清。原本相互隔绝的领域统统被打通，任何空间都被人类赋予了战场的意义。只要你有在任何地方使用任何手段向任何目标发动攻击的能力，战场就无所不在。试想，如果在电脑工作室或是股票交易所也可以发起致敌国于死命的战争，那么哪里还有非战场空间呢？

倘若那个衔命出发的小伙子这时候问："哪里是我的战场？"

回答是，任何地方。

什么人在作战？

以中国军队1985年的"百万大裁军"为前奏，十几年里，世界各主要国家相继对军队进行了一轮接一轮的削减。在许多军事评论家看来，冷战结束后，往日彼此对立的国家急于分享和平红利，是此番全球范围的普遍裁军的重要动因。殊不知，这只是露出海面的一角冰山。导致军队精简的原因远不止这一点，而更深层的原因是，在大工业流水线上铸造成型、按机械化战争需要组建起来的大规模职业军队，在日益高涨的信息化战争浪潮面前，已明显地过于庞大且力不从心。正因如此，有远见的国家在这次军队的精简中，主要不是着眼于人数的压缩，而是更注重军队成员素质、武器装备中"高技术"含量的提升乃至军事思想、作战理论的更新。[1] "赳赳武夫国之干城"的时代已成为过去。在一个连"核战争"都可能成为陈旧军语的世界里，一位戴着深度近视镜的白面书生，会比一个前额低浅、肱二头肌隆起的壮汉，更适合做一名现代军人。流传于西方军界的关于一名中尉军官凭借一部调制解调器使一支分舰队缴械的故事，或许就是最好的佐证。[2] 经过20世纪整整一百年不间断的技术爆炸的洗礼，或许还要加上摇滚乐、迪斯科、世界杯、NBA和好莱坞这些世界流行文化的熏陶，今天的军人和他们的前辈之间的代差，就如同我们在前面指出的武器的代差那样一目了然。这种代差无论在体能上还是在智能上都显现出鲜明的不同，20世纪七八十年代出生的新一代军人，即使接受西点军校的兽营式训练，也难以蜕去他们根植于当代社会的文弱习性。现代武器系统更为他们提供了远离通常战场，从视距以外的地方去打击敌人，而不必直面血淋淋厮杀的可能性，使军人一个个都

---

1. 据美国防部1998财年《国防报告》，自1989年来，美军人数减少了32%，并淘汰了大量老旧装备，使美军在大量削减人员的情况下，战斗力有所提高。1997年5月，美国国防部发表《四年防务审查报告》，强调"着眼未来，改革美军"，主张按新军事理论建军，继续裁员，但相对增加装备采购费用。
2. 这则故事始见于英国《星期日电讯报》，据该报称，美国军方为试验国防电子系统的安全性，于1995年9月18—25日举行了名为"联合勇士"的演习。演习中，那名空军军官成功地入侵了海军指挥系统。（胡泳、范海燕所著的《网络为王》，海南出版社，P258—259。）类似的故事很多，但也有一些军事专家认为这是故弄玄虚。

成了远离炮厨的谦谦君子。数字化战士开始取代铁血武士在战争中几千年来未曾动摇的地位。

在信息技术登场亮相，打破大工业社会传统分工的壁垒之后，战争也不再是职业军人独自往还的禁苑，开始呈现出"平民化"[1]倾向。这一倾向并非受毛泽东"全民皆兵"理论的影响，因为它不需要广泛的民众动员，甚至恰恰相反，只是平民中技术精英分子不请自来的破门而入，这使职业军人和职业化战争不得不面对多少有些尴尬的挑战：谁更有可能成为下一场未知战争的主角？最先出现也最为著名的挑战者就是电脑"黑客"。这些大多没有受过军事训练，又从未从事过军事职业的家伙，仅仅凭借个人的技术专长，就能轻易给军队或是国家安全造成重大危害。美国FM100-6号野战条令《信息作战》中列举了一个典型事例：1994年，一名电脑黑客从英国攻击了位于纽约的美军空中发展中心，危及30个系统的安全，并侵入了100多个其他系统，受害者包括韩国的原子能研究所、美国国家航空航天局。让人惊讶的不光是这次攻击的波及面之广、危害之巨，还有这名黑客竟然只是个16岁的少年。一个少年黑客以游戏为目的的入侵，当然不能视作战争行为。问题是你如何去认定：什么是游戏的破坏，什么是战争的破坏？什么是平民的个人行为，什么是非职业化战士的敌对行动甚至是有组织的国家黑客战争？1994年，美国国防部受到涉及安全的网络入侵23万次。这里有多少非职业化战士有组织的破坏行动，你也许永远无法知道。[2]

与社会上存在各色人等相对应，黑客族中的人也同样形形色色。在

---

[1].托夫勒夫妇在其所著的《战争与反战争》中写道："若战争的工具已经不是坦克和火炮，而是计算机病毒和超微机器人，那就不能说武装集团只系国家和军人所专有。"日本自卫队上校高间庄一在其《军事革命带来了什么——2020年的战争样式》中指出，战争的平民化是21世纪战争的重要特点。

[2].许多黑客采取的是一种可以称为"网络游击战"的新战法。

网络的青纱帐里隐藏着不同身世背景、不同价值观念的各种黑客,有好奇的中学生、网上淘金者、心怀怨愤的公司职员、不折不扣的网络恐怖分子或者是网络雇佣军。这些人从理念到行为都截然不同,却麇集在同一个网络世界里,根据自己独特的伦理观念和价值判断行事,有的干脆就是个茫无目标者,因此他们无论是行善还是作恶,都不受现实社会中游戏规则的约束。他们可以通过电脑手段在别人的账户上巧取豪夺,可以恶作剧式地删去他人辛辛苦苦获得的宝贵数据,也可以像传说中的独行侠一样以自己高超的网上技能向恶势力挑战。被苏哈托政府严密封锁消息的对印尼华人有组织的侵害行动,就是被有正义感的目击者首先在互联网上披露的,其结果是令全世界倍感震惊的同时,也把印尼政府和军队推上了道义的审判席。而在此前,另一群自称"Milworm"的黑客,也在互联网上上演过一场好戏。为抗议印度核试验,他们穿过印度原子能研究中心网络的防火墙,改变了它的网站主页,并下载了5MB的数据。这一回黑客们还算客气,只是点到为止,没有给对手捣太大的乱。这类举动除了它本身的效果,还很有象征意味:在信息时代,一枚核弹的作用,或许不敌一名黑客。

比黑客们更杀气腾腾也对现实世界更构成威胁的,是那些一提起名字就让西方世界心惊肉跳的非国家组织。这些或多或少都带有某种军事色彩的组织,像伊斯兰圣战组织、美国的白人民兵、日本的奥姆真理教和最近炸毁美国驻肯尼亚和坦桑尼亚大使馆的本·拉登式的恐怖团体,大多都被一些极端信念和动机所驱使。他们种种怪异的几近疯狂的破坏行动,无疑比单枪匹马的黑客行为更有可能成为现代战争新的策源地。而遵循一定规则且只动用有限力量去达到有限目标的国家和军队,在与那些从不遵守任何规则,敢于用无限手段打无限战的组织对抗时,往往很难占上风。

进入20世纪90年代以来,与非职业化战士和非国家组织所展开的一系列军事行动同步，由另一类非职业化战士进行的非军事战争，也开始显露端倪。这些人既非一般意义上的黑客，也非那些准军事组织的成员，他们可能是系统分析员、软件工程师，也可能是股票操盘手或是拥有大量游资的金融家，甚至还可能是控制多家媒体的传媒大王、著名专栏作家和电视节目主持人。与某些盲目残酷的恐怖分子不同，他们通常都有坚定的人生理念，其信仰的狂热绝不亚于本·拉登，并且不乏随时投入一场战斗的勇气和动机。以这样的标准衡量，谁能说索罗斯不是一名金融恐怖分子？

现代技术就是这样，在改变了武器、战场的同时，也模糊了参战者的概念。战争从此不再是军人的专利。

技术融合带来的全球化趋势的副产品之一是全球性的恐怖活动，非职业化战士和非国家组织正在对主权国家构成越来越大的威胁，这使他们成了一切职业军队分量越来越重的对手。与他们相比，职业军队就像硕大无朋但在新时代面前缺乏适应力的恐龙，而这些人则是生存力极强的啮齿类，能用他们尖利的牙齿啃掉大半个世界。

用什么手段和什么方式作战？

说到未来战争的作战手段和方式，美国人的看法是绕不过去的。不仅仅因为美国是世界上最后一只霸王龙，更因为美国人在这一问题上的看法与其他国家的军人相比，确有过人之处。不说别的，单是把未来战争归结为信息战、精确战[1]、联合作战[2]和非战争军事行动[3]这四种主要作战样式，即可看出既富想象力又很现实的美国人对未来战争有着深刻的理解。这四种作战样式，除了联合作战是从传统的合同作战、协同作战乃至空地一体战演进过来的，其他三种均算得上军事新思维的产物。信息战被美陆军前参谋长戈登·沙利文上将认定为未来战争的基本作战样式。为此他组建了美军也是世界上第一支数字化部队，并基于"未来战争将全面转向以信息处理和隐形远程打击为主要基础"这一认识，提出了精确战的概念。在美国人看来，精确制导武器、全球定位系统、C4I系统（指挥、控制、通信、电脑和情报的集成系统）和隐形飞机等高新技术武器装备的出现，有可能使军人摆脱消耗战的梦魇。被美国人称作"非接触打击"而被俄罗斯人称作"远战"[4]的精确战，具有隐蔽、迅捷、准确、高效、附带杀伤小的特点，在初战即可能是决战的未来战争中，这种在海湾战争中已初显锋芒的战法，大概是美国将军们的首选方式。但真正有创见的提法既不是信息战也不是精确战，而是非战争军事行动。这一概念显然建立在美国人一向宣称的全球利益基础上，带有典型的美国式"以天下为己任"的僭妄。不过，如此评价并不影响我们对这一概念的称许，因为它毕竟破题头一遭把维和、缉毒、平暴、军援、军控、救灾、撤侨、打击恐怖活动这些20至21世纪人类需要全面应付的问题，统统装进了"非战争军事行动"这只篮子里，使军人不至于在战场以外的天地间茫然无措，从而也使他们的思维触角差一点碰到了广义战争的边沿。

1.精确战是一种新的作战样式，它的产生是基于武器精度提高和战场透明度增大的综合的结果。（理查德·邓恩《从葛底斯堡到海湾战争之后》，转引《1997年世界军事年鉴》P294—295。）
2.美军参谋长联席会议联合参谋部文件《2010年联合部队构想》，见于《联合部队季刊》1996年夏季号。
3.见美陆军1993年版《作战纲要》。参阅美《陆军》杂志1993年6月号。
4.俄罗斯战术专家沃罗比约夫，在研究海湾战争后指出，远距离战斗是大有前途的作战方法。（俄《军事思想》1992年第11期）

只可惜篮子小了些，最终没能把"非军事战争行动"这一崭新的概念也装进去，而这才是人类对战争真正有革命性意义的见解。

"非军事战争行动"与"非战争军事行动"这两个概念的差别，比字面上所显示的要大得多，绝非某些词语前后顺序颠倒的文字游戏。可以认为，后者只是对军队在非战争态下的任务和行动进行了明确的命名，而前者则把对战争形态的理解，扩展到了远远超出军事行动所能包容的一切人类活动领域。这种扩展是人类为达目的在手段上无所不用其极的当然结果。尽管几乎在各种军事理论领域中都处于领先地位的美国人，并没能率先提出这一新的战争概念，但我们必须承认，美国式的实用主义在全球的泛滥和高新技术提供的无限可能性，仍是这一概念产生的深层动力。

那么，哪些看似与战争毫不相干的手段，最后竟成了"非军事战争行动"——这一正在全球范围内越来越频繁展开的另外一种战争的宠儿呢？

贸易战

如果说"贸易战"在十几年前还只是一个形容词，今天的它却实实在在成了许多国家手中的非军事战争工具。尤其在美国人那里被玩得得心应手、炉火纯青：国内贸易法的国际化运用、关税壁垒的任意建立与打破、信手拈来的贸易制裁、关键性技术的封锁、特别301条款、最惠国待遇等，不一而足。其中任何一种手段产生的破坏性效果都不亚于一次军事行动。由美国发起的对伊拉克长达8年的全面禁运，就是这方面最典型的"战例"。

金融战

在经历了东南亚金融风暴之后，没有人会比亚洲人对"金融战"有更深刻的印象。不，岂止是印象，简直是锥心刺骨的体会！一场由国际游资拥有者们处心积虑发起的金融偷袭战，竟把一个接一个不久前还被世人誉为"小龙""小虎"的国家掀翻在地，曾令整个西方艳羡不已的经济繁荣，一夜间秋风落叶般地萧条了。仅一个回合下来，便不止一个国家的经济倒退了十年。经济战线的失守，更使社会政治秩序几近崩溃。此起彼伏的骚乱造成的伤亡简直不亚于一场局部战争，而对社会机体的伤害程度甚至比局部战争还要严重。这是那些非国家组织用非军事手段向主权国家打响的第一场非武力战争。由此，金融战作为虽不流血但同样具有巨大破坏力的非军事战争形态，正式登上了曾被军人和武器、流血和死亡一统天下数千年的战争舞台。相信用不了多久，它就会成为正式的军语理所当然地进入各类军事词典，并且在下个世纪初叶人们编修的20世纪战争史中，成为极为醒目的一节。[1] 在这一节里扮演重要角色的人不是政治家，也不是军事家，而是乔治·索罗斯。当然，把金融武器用于作战并不是索罗斯的独家专利。在他之前，科尔用马克攻破了用炮弹未能轰塌的柏林墙[2]；在他之后，李登辉趁东南亚金融危机自贬台币借以打击港币、港股特别是红筹股。这还不算在此番金融饕餮大聚餐中一拥而上的那些大大小小的"炒家"，包括以发表信用评估报告为名，给金融大鳄们提示打击目标的摩根士丹利公司和穆迪公司这类间接参与并获益者。[3]

---

1. 美国《洛杉矶时报》1998年8月23日题为"和平最大的威胁是市场"的文章指出："眼下对世界和平构成的最大威胁是金融市场而不是恐怖分子训练营地。"(《参考消息》1998年9月7日
2. 王剑南《谁与争锋——科尔》，中国广播出版社，1997年，P275、P232、P357。
3. 美国《基督教箴言报》1998年7月29日文章《一家影响经济的纽约公司》披露了穆迪公司的信用评定报告如何影响甚至左右意大利、韩国、日本以及马来西亚的经济走势。(见《参考消息》1998年8月20日。)

进入1998年夏季以来，于整整一年前打响的金融战，在更广阔的战场上次第展开了它的第二轮战役。这回被拖入战争的不光是在上一年惨遭败绩的东南亚诸国，还有两个庞然大物——日本和俄罗斯。其结果是使全球经济形势愈加严峻和难以控制：看不见的熊熊火势甚至点着了玩火者自己的战袍。据说，索罗斯和他的"量子基金"，仅在俄罗斯和中国香港两地，就损失了数十亿美元。[1]金融战争损毁力之巨大，由此可见一斑。在核武器已成为吓人的摆设而日渐丧失实战价值的今天，金融战正以其动作隐蔽、操控灵便、破坏性强的特点，成为举世瞩目的超级战略武器。在前不久的阿尔巴尼亚骚乱中，可以清楚地看到那些富可敌国的巨富和跨国集团设立的各种基金会的作用，这些基金会控制媒体、资助政治组织与当局对抗，致使国家秩序崩溃、合法政府倒台，我们或许可称之为基金会式的金融战争。令人担忧且必须正视的是，这类战争有频度越来越密、烈度越来越强，并被越来越多的国家和非国家组织有意使用的趋势。

新恐怖战

这是相对于传统恐怖战而言的。通常意义上的恐怖战虽然由于规模所限，所造成的人员伤亡可能比一次战争或战役要小，但带有更为浓重的暴力色彩，并且无一例外在行动中不受任何传统社会规则的约束，其军事上的特点就是以有限手段打无限战争。这一特点使总是按一定规则行事，因此也就只能用无限手段打有限战争的国家力量总是在战端未启

---

[1]. 索罗斯在其新著《全球资本主义危机》中大吐苦水，以他在1998年惨不忍睹的投资记录，分析此次金融危机的教训。

时便处于十分不利的地位。这就是为什么即便是几个乳臭未干的毛头小子组成的恐怖组织，也常常让强大如美国这样的国家倍感头疼，而用牛刀杀鸡的办法又往往不能奏效。最近在内罗毕和达累斯萨拉姆同时发生的两起美国使馆爆炸案，就是最新的证明。本·拉登式的恐怖主义的曝光，向世人强化了这样一种印象：任何国家力量，不论多么强大，都难以在一场无规则游戏中占上风。即便这个国家使自己也变成恐怖分子，就像美国人现在在做的那样，也未必就能取胜。

不过，如果所有的恐怖分子把自己的行动仅仅局限在爆炸、绑架、暗杀和劫持飞机这类传统路数，倒还不是最恐怖的。真正让人感到恐怖的是，恐怖分子与各种可能成为超级武器的高新技术相遇。这一前景眼下已令人担忧地初露端倪。奥姆真理教教徒在东京地铁施放"沙林"毒气，其恐怖效果远远超过了毒气造成的伤亡，这一事件警示人们，现代生化技术已经为那些企图大规模毁灭人类的恐怖分子锻造好了凶器。[1] 与以通过滥杀无辜来制造恐怖效果的蒙面杀手们不同，意大利"长枪党武装"完全是另外一种类型的高技术恐怖组织，它目标明确，手段高超，专以突入银行和新闻机构的计算机网络来窃取存储资料、删改程序、散布虚假信息为能事，是典型的针对网络和媒体的恐怖组织。我们不妨把这种采用最新技术在最新领域与人类为敌的恐怖行动称作新恐怖战。

生态战

运用现代技术对河流、海洋、地壳、极地冰盖、大气环流和臭氧层的自然状态施以影响，通过改变降水、气温、大气成分、海平面高度、日

---

1. 美国一些安全专家向政府建议，要多储备解毒剂来抵御恐怖组织的化学袭击。

照及引起地震等办法破坏地球物理环境或另造局域生态，这是一种新的非军事作战样式——生态战。也许用不了多久，人造"厄尔尼诺"或"拉尼娜"现象就可能成为某些国家或非国家组织手中的又一种超级武器。特别是那些带有恐怖性质的非国家组织，他们不承担对社会和民众的责任，一向不肯按牌理出牌，所以更容易成为发起生态战的主体。而现实的危险在于，为求得尽快的发展速度，全球生态环境经常处在灾变的临界线上，任何微小变量的加减，都足以引起一场生态浩劫。

除以上所述，我们还可举出非军事战争许多已有的和可能有的作战手段及方式，如造谣恫吓瓦解对方意志的心理战、搅乱市场打击经济秩序的走私战、操纵视听诱导舆论的媒体战、祸殃他国牟取暴利的毒品战、潜踪匿形防不胜防的网络战、自定标准垄断专利的技术战、展现实力示形于敌的虚拟战、掠夺储备攫取财富的资源战、明施恩惠暗图控制的经援战、引领时尚同化异己的文化战、把握先机创立规则的国际法战等，举不胜举。在有多少种新技术就可能有多少种新的作战手段和方式（还不算这些手段方式的交叉组合及创造性使用）的时代，若想把所有的手段和方式都一一列举出来，简直是徒劳，并且也毫无意义。有意义的是所有这些已经加入、正在加入和将要加入战争行列的手段及其使用方式，已开始悄悄地改变整个人类的战争观：面对近乎无限多样的选择，人们为什么要作茧自缚，把战争手段的挑选和使用，局限在武力和军事的范围之内？非武力、非军事，甚至是非杀伤、不流血的方式也同样甚至更可能有利于实现战争目标。这一前景顺理成章地修正了"战争是流血的政治"的说法，同时改变了人类一向把武力战当作解决冲突的终极手段的定见。显然，正是手段的多样化，放大了战争的概念，而概念放大的结果则是战争活动领域的放大。在这里，局限于传统战场的狭义战争将很难再找到自己的立足之地，发生在明天或后天的任何一场战争，都将是武力战和非武力战混合的鸡尾酒式的广义战争。

这种战争的目的将不仅仅是"用武力手段强迫敌方接受自己的意志"，而应该是"用一切手段，包括武力和非武力、军事和非军事、杀伤和非杀伤的手段，强迫敌方满足自己的利益要求"。

第三章
背离经典的经典

海湾战争性质特殊……是否引起了一场"军事革命"？这始终是一个观点问题。
——安东尼·H. 科德斯曼
亚伯拉罕·R. 瓦格纳

超限战

与战史上任何战争相比，海湾战争都称得上一场大战。6个航母集群的300多艘军舰、4000架飞机、12000辆坦克和12000辆装甲车，以及30多个国家的近200万人的军队参加了这场战争。42天的战争中，有38天是空中打击，地面战只进行了100个小时，以美国为首的多国部队歼灭了伊拉克42个师，伊军伤亡3万人，被俘8万人，有3847辆坦克、1450辆装甲车、2917门火炮被摧毁，美军仅阵亡148人，而耗资却达610亿美元之巨。[1]

也许是胜利到手得过于轻而易举，欣喜若狂的山姆大叔们至今还很少有人能准确估价这场战争的意义。一些头脑发热者由此开始无休止地杜撰美国不可战胜的神话，而另一些头脑还算冷静的——大多是未能参加"沙漠风暴"的将军和军事评论家，则怀着复杂而又微妙的心理认为，"沙漠风暴"不是一场典型的战争[2]，意即在如此理想的条件下进行的战争不足为训。这种话听上去多少有些狐狸吃不到葡萄的味道。的确，用传统的眼光看，"沙漠风暴"不是那种典型意义上的经典战争，但对人类历史上迄今为止最大的一场军事革命正在到来时进行的战争，不能用传统

1.参见《海湾战争——美国国防部致国会的最后报告》《新时代的防务：海湾战争的经验教训》等研究报告。
2.美国战略与国际问题研究中心的研究报告《海湾战争的军事经验和教训》的第一章"一场独特的战争"认为："海湾战争的特殊性实际上极大地制约了我们汲取经验教训的能力。……事实上，从海湾战争中究竟能汲取多少个重要的长期的经验教训，是大成问题的。"(《海湾战争》(下)，军事科学出版社，1992年内部发行，P155。)
海湾战争后，受到强烈震动的中国军人，从最初几乎全盘接受西方军事界的看法，到今天已经有不少人开始重新思考海湾战争的经验教训。(《现代军事》，1998年11月，总262号。)

的甚至过时的标准去衡量。在新的战争需要新的经典之作时，以美军为首的联军在海湾正当其时地创造了它，只有因循守旧者，看不出它对未来战争的经典意义。因为未来战争的经典之作只能在背离传统的模式后诞生。我们无意帮着美国人制造神话，但当"沙漠风暴"以其参战国之众、规模之大、时间之短、伤亡之小、战果之辉煌，令举世惊讶地展开和结束时，谁能说，一场预告技术综合—全球化时代战争来临的经典性战争——尽管它还只是由美国技术和美式打法创造的经典——不正向神秘诡谲的战争史洞开了它的第一扇大门？

当我们试图通过已经发生的战争去谈论什么是技术综合—全球化时代的战争时，只有"沙漠风暴"能够提供现成的范例。眼下，从任何意义上说，它都既是唯一的，又是经典的，因而也是值得我们仔细解剖的一只苹果。

"露水"联盟

在萨达姆看来，与伊朗革命扣留美国人质相比，吞并科威特更像阿拉伯大家庭里的家务事，更何况事先还打了招呼。但是他忽略了一点——伊朗扣人质固然是扫了美国人的脸，可伊拉克掐住的却是整个西方的脖子。命脉当然比面子更重要，美国不能不较真，感受到伊拉克威胁的其他国家也不能不较真。大多数阿拉伯国家与美国的结盟，更多的考虑是要铲除萨达姆这个伊斯兰的异数，以免他坐大后殃及自己的利益，而很难说真的是要为科威特伸张正义。[1]对利益的共同担心，使美国人能飞快地编织起一张捕捉伊拉克的联盟之网。西方大国对现代国际政治技巧早已烂熟于心，反伊联盟被组织在了联合国的旗帜下。正义的光环成功地消解了阿拉伯人的宗教情结，让萨达姆想扮演现代萨拉丁，发起一场对基督徒的"圣战"的打算落空。许多国家自愿成为这张联盟之网上一个负责任的结点。日本和德国虽不情愿，但毕竟还算爽快地张开了自己的钱袋，比出钱更重要的是他们都不失时机地派出了自己的军事人员，从而悄悄迈出了重新成为全球性大国的象征性一步。埃及则说服了利比亚和约旦在战争中作壁上观，不再支持伊拉克，使萨达姆彻底成了孤家寡人。连戈尔巴乔夫也为了获得美国人对他在国内软弱地位的支持，最终默认了多国部队对其昔日盟友的军事打击。即使强大如美国，也同样得依赖盟国的支持，这种支持主要体现在提供行动的合法性和后勤援助，而不在于增加多少兵力。布什总统的政策之所以能得到美国公众的广泛赞同，很大程度上在于他建立了国际联盟，从而使民众相信这次不是为别人火中取栗，为战争掏钱和准备流血的不光是美国人。至于把第7军从德国运到沙特，动用了北约4个国家的465列火车、312艘驳船和119支船队；与此同时，日本也提供了美军装备急需的微电子部件，这进一步证明美国对盟国越来越强的依赖性。在新的时代，"单干"既不是聪明的，也不是现实的选择。[2]如是，结盟便成了一种共同的需要。从安理会要求伊拉克

1.阿拉伯世界的反萨达姆联盟，以沙特—埃及—叙利亚为轴心。据在"沙漠风暴"中担任联军司令的哈立德将军说，伊拉克对他们形成了巨大威胁："我们别无选择，只能向友军请求帮助，尤其是向美国。"（见《沙漠勇士》，军事谊文出版社，P227。）美国人也非常重视联盟，详见《美国国防部致国会的最后报告附录》第9部分"联盟的组建、协调与作战"。
2.美国战略与国际问题研究中心研究报告《海湾战争的军事经验和教训》的第二章"美国在军事上的依赖性"指出："这场战争毫无疑问地证明，美国军方无论在政治上还是后勤供应上都得依靠友邦和盟国。没有其他国家的大力帮助，美国就无法实施任何重大的应急行动。除了小的行动，'单干'的选择方案对于其他行动是根本行不通的，而一切外交和防务政策的决定都必须根据这一认识来做出。"

撤军的660号决议，到授权会员国可以采取一切手段的678号决议，临时拼凑起来的联盟得到了国际社会最广泛的认同。110个国家参加了对伊拉克的禁运，30多个国家参与动武，其中还包括许多阿拉伯国家！显然，每个国家在这次行动之前，都充分估量过了自己的利益所在。

联合国的全面介入，并不能使这个在很短时间里形成的脆弱得像挂满露水的蛛网的联盟，足以经受住一场战争的撞击。联盟对政治家来说，可能只是对利益仔细权衡后的一次高层会晤、一次签约，甚至是通过一个热线电话的口头承诺。而对于进行一场联盟战争的军队，则任何细节都不容忽略。为避免美国大兵触犯伊斯兰戒律，美军除规定必须严格遵守驻在国的风俗，还租用"丘纳德公主号"游船停在海上，给美国兵提供西方式的娱乐；为防止以色列对"飞毛腿"导弹的攻击采取报复行动，搅乱讨伊阵营，美国极力为以色列提供空中保护，小心翼翼地看护着这张联盟之网。

更具深意的是，"露水"联盟的出现结束了一个时代，即从1879年缔结德奥军事联盟开始的固定式联盟的时代。冷战后，以意识形态为结盟基础的时期已然消逝，为利益而结盟的做法上升到了主位。在国家利益高于一切的政治现实主义大旗下，任何联盟都只会更加赤裸裸地以利益为旨归，有时甚至连道义之旗都懒得扯起来。毫无疑问，联盟现象将继续存在下去，但更多的是松散的、短暂的利益聚合体。也就是说，不再有没有利益只有道义的联盟。不同的时期有不同的利益目标，结盟与否将由此而定。越来越现实，越来越不受任何道义羁绊，这就是现代结盟的特点。所有的力量都被利益之网联结，联盟可能极其短暂，但非常有效。现代国家以及跨国组织甚至地区性力量间的利益关系从此开始变得越发飘忽不定，就像摇滚歌星崔健所唱的那样："不是我不明白，这世界变化快。"当今世界千变万化的力量组合方式，也正与千变万化的技术综合—全球化时代形成了绝非偶然的某种暗合。由是，为海湾战争而结成的"露水"联盟，正式撩开了新结盟时代的帷幕。

恰逢其时的《改组法》

目空一切的美国人常常有反躬自省的举动，这种看似矛盾的性格，使那些期待着目睹狂妄的美国佬吃苦头的人一次次大跌眼镜的同时，也使美国人一次次获益匪浅。确实如此，美国人几乎总能从每次军事行动的教训中，找到打开下一道行动之门的钥匙。

军兵种间的门户之见和利益之争久已有之，各国皆然。美军各军兵种为维护自身利益和争取荣誉的竞争更是尽人皆知、无出其右。在这方面，令人印象殊深的是，远在六十年前的对日作战中，为突出本军种作用，美国海军名将麦克阿瑟和尼米兹就各搞过一套太平洋战略。对此，连老谋深算的罗斯福总统也难于平衡；同样可以证明这一点的是，三十年前轰炸越南的美国飞机，居然要同时听命于4个独立的司令部指挥，真是让人难以置信。直到十五年前，指挥系统分割独立和职权不明，给驻贝鲁特的美军带来的灾难性后果，就是直接导致大约200名海军陆战队员的丧生。而身为"格林纳达"行动联合特遣部队副司令的诺曼·施瓦茨科普夫少将，即使在他日后升任"沙漠风暴"的联军统帅之后，依然对在格林纳达时参战美军按军兵种各行其是所暴露的问题记忆犹新。这个问题就是，在联合作战中究竟谁该听谁的指挥。

颇具讽刺意味的是，这个困扰了美军几十年的问题，不是由身经百战的将军或满腹经纶的专家所攻克，倒是被名叫戈德华特和尼科尔斯的两个参议员解决了。1986年，国会通过了他们俩提出的《国防部改组法》[1],用立法的方式一举解决了联合作战中各军种的统一指挥问题。

接下来就需要用一场战争来检验了。不早不晚,恰在这个时候,萨达姆愚蠢地发动了入侵科威特的战争,这对于急于检验《改组法》灵验与否的美国人简直是天赐良机。从这个意义上看,与其说《改组法》恰逢其时,倒不如说海湾战争的到来恰逢其时。

鲍威尔和施瓦茨科普夫幸运地成了《改组法》的最早受益者,同时也成了美国战争史上权力最大的两位将军。作为参联会主席的鲍威尔,第一次明确地获得了总统首席军事顾问的地位,这使他得以直接听命于总统和国防部长,并可据此发号施令于三军,而不必再去充当军兵种参谋长之间没完没了扯皮的协调员;作为战场司令官的施瓦茨科普夫,则更是耳根清净、大权在握。来自五角大楼里的唠叨絮语他尽可以拣自己愿意听的去听,挑自己愿意做的去做,一副将在外君命有所不受的派头,而麇集海湾的百万大军乃至太空中的卫星、海水下的蛙人甚至每一艘滚装货船,却都要服从他的号令。这使他可以在必要时毫不犹豫地行使《国防部改组法》赋予联合总部司令的超军种权力,比如当海军陆战队的前线指挥官强烈要求在科威特海岸实施两栖登陆时,他统观全局,果断地行使了否决权,然后继续专心致志于他早已成竹在胸的"左勾拳"行动。

一部刚刚颁行不到5年的法令,在随之而来的战争中能得到如此彻底的贯彻,这不能不归结于美国这个法律社会中人们的契约精神。而由此衍生出的新的指挥模式,则成为有军种分野以来,最成功的军事指挥权

---

[1] L. 阿斯平与W. 迪金森代表众议院所做的海湾战争研究报告中,对《戈德华特—尼科尔斯国防部改组法》给予极高的评价:"戈—尼国防部改组法》确保美国三军齐心协力地进行同一场战争。"报告还转引了国防部长切尼的话,他称该法是"自《国家安全法》诞生以来对国防部影响最为深远的一项立法"。军事将领们对此也评价甚高,曾任参联会副主席的海军上将欧文斯把《戈—尼国防部改组法》称为"美国军事领域三大革命之一","该法规定,在所有冲突中,都将使用一支联合力量进行作战。它还明确军种参谋长不再是作战指挥官。作战指挥官是5位战区总司令"。(《国防大学学报》,1998年11期,P46—47;《现代军事》,1998年第12期,P24。)

运用。它的直观效果就是减少了指挥层次，真正实现了委托式指挥，使以往根深蒂固的树状指挥体系开始向网状结构演化，这一演化的副产品则是让更多的作战单位能够在第一时间共享战场信息。

如果把《改组法》放到更广阔的时代背景中去考察，不难发现美军的此番改组，并不是偶尔为之的巧合，而是适时地顺应了新的时代对旧的军队指挥关系提出的理所当然的要求，即对原本分散的军兵种权力进行重新组合，并在此基础上产生为某个临时目标而凝聚的凌驾于所有军兵种权力之上的超级权力，使之能够在任何一场战争的竞赛中胜任角色。《改组法》在美国的诞生及其在美军中产生的效果是发人深思的，任何一个希望在21世纪赢得战争胜利的国家，都将无可逃遁地面临这一抉择：要么"改组"，要么失败，别无他途。

比"空地一体战"走得更远

"空地一体战"原本是美军为在欧洲平原上对付随时都会像潮水般涌来的华约（华沙条约组织）坦克集群想出的扼敌之策，只是苦于始终没有一试锋芒的机会。海湾战争为这些满怀创造和杀戮欲望的美国军人提供了充分表演的舞台，但实际战况与人们事先对它的设想有相当大的差距。"沙漠风暴"基本上是一次持续了几十天的有"空"无"地"的战役，好不容易在最后时刻亮出的"沙漠军刀"，包括那一记漂亮的"左勾拳"，也不过才挥舞了100个小时就悻悻收场。地面战斗并没有如陆军期望的那样成为压轴戏，倒更像是一首只演奏了一个乐章就匆忙煞尾的协奏曲。[1]"空中战场将成为决定性战场",杜黑的这一预言似乎得到了迟来的证明。不过,在海湾上空发生的一切远远超出了这位空军制胜论者的想象。无论是在科威特还是伊拉克,所有的空战都不是通过单纯的骑士式决斗夺取制空权,而是融侦察、预警、轰炸、格斗、通信、电子攻击、指挥控制等所有作战行动为一体的空中战役,其中还包括了对外层空间和电子空间的占领和争夺。

至此,这些提出空地一体战概念的美国人已经走得比杜黑所能走的远了许多,可就算这样,他们也还要等上几年时间才会明白,一旦把一体作战的理论付诸实战,其范围远比他们最初的预想要宽泛得多,宽泛到了陆、海、空、天、电无所不包的地步。尽管对海湾战争果实的消化还需一段时日,但它已经注定要成为日后美国陆军中的精英们突然开悟时提出"全维作战"理论的原点。

有趣的是,你尽可以认为美国人的悟性滞后了些,但这居然并不影响他们先期获得通向"全维作战"的密钥:著名的"空中任务指令"。[2]这一由陆、海、空共同制定,使陆军出身的联军统帅施瓦茨科普夫得以号令整个联军空中力量的每天长达300页的"空中任务指令",是空中战役的灵魂。它根据作战的总攻击计划,逐日为所有飞机选择最合适的打击目标。每天上千架联军的飞机从阿拉伯半岛、西班牙、英国、土耳其起飞,按照经过计算机处理的"空中任务指令",展开跨军种、超国界精密配合的空中打击。虽然这个指挥程序在海军看来过于"空军化"了——

---

1. 海湾战争时的美国空军参谋长梅里尔·麦克皮克上将说,这是一场"大量使用空中力量的战争,是美国和多国空军部队获胜的一次成功之战","也是有史以来首次用空中力量打败地面部队的战争"(美国《空军杂志》1991年5月号)。他的前任迈克尔·J.杜根在战前的一次发言中说:"避免多流血的地面战斗的唯一办法是使用空军。"尽管杜根被认为是越权发言而被免职,但他的见解并没有错误。
2. 不论是美国国防部的报告,还是众议院L.阿斯平的报告,对"空中任务指令"均给予高度评价,认为"空中任务指令导演了一场精密策划的一体化空中战局"。

为此他们甚至打起小算盘，悄悄留下部分飞机，以备在最终也没能到来的海军大出风头的时刻派上用场——但它毕竟成功地组织了战争史上规模最大也最为繁复的空中战役。

不仅如此，"空中任务指令"还为此后的一切作战行动提供了一种组织指挥的范型。一纸"指令"就是一份极佳的军种间战斗力量的组合方案，而跨国组合的复杂和成功，更是它的精彩之处。仅此一点，已使它大幅度地超越了"空地一体战"理论设计者们的视界。这就是说，美国大兵在不经意间把战争之神带入了一片它过去从未涉足的开阔地。

谁是陆战之王？

山本五十六无疑是他那个时代最富创新力的军事"异才"，用航空母舰偷袭珍珠港并大获全胜是他在海战史上留下的神来之笔。令人不可理解的是，同是这个山本居然没能理解自己这一独创战法的划时代意义。在指挥联合舰队重创美国海军之后，他仍然抱定只有战列舰才是海上决战主力的信念，把已经在握的开启胜利之门的钥匙，重又扔进了太平洋的万顷波涛之下。如果说第一个犯错误者尚能让人惋惜，第二个犯同样错误者就简直愚不可及，特别是犯那种已经做到却偏偏想不到的错误的人。遗憾的是，战争史上这类思想比行动滞后的例子屡见不鲜。和当年的山本五十六一样，尽管美国陆军用直升机把伊拉克的装甲机械化部队打得溃不成军——据说在整个地面战斗中，除了被美国第7军包围在巴士拉以南的共和国卫队"麦地那"装甲师做过一次困兽之斗，几乎没有发生过像样的坦克战——可当海湾的硝烟散尽之后，分明已经用直升机开创了陆战新时代的美国人，却同样令人费解地又退回到了战前的思维水平，把本应成为战争新宠的直升机晾到一边，在对其他兵器包括坦克都增加了研制费用的情况下，独独削减了对直升机的拨款，抱残守缺，依旧坚持把坦克当作未来陆战的决胜兵器。[1]

其实，早在越战时期，直升机在美国人手中就已经初露锋芒，紧跟其后，又有苏联人在阿富汗山区、英国人在马尔维纳斯群岛，让直升机大放异彩。只不过由于其对手主要是游击队和非装甲步兵，直升机对坦克王座的挑战整整晚了二十年。海湾战争终于给了直升机一次大展拳脚的机会。这一次，不算联军的直升机部队，仅美军就在海湾部署了1600架各种型号的直升机，如此庞大的直升机群足以编制起整整一个直升机集团军，但一向标榜创新精神的美国人，此番却毫无创意地像法国人在"二战"时把坦克分散配属给步兵一样，也把直升机作为装甲机械化部队和其他部队的配属力量。所幸，注定要在此战中一战成名的直升机，并未因此掩去它的王者气象。

就在美国人通过CNN把"爱国者"、F-117"战斧"导弹等战地明星捧上云霄之际，直升机不公正地受到了冷落（只有对"阿帕奇"的宠爱还差强人意），除了美国国防部在战后写出的《致国会的最后报告》，很少有人还记得为"沙漠风暴"立下首功的不是别的什么武器新宠，而是直升机。在长达一个多月的连续轰炸开始前20分钟，经数小时贴地飞行后，MH-53J和AH-64直升机用"狱火"导弹先行摧毁伊拉克预警雷达，为轰炸机群开辟出安全通道，展示了直升机无与伦比的突防能力。作为最灵便的战场飞行平台，它还承担了大量的运输补给、医疗后送、搜索营救、战场侦

1.据俄罗斯和西方军事专家预测，"今天，作为单个目标的坦克在战场上的生存时间可能不会超过2～3分钟。营一连编成中的坦克在开阔地上的生存时间为30～50分钟"。尽管专家们做了这样的估计，大多数国家仍把坦克作为主力兵器。（俄《军人》杂志1996年第2期）。拉尔夫·彼得的《未来的装甲战》一文中说："'飞行坦克'是很长时间以来人们所向往的，但考虑到使用燃料的合理性和作战中的体能与心理因素，未来需要的仍然是地面系统。鉴于攻击直升机已集中了我们曾为飞行坦克设想的种种特点，我们认为攻击直升机是对装甲车辆的补充，而不能取而代之。"（《参数》杂志1997年秋季号）

察、电子对抗等任务。在海夫吉战斗中,迅速遏制伊军攻势,最终击退伊军的主要力量也是直升机。在这场战争中,真正给人留下深刻印象并展现直升机深厚潜力的是"眼镜蛇行动":第101师运用300多架直升机来了一次战争史上最远的"蛙跳",在伊拉克纵深100多公里处建立起"眼镜蛇"前方作战基地。随后,他们依托基地切断了伊军沿幼发拉底河谷后撤的唯一退路,并截住了沿哈马尔堤道逃窜的伊拉克部队。这肯定是这场战争的陆战中最意味深长的一次战术行动。它宣告了直升机从此完全可以自立门户进行大规模的单独作战。当成群结队的伊拉克士兵从被直升机摧毁的工事中跑出来跪地乞降,又被直升机驾驶员像驱赶西部原野上的野牛一般圈成一堆时,"最后解决战斗只能靠步兵"的观点,已经被这些美国的"飞行牛仔"从根本上动摇了。这次直升机"蛙跳"行动的最初意图,只是为担任主攻的装甲部队提供支持,但直升机部队出人意料的成功,使计划远远落后于战况的进展。为此,施瓦茨科普夫不得不下令第7军提前15个小时发起进攻,尽管在弗兰克斯将军的指挥下美国第7军在沙漠上的推进速度远远超过了当年以发动坦克闪击战闻名于世的古德里安率领的部队,但并未像那位前辈一样赢得"闪击战"的美誉,反倒被斥为"像老太太一般一步步慢慢往前挪"。战后,弗兰克斯将军以伊军尚有战斗力为由,反驳来自设在利雅得的联军总部的批评。[1]但实际上,不论批评者或是反驳者都没有抓住问题的实质。弗兰克斯将军麾下坦克的机动性受到的指摘,正是以直升机作为参照系的。时至今日,还没有一个战例证明哪一种坦克能够跟上直升机的作战节奏。

其实不光是机动性,坦克作为昔日的"陆战之王"在所有方面都受到了来自直升机的挑战。与需要为不断克服地表的摩擦系数而痛苦的坦

1.《走进风暴——指挥研究》是退休后的弗兰克斯将军写的一本书,在书中他谈到,第7军穿越沙漠的速度没有错,来自利雅得的批评没有道理。(见美《陆军时报》1997年8月18日。)

克相比，直升机的作战空间在一树之高，完全不受任何地面障碍的影响，良好的机动性足以抵消其装甲不厚的缺陷。同样是运动中的武器平台，其火力丝毫也不比坦克逊色，这是坦克带着"水柜"的绰号登上战争舞台以来遇到的最大危机。更让坦克难堪的是，为组织起一次成规模的坦克集群突击所花的精力（光是如何把一定数量的坦克远程输送到集结地域就令人伤透脑筋）、所冒的风险（坦克处于集结状态时，极易遭敌先制打击），让其在长于分散部署、集中突击，聚可以打正规战，散可以打游击战的直升机面前，已毫无优势可言。事实上，坦克和直升机作为一对天敌，前者远不是后者的对手，不要说AH-64直升机这样的"坦克杀手"，就是陈旧的AH-1"眼镜蛇"直升机在海湾战争中也击毁了上百辆坦克，而自己却无一伤亡。面对直升机强大的攻击力，有谁还会坚持认为"对付坦克的最好武器是坦克"[1]呢？

现在可以说了，直升机是坦克真正的终结者。这颗在海湾的波涛之上冉冉升起的新星，正在以"沙漠风暴"中的赫赫战果为自己加冕。毫无疑问，它将坦克逐出战场只是个时间问题。或许用不了多久，"从空中打赢陆战"将不再是耸人听闻的口号，越来越多的陆军指挥官将在这一点上形成共识。而以直升机为主战兵器的"飞行陆军"和"飞行陆战"这样的新概念会成为标准的军语，出现在每一部军事词典中。

隐在胜利背后的另一只手

如果撇开作为三军总司令的布什事先肯定知道进攻时间这一点不谈，单就CNN的电视报道而言，全世界都与美国总统在同一时间看到了开战时

---

1. 见《美国国防部致国会的最后报告附录》，P522。

惊心动魄的一幕。处于信息共享时代，一位总统并不比一位平民在这方面拥有更多的特权。这就是现代战争不同于以往任何战争之处，实时或是近实时的报道，使战争成了普通人可以通过传媒直接审视的新节目，由此传媒也就成了战争的直接组成部分，而不仅仅是提供来自战场的信息。

与直播一场世界杯足球比赛不同，人们所看到的一切，除了先要受到电视记者主观视角的限制（被派往前线的1300名新闻记者都知道美国国防部刚刚颁布的《关于海湾战争新闻报道的修正规定》，哪些能报道，哪些不能报道，每个人心里自有分寸），还要经过设在宰赫兰和利雅得的联合新闻处的保密审查。也许是美国军界和媒体都接受了越战时期双方龃龉甚深的教训，这一次新闻机构与军方相处得很融洽。有一组数字也许很能说明问题：在整个战争期间发出的1300多份新闻稿件中，只有5份被送到了华盛顿审查，其中4份在几小时内即获通过，剩下的1份则被新闻单位自行撤销。战地指挥官在新闻记者的通力协助下，成功牵动了全世界的视听，让人们看到了军方希望人们看到的一切，而所有他们不愿被人们知道的东西，谁也没能看到。美国新闻界一致放弃了一向所标榜的中立立场，满怀热情地加入了反伊阵营，与军界配合默契得就像一对出色的双簧演员，十分卖力地演绎着同一个战争剧本，使传媒的力量和联军的力量形成了一股对伊进攻的合力。[1]在伊拉克入侵科威特后不久，各类新闻中很快出现了大量有关美军源源不断开进沙特的报道，使伊军在科沙边界望而却步，悄悄为"绊马索"行动造了声势；"沙漠风暴"开战的前一天，又是西方传媒大肆张扬的美国航母编队经过苏伊士运河的消息，起到了迷惑萨达姆的作用，使其在大难临头时还以为美军尚未完成作战部署。同样，如果不借助媒体的渲染，在海湾战争中派上用场的任何一件所谓的高新技术武器，其威力都没有人们以为的那么大。在整

1.详见《美国国防部致国会的最后报告附录》第19部分"新闻报道"。

个战争期间举行的多达98次的新闻发布会上，人们看到了精确制导炸弹如何沿通风孔钻入建筑物中爆炸的画面和"爱国者"击毁"飞毛腿"等许多令人印象深刻的镜头，这一切给了全世界包括伊拉克人强烈的视觉震撼，关于美制武器奇特威力的神话由此确立。"伊拉克必败，美国必胜"的信念也由此而生。显然，这类新闻帮了美国人的大忙。不妨可以这样说，是美国军方和西方传媒有意无意地联手做成了一个死扣，把萨达姆的伊拉克吊在了绞架上。在战后修改的《作战纲要》中，美国人着意提到了"媒体报道的力量能对战略方向及军事行动的范围造成戏剧性的影响"，而新近制定的FM100-6号野战条令《信息作战》中，更是把海湾战争中的新闻战当作范例。看来，对于从今以后的所有战争，除了军事打击这一基本手段，传媒力量将逐渐变成战争的另一只手，对推动战争进程起到与军事打击等量齐观的作用。

与过分带有主观色彩而容易被对手和中立者拒绝的战场宣传不同，媒体由于其巧妙地披着客观报道的外衣而悄然产生了无法估量的影响。在海湾，如同以美军为首的联军在军事上剥夺了伊拉克的发言权一样，强大的西方媒体剥夺了伊拉克在政治上的发言权、辩护权甚至是被同情、被支持的权利，与伊拉克宣传布什是十恶不赦的"大撒旦"的微弱声音相比，萨达姆作为侵略者、战争狂人的形象则被渲染得更加令人信服。一边倒的媒体力量和一边倒的军事力量一道，使伊拉克在战场和道义上受到双重重拳的猛击，这就注定了萨达姆的失败。

不过，媒体的作用一向都是一把双刃剑。这意味着它在指向敌人的同时，会有另一面同样锐利的锋刃朝向自己。根据战后披露的消息，地面战之所以在100个小时后戛然而止，居然是由于布什总统被战地新闻发布官在电视上发表的一通对战争进程的轻率看法影响后做出了同样轻率的决定,"戏剧性地缩短了从战略决策到结束作战的时间"。[1]结果使余日无多的萨达姆逃过了必死的一劫,也就为日后掌政的克林顿留下一串最终没能炸响的"沙漠惊雷"。传媒对战争的影响越来越普遍、直接,以至连一个超级大国的总统做出类似停战这样的重大决策,都在很大程度上源自于对一次电视新闻的反应。媒体在当今社会生活中的分量之重,由此可见一斑。可以毫不夸张地说,媒体已经成了打赢任何一场战争所需的重要力量。在"沙漠风暴"横扫海湾之后,将不会再有仅仅依靠军事力量而没有媒体力量介入就能取胜的战争。

有许多个剖面的苹果

作为结束旧时代、开启新时代的第一场最具技术综合特点的战争,"沙漠风暴"是一场能给予各国军人全方位启迪的经典之战。任何乐于对军事问题进行探究的人,不论把目光投向这场战争的哪个角落,总能从中得到教益或教训。基于此,我们把这场在经验和教训方面都具有多义性的战争,称为有许多个剖面的苹果。而这只苹果的剖面远不止前面已经谈到的那些,只要你有一把锋利的思维之刀,便随时都会有一个意想不到的剖面出现在你的眼前:

在布什总统就美国和全世界为科威特所负有的道义责任慷慨陈词时,没有一位自负的经济学家预见到美国会为这场战争的军费开支提出典型的AA制"责任分担"计划,从而开创了分担国际战争费用的新模式——一起

---

1. 美国陆军FM100-6号野战条令《信息作战》中,详细披露了这一带有戏剧性的事件。(见《信息作战》,P68—69。)电视新闻对"死亡高速公路"的报道,也对战争的过早结束产生了影响。(《联合部队季刊》1997—1998秋/冬号)

打仗，共同付账。即使你不是商人，也不得不佩服这种华尔街式的精明。[1]

心理战并不是新颖的战法，"沙漠风暴"心理战的新颖之处在于它的创造性。把一枚威力巨大的炸弹投下后，再让飞机撒下传单，警告那些在几公里外被这次爆炸震得心惊肉跳的伊军士兵：下一枚炸弹就会轮到你了！仅此一招，就足以使成建制师的伊拉克军队土崩瓦解。一位伊军师长在战俘营里承认，心理战对伊军士气的打击，仅次于联军的轰炸。

战争开始时，A-10被美国人自己都认为是一种已经落后的对地攻击机。在与"阿帕奇"直升机进行了"致命的联合"之后，这种飞机以大面积淘汰伊军坦克而使自己免遭淘汰的命运，直至成为海湾上空众多耀眼的明星之一。一种并不先进的武器与其他武器搭配，竟产生如此神奇的效果，这对武器的设计和使用当会有一言难尽的启示。

对于开战前不久才匆忙接任美国空军参谋长一职的麦克皮克将军来说，他在"这只苹果"上留下的齿痕，是在战争中实现了他打破战略空军和战术空军界限，建立空军混合联队的梦想，并在战后以"减7加4"的办法对美空军指挥体制进行了有空军以来最富创见的改革，即在取消了战略、战术、空运、后勤、系统、通信、保密7个空军司令部之后，又组建了作战、机动、装备、情报4个空军司令部。很难想象，如果没有海湾战争，麦克皮克将军的同僚们会接受如此大胆的变革。而我们这些海湾战争的局外人，就更无法从中得到某种启示和借鉴。

等等等等。

假如照此穷举下去，我们会看到这只苹果更多的剖面，而且并不都

1.《美国国防部致国会的最后报告附录》第16部分，专门谈到"责任分担"的问题。与一般认为的不同，美国人让盟国分担战争费用，主要不是出自经济因素，而是基于政治考虑。莱斯特·瑟罗的《21世纪的角逐》谈到，610亿美元的战费"与美国每年6万亿国民生产总值相比，实在微不足道。之所以要那些没有输送战斗人员参战的国家给予财政资助，完全是为了让美国公众信服此战不是美国一家的事，而是联合行动"。

是随处可圈可点。老实说，它的缺陷和可疑之处几乎和它的长处一样多，但这无论如何不会使我们对它产生丝毫的轻视。尽管这场内涵丰富的战争，还不能被看作现代战争的百科全书，起码没有为我们提供关于未来战争的全部现成答案，但它毕竟是大量高新技术武器出现后头一回被最集中使用并由此引发了一场军事革命的试验场，凭借这一点，它就足以赢得战争史上的经典地位，并为我们思维的根芽提供一张全新的温床。

第四章
美国人在大象身上摸到了什么

空中作战是对伊战争获胜的决定性因素……有效使用高技术武器,既是空中和地面部队在战争中表现出色的关键原因,也是使联军伤亡保持在最低限度的关键原因。

—— L. 阿斯平

海湾战争是美军在近几十年战争狩猎中捕获的最大猎物。战争刚一结束，美国军界、国会议员、种种民间机构就已经从不同角度开始对这只猎物进行详尽的解剖。从他们提交的每一份报告和美军随之而来的每一步调整中，我们可以看出此番大解剖极其富于成果，而这些成果对于全世界的军队和军人来说都是弥足珍贵的，断不可等闲视之。自我感觉过于良好的美国人，由于其民族天性特别是存在于军兵种间由来已久的门户之见，在研究中不可避免地带有理论盲点和思维误区，以致把对一场宏伟战争的审察，变成了一次公说公有理、婆说婆有理的盲人摸象，因此需要我们清醒甄别，但不应由此否定其价值。但美国人究竟从这个庞然大物身上摸到些什么，还是让我们看看再说。

军种藩篱下伸出的手

从南北战争时就扎起的美国陆军和海军之间的藩篱，在美国空军诞生之后非但没能被拆除，反倒成了横亘在三军之间的藩篱，成为让上自总统、下至五角大楼甚感头痛的历史顽症。即使是在海湾战争中行之有效的《改组法》，针对这道无形的障碍，与其说是治本的妙方，不如说是治标的权宜之计。一俟战尘落定，诸军班师回国，依旧是关起门来自说自话，各行其是。不过，领率美国三军的将领们倒并非冥顽不化的庸碌之辈，海湾战争出人意料的进程和结局，在令举世震惊之时也同样使这些

"沙漠风暴"的决策者深受震动；继之而来的苏联解体产生的失去对手的茫然感和重新确立以美国为首的世界新秩序的使命感，更使这些将军明白无误地意识到了必须改革这支军队的迫切性，尽管他们仍无意放弃军种成见。从20世纪90年代陆续出台的各军兵种作战条令来看，美军的改革已全面起步，其出发点无一例外都建立在海湾战争带来的大量鲜活经验和教训之上。就像"一千个人眼里有一千个哈姆雷特"一样，展现在美国三军眼里的是三场海湾战争。对这场既是旧时代最后一战又是新时代揭幕之战的战争，陆海空三军各执一词，力求从中找出最有利于本军种的证据，殊不知从军种篱墙后面伸出的手，是不可能摸遍一头像海湾战争这样的大象的。

沙利文将军摸到的或许是一条缺少弹性的象腿。在这位海湾战争时的陆军副参谋长、战后几个月才上任的陆军参谋长看来，"沙漠风暴"中美国陆军的表现虽不是乏善可陈，但绝对谈不上突出。特别是与在38天的狂轰滥炸中风头出尽的空军相比，4天时间风卷残云般的地面战，没能给他的军种带来期许已久的荣耀。对陆军的每个关节都了如指掌的他，比谁都更清楚这个古老军种在这场划时代战争中的症结所在。尽管他接手时的美国陆军正挟"沙漠风暴"的余威如日中天，更由于苏军的式微而成为无人与之争锋的强大军队，但他仍极富远见地向世人表达出了预言家式的忧虑。他的最大担心就是在冷战之弦猛然松弛下来后，已经显示出老化迹象的军队结构和急于分享和平红利的政治家们会使他的陆军无法迈过21世纪的门槛，在新的一千年开始时仍确保它在各国陆军中的领先地位。使它重新获得活力的唯一办法，就是狠下猛药，对其进行脱胎换骨式的彻底改造。为此，他提出了建设一支全新的"21世纪部队"的设想，力主在"从散兵坑到工厂"的各个环节上重新设计美国陆军。[1] 为了最大限度地减少弥漫在层层机构中的官僚习气的影响，他组建了直属他领导的最初只有1100人的"路易斯安那演习特遣部队"，用从海湾战争中获得的经验和教训去塑造这支通常被人们称为"数字化部队"的特殊部队，并用他的成功"四两拨千斤"，把陆军带到信息化战争的边缘，一步跨到了其他军种的前面，从而也把这支军队带上了一条虽然大胆创新，但也前景难料的道路。整个过程中，他从未明确说出口的是，进行如此充满诱惑力的改革，其间还藏有一份军种私心，那就是从几十年里头一回缩小了的军费蛋糕上，为陆军切下比其他军种更大的份额。

沙利文的继任者赖默将军也深谙此道，他在前任勾画的蓝图基础上继续深化改革。[2] 谁都知道，数字化部队的建立花费甚巨，而这正是沙利文和赖默的精明之处：多花钱正是为了多要钱。从《21世纪部队》到《2010年陆军构想》，再到《后天的陆军》，两步三个台阶，用颇为令人信服的发展目标做钓饵，把国会山的支持和更多的军费吸引到了陆军的建设上来。至于那些对军事问题一窍不通的政客，面对着将军们从一场胜仗中得出的未必就能导致新的胜利的结论与做法，大都害怕出乖露丑，无人敢对极可能是披着新装的皇帝说三道四。其实，不管对"数字化部队"的炒作

---

1. "21世纪部队"是沙利文的倾心之作。从上任之初到离任以后，他对此事始终保持着不减的热忱。尽管美军内部和其他国家军队的许多人，把"21世纪部队"等同于"数字化部队"，可沙利文并不这样看。他认为，与其把"21世纪部队"看成一种"最终方案"，不如当作"一种心态和方向"，美国陆军应不断地进行"一体化"改革。"21世纪部队的一体化包括：作战理论、组织体制、训练、指挥官培养、物资装备与士兵问题，以及基础设施等各个方面。"（美国《军事评论》1995年5—6月号）根据目前美国陆军的普遍看法，"21世纪部队是指陆军现有部队进行信息时代的野战实验、理论研究和装备采购计划，将使地面作战部队做好准备执行从现在到2010年的任务"。（陆军训练与条令司令部参谋长助理罗伯特·基利布尔上校，《武装力量》杂志1996年10月号。）

2. 丹尼斯·J. 赖默上将说："《2010年陆军构想》也是连接《21世纪部队》和《后天的陆军》的理论的关键。《21世纪部队》是陆军正在实施的计划，……《后天的陆军》是陆军正在酝酿中的远景规划，……三者相互配合，确定了一整套连续而有序的变革，以确保陆军能沿着井然有序的方向发展。"（见《2010年陆军构想》报告，1997年。）

如何沸沸扬扬，现在都还远不到对这一设想的正确性给出定论的时候。别的不说，按美国陆军的标准做法，一种新武器装备从军方提出要求、工业部门研制再到军方验收的采购周期长达10年，结合计算机自身发展的"18个月定律"以及网络技术的"60天定理"，这两种无法协调的节奏，就让"数字化部队"很难在技术上定型和在编制上成军，从而成为被不断变化的新技术之鞭抽打的陀螺，在疲于应付的旋转中，既无所适从又无所作为。[1]仅此一点，把一个军种的命运，系于某种技术的普及之上这一颇具超前性的大胆设想，就难以真正成为指导未来陆军发展的唯一路标。何况，谁又敢现在就断言，在未来战争中，这不是一条耗费巨大却因其过于依赖单一技术反而变得脆弱异常的电子马其诺防线？[2]

对空军来说，快人快语的杜根将军被解职，以及在整个"沙漠风暴"行动中参战的空军部队都被一位陆军上将所指挥，并没有妨碍它成为海湾战争的大赢家。[3]"全球到达，全球力量"的建军方针首次经受了战争的考验，空军作为一支可以在任何战场上单独遂行战略和战役打击任务的力量，其地位从来没有像现在这样煊赫。[4]这使得踌躇满志的麦克皮克将军和他的后任下决心走得更远一些。他们以为一次胜利就足以让自己在今后的三军排位中扮演主角，五十年前从陆军身上抽出一根肋骨捏成的空军，此时已非吴下阿蒙，因为他们在海湾摸到了大象身上赫然长出的

---

1. 技术更新速度远远快于武器装备发展速度的现象背后，隐藏着更深的矛盾："先行者反而容易落后。"（这一点从电信业的发展和电脑的更迭中可以得到印证）这也许是按大工业模式建立起来的职业军队与信息技术间难以协调的矛盾之一。正因此，美国人才对各种军事高新技术甚至是民用新技术的扩散有种病态的敏感。
2. 这一点在美军内部，也有不少人提出疑问。艾伦·坎彭上校认为，"仓促采用一种人们不甚了解的、未经检验的新战法是有风险的"，"很可能会把一场有益的军事革命变成对国家安全的赌博"（美《信号》杂志1995年7月号）。
3. 查尔斯·霍纳空军上将指挥的联合部队空中部队司令部，尽管也要听命于施瓦茨科普夫，但毕竟在海湾战争中出尽风头。
4. "全球到达，全球力量"作为冷战后美国空军战略构想，在1990年6月以白皮书的形式发表。半年后，海湾战争验证了这一构想的基本原则。

翅膀。尽管空军参谋长弗格尔曼和陆军参谋长赖默一致认为，通过海湾战争，"两个军种对21世纪的军事作战行动都有了深入的了解"，但"当双方试图将从海湾战争中获得的教训具体化并加以利用时，陆军和空军的关系就变得紧张了"。[1] 原因很简单，翅膀越长越硬的空军和老子天下第一的陆军，谁也不愿把作战指挥控制权拱手相让于对方。这种站在各自的立场上貌似有理而超越其上便会发现有百害而无一利的军种之争，使得每次研究联合作战行动的军种领导人会议，都变成了不解决问题的例行公事，也使得从海湾战争中获得的鲜活经验，无法在军兵种间得到充分有效的共享。这一点，只需看看战争结束后空军和陆军陆续颁布的作战纲要和条令，便会一目了然。

　　需要指出的是，空军在战后所做的当然不只是与其他军种争权夺利。作为对"沙漠风暴"的主体——空中打击战役的成功经验的回应，他们把所有的作战飞行联队，都按已被证明行之有效的模式改编成了混合联队；接下来又用减7加4的办法彻底改组了整个空军的指挥机构；眼下他们正在试行组建能够在48小时内到达全球任何战区，并在危机和冲突的全过程中都能保持作战能力的空军远征部队。一向都对电子战乃至信息战表现出极大热忱的空军，还在沙利文建立数字化部队之前，已率先建立了空军信息战中心。这些举措的出台显然与海湾战争的收获直接相关。可惜的是，如此有益的尝试并没能超逸出军种的边界，结果聒噪已久的"军种间联合作战行动"，到头来依旧是一句口号。只是这一切并不妨碍美国空军的将军们仿效他们的陆军同僚，把军种内积极变革与军种外积极争夺，当成推进本军种利益实现的两只轮子。一支死气沉沉没有任何新鲜打算的军种，是不可能从掌管军费拨款的议员们口袋里掏出一美分

---

1. 见美《陆军》杂志1996年12月号《陆空联合作战》。

的。这方面，空军自有它的小九九。[1]在军兵种间愈演愈烈的预算争夺战中，航天武器系统就是空军手中的一张有力的王牌。尽管里根总统提出的"星球大战"计划一开始就带有虚张声势的味道，并且直到把总统权杖往下交了两任之后也没能真正形成作战能力，但美国人对建立太空打击力量的热情却始终不曾冷却。[2]凭借这股热情，数任空军参谋长都为自己的军种争到了尽可能多的军费。至于美国的航天力量是否如航天司令部司令埃斯蒂斯将军所说，"航天部队在海湾战争中的表现，证明其具备了独立使用的潜力"，恐怕只有天知道。

如果真的把海湾战争看成一头大象，可以说美国海军的前鳍几乎没擦着这头大象的皮毛，摸象之说也就无从谈起。也许恰恰是由于这一点，从"沙漠风暴"的冷板凳上滑下来的心高气傲的水兵们，还在返航的途中，就开始了美国海军史上最痛苦的战略思想转变。这痛苦整整把那些长着鳃的军人折磨了一年半时间。然后，一份由几个中校和上校提出的名为"由海向陆"的白皮书，摆在了海军部长的案头上。该文明显背离了美国海军精神教父马汉的教义，一改旧章，不再把洋上决战夺取制海权当作海军永远不变的神圣使命，而头一回将支援近岸和陆上作战列为自己的首要任务。这不啻让游弋在深海的长尾鲨变成在泥沼里打滚的短吻鳄。更令人惊讶的是，如此离经叛道的异端邪说，居然得到了海军部长、

---

[1] 1997年，美国空军又提出了新的发展战略《全球参与——21世纪美国空军构想》。"我们的战略构想可概括为一句话：'美国空军将建设成为世界上最优秀的航空与航天力量，……它将是一支全球力量，并将使美国的身影无处不在。'"（见《全球参与——21世纪美国空军构想》）。

[2] 尽管克林顿总统宣布取消"星球大战"计划，但实际上美国军方一直未放缓太空军事化的步伐。《全球参与——21世纪美国空军构想》特别指出："这场革命性变革的第一步是将美国空军变成一支航空与航天力量，进而将其改造成为一支航天与航空力量。"其中顺序的变化，显然体现了重心的调整。至于航天司令部，则更是强调航天部队的作用（具体见《美军航天部队与联合航天理论》）。1998年4月，美国航天司令部发布长远规划《2020年设想》，提出军事航天的4种作战概念，即控制空间、全球交战、全面力量集成、全球合作。到2020年，控制空间要达成下列5个目标：确保进入空间、监视空间、保护美国及其盟国航天系统、防止敌方使用美国及盟国航天系统、阻止敌方使用航天系统。（见《现代军事》1998年10期，P10—11。）

海军作战部长和海军陆战队司令的联合签署，成了自马汉的《海权对历史的影响》之后最重要的海军文献。大胆的战略突变，给了这支在世界格局大变动的背景下寻找再生之路的军队一次重要的转机。虽然看上去海军给自己设定的目标不如陆军的激进，也不及空军有抱负，但它的转变显然更具根本性，且更带整体性。在拨动军种的算盘珠子时丝毫不比陆军、空军逊色的海军，当然也希望在变革自身和争取军费两方面一箭双雕。但对于一个没能在一场大战中发挥重要作用的军种，想在战后新一轮的利益切割中保住既定的份额，并且获得更大的一块蛋糕，就必须拿出最漂亮的方案，进行最彻底的改革。于是，在提出《由海向陆》两年之后，海军又发表了新的白皮书《前沿……由海向陆》[1]，把更为积极的"前沿存在""前沿部署""前沿作战"等新的激素注入了海军战略；又过了两年，海军作战部长布尔达上将提出了《2020年海军构想》；在他为挽回被自己败坏了的军人荣誉而自杀后，接任的约翰逊上将萧规曹随，继续推动由历届前任开始的改革。他把"和平时期参与、威慑和防止冲突、作战并赢得胜利"列为美国海军在21世纪的三大任务。万变不离其宗的是，他也和他的每位前任一样，但凡提出任何一项方案，无不是以海军为轴心。这一回他的理由是，在美军所担负的频繁的海外作战任务中，陆军需要借助多方运力展开部署，空军则过分依赖别国基地，唯有海军具备在任何海域自由巡弋、以多种手段投入作战的能力，结论当然是，海军应该成为联合作战部队的核心。这位海军上将的心里非常清楚，只要他的这一论点得到三军统帅和国防部的认同，接下来顺理成章的就该是，为他的军种拿到预算拨款的优先权。据美国1998财年国防预算透露，近

---

1. "1992年颁布的海军与海军陆战队白皮书《由海向陆》，标志着战略中心与重点的转变。……强调海军部队进行前沿部署，这正是《前沿……由海向陆》较之《由海向陆》所体现出的最本质的不同。"（J. M. 布尔达海军上将，《海军陆战队》杂志1995年3月号。）这位海军上将也直截了当地要求海军"在预算方面的优先权"。

十年来，在一直呈削减趋势的美军经费坐标图上，海军和海军陆战队是诸军兵种中军费削减最少的两家。海军上将们总算如愿以偿。[1]

以上分析勾勒的是，海湾战争后美国三军的大体走向和军兵种间裂隙犹在的现状。你或许会被美国军人为总结这场战争所做的种种努力打动，你可能会被美国军人为捍卫军兵种利益而采取的每样做法所感染，但与此同时，你也会深深地惋惜，这么多出众的军人和出色的头脑，竟然被阻隔在军种的藩篱之内，彼此牵制，彼此抵消，以致每个看上去都十分强大的军种，最终组成的仍然是一支被几只音调不定的号角吹乱了整体步伐的美军。

奢华症与零伤亡

大量使用昂贵武器，为实现目标和减小伤亡而不计花费，这种只有富翁才打得起的战争，是美军的拿手好戏。"沙漠风暴"再一次显露出美国人在作战中奢华无度，已经到了成瘾成癖的地步。出动平均2500万美元一架的飞机在42天时间里进行11万架次的狂轰滥炸，用单价130万美元的"战斧"导弹去摧毁复兴社会党总部，拿价值几万美元的精确制导炸弹去瞄准散兵坑……即使美国的将军们一开始就知道，这顿开销610亿美元的战争豪宴，无须由自己来"买单"，如此阔绰的"金弹子打鸟"式的阵仗，仍未免让他们感到过分的奢侈。一架像一座会飞的金山，比许多被它攻击的目标都要昂贵的美制轰炸机，把成吨的美元砸在一个很可能微不足道的目标上，这么做是否值得的确叫人生疑。此外，在长达161天的时间里，昼夜不停地把多达52万的人员、重达800余万吨的物资，

---

1. 见美国国防部1998财年《国防报告》。

从美国本土和欧洲各地运到前线,其中包括不知在何处压了几十年仓底早已报废的数千顶太阳帽和成集装箱烂在利雅得码头上的美国水果。负责后勤支援的指挥官帕戈尼斯少将,把如此大规模的混乱加奢侈的保障行动,称作"或许是有史以来闻所未闻的"海空运输。而按美国国防部的形象说法,这相当于把密西西比州首府杰克逊市的全部生活设施搬到了沙特阿拉伯。全世界的军人中,恐怕只有美国人才会认为这是为赢得一场战争所必要的奢华。[1]

让人奇怪的正是这一点。被麦克纳马拉用商业精神彻底改造过的五角大楼,却一向只会打不计成本的豪华式战争。[2]连众议院武装部队委员会这个经常为钱与四星上将们打嘴仗的机构,也对这场战争的骇人花费不置一词。他们分别做出的关于海湾战争的调查报告,几乎如出一辙地对高技术武器的关键性作用给了极高的评价,国防部长切尼说"我们在武器技术方面领先整整一代",议员阿斯平则回应说"高技术武器表现之好超过了我们最乐观的估计"。如果你听不出这些自我称许的弦外之音,仅仅以为他们是得意于美军在高技术武器帮助下,圆满实现了打败伊拉克的战争目标,那么你会以为这不过是两个典型的技术制胜论者的口吐狂言,也就还没有悟透美国式战争的全部含义。要知道,这是一个从来不肯不惜一切生命代价,却宁可不惜一切物质成本去争取胜利的民族。高技术武器的出现正好可以满足美国人的这一奢望。海湾战争中,美方50万大军仅148人阵亡,458人负伤,几乎实现了他们长期以来一直梦寐以求的目标"零伤亡"。自越战后,不论是军方还是美国社会,都对

---

1. 见《海湾战争——美国国防部致国会的最后报告》及《附录6》。
2. 从福特汽车公司总裁改任国防部长的麦克纳马拉,把私营公司的核算制和"费效比"概念引入美国军队,使军队学会了如何少花钱去采购武器,但在如何打仗上他们有另外的标准。"国防部所需实现的目标:以最小的风险、最小的支出,并且,在一旦卷入战争的情况下,以最小的人员伤亡,来换取我们祖国的安全。"(麦克纳马拉《回顾越战的悲剧与教训》,P27—29)

军事行动中的人员伤亡敏感到了近乎病态的程度。减少伤亡与实现作战目标成了美国军方天平上并重的两只砝码。本该作为战士走上战场的美国大兵，现在成了战争中最昂贵的抵押品，珍贵得如同怕人打碎的瓷瓶。所有与美军交过锋的对手大概都已掌握了一个诀窍：如果你无法打败这支军队，那么你就去杀死它的士兵。[1]这一点，从美国国会强调"减少伤亡是制订计划的最高目标"的报告中，可以得到明白无误的印证。"追求零伤亡"这一充满悲悯色彩的朴素口号，竟变成了造就美国式奢华战争的主要动因。如是，无节制地使用隐形飞机、精确弹药、新型坦克和直升机，再加上超视距攻击和地毯式轰炸，所有这一切，武器也好，手段也罢，便无不同时担负起近乎悖论的双重目标：要胜利，但不要伤亡。

被这样的前提框定的战争只能是杀鸡用牛刀，其高技术、高投入、高消耗、高回报的特征，使它对军事谋略和作战艺术的要求远不如对武器技术性能的要求为高，以至在这场规模形同一场战役的成功战争中，竟无一场出色的战斗可圈可点。与其所拥有的先进技术相比，美军在战术上明显滞后，并且也不擅长捕捉新技术为新战术提供的机遇。除了对先进技术兵器的有效使用，我们看不出美国人在这场战争中展示的军事思想与其他国家有多大差距，起码不会比他们之间在武器装备上的差距更大。也许正因如此，这场战争才没能成为军事艺术的杰作，倒在很大程度上成了以美国为代表的高新技术武器的豪华博览会，并由此开始在世界范围内传布美国式的战争奢华症。大把大把的美元在砸垮伊拉克的同时，也一度砸蒙了全世界的军人。作为世界头号军火商的美国人对此自然乐不可支。面对这场典型的技术先进、战法单调、花费巨大的战争，一如面对情节简单、特技复杂、模式雷同的好莱坞大片。人们在战后很

1.小查尔斯·邓拉普上校指出："伤亡是削弱美国实力的一个有效途径。……因此，敌人可能会奋不顾身地造成损失或为能取得战术胜利而一味地造成我们的伤亡。"（"站在敌人的立场上分析《2010年联合构想》"，《联合部队季刊》1997—1998年秋/冬季号。）

长时间里理不清头绪，以为现代战争就是这么一种打法，并为自己打不起如此昂贵的战争而自惭形秽。这就是为什么海湾战争之后，世界各国的军事论坛上，充斥着一派对高技术武器的向往和呼吁打高技术战争。

诗人杰佛斯在谈到产生过天才爱迪生的美利坚民族时，这样写道："我们……精于机械，且迷恋奢侈品。"美国人天生对这两者存有浓烈的偏好，并有一种在技术上追求极致和完美，甚至把机械包括武器也变成奢侈品的倾向。喜欢佩带象牙柄手枪的巴顿将军就是一个典型。这种倾向使他们执着地迷恋进而迷信技术、迷信武器，总是想在技术和武器的层面上寻找战争的制胜之道；这种倾向还使他们随时担心自己在武器领域的领先地位被动摇，便不断地以制造更多更新更复杂的武器去消弭这种担心。在这种心态的导引下，当日趋繁复的武器系统与实战所要求的简洁原则发生冲突时，他们往往站在武器这一边。他们宁可把战争当成与对手在军事技术上的马拉松赛跑，而不愿更多地把它看作士气、勇敢、智慧和谋略的较量。他们相信只要当代爱迪生们没有沉睡，胜利的大门就会一直向美国人敞开。如此自信使他们忘记了一个简单的事实：与其说战争是沿着技术和武器这一固定赛道的角逐，不如说它是一场不断改变方向、具有多重不确定因素的球赛。穿上阿迪达斯的队服和耐克鞋，并不能保证你总是成为赢家。

但美国人似乎并不打算理会这一点，在海湾战争中尝到了高技术制胜甜头的老山姆，显然已决心不惜重金也要保住高技术方面的领先地位。经费方面的捉襟见肘，虽说使他们面临难以为继的困窘，却并未能改变其对新技术和新武器近乎偏执的热衷。看来，被美国军方不断开列出来并被美国国会不断认可的奢侈的武器清单，肯定还会越拉越长[1]，而美军士兵在未来战争中的伤亡名单，则未必会一厢情愿地定格在"零"位。

群远征军一体化部队

"21世纪美国陆军需要何种师？"这是一个在20世纪的最后十年里使美国陆军倍感困惑的问题。[2] 海湾战争中，陆军不尽如人意的表现和"高技术"兵器对作战节奏的影响形成了鲜明对比。一向都比海空军更保守的美国陆军，终于意识到了对编制体制进行改革的必要。有趣的是，这一回扮演阻力角色的不是陆军的上层，倒是那些刚刚从师级指挥官爬上更高位置的和接替他们的新任师长。向他们开火的，则是受到陆军参谋长嘉许的一群上校和中校。由来已久的"师派"和"旅派"之争战端重开，双方各执一词，相持不下。肩上大多扛着两颗或者三颗将星的"师派"认为，现行师的编制刚经过战火考验，可以小改但无须大动。而佩戴鹰徽和槭叶标志的"旅派"们看法截然相反，认为正是因为陆军师未能通过战争考试，才必须要动大手术。于是，"精锐师""模块师""旅基师"三种方案同时交到了沙利文将军的手上。这位陆军参谋长尽管倾心于体现了"未来作战新思维"的第二方案，却未能说服大多数将军接受它。结果，在他卸任后，作为介于保守和改革之间的一种折中，美陆军于1996年1月以第

---

1. 据美1997财年《国防报告》，获得国会同意的先进概念技术项目有20种，包括"快速力量投送系统；精确打击多管火箭的发射系统；高空远航无人驾驶飞行器；中空远航无人驾驶飞行器；精确信号目标捕捉系统；巡航导弹防御；模拟战场；联合反地（水）雷；用动能武器拦截弹道导弹；制订高级联合计划使用的先进技术；战场了解和数据传输；反大规模毁伤武器扩散；航空基地（港口）对生物武器防御；先进导航系统；战斗识别；联合后勤；战斗车辆生存能力；寿命周期费用低的中型运输直升机；半自动图像处理；小型空射假目标"。
2. 肖恩·内勒在1995年10月16日的《陆军时报》上发表了"21世纪美国陆军需要何种师？"，详细评说此事。

四机械化步兵师为基础，组建了有1.58万人的新实验师。[1]"师派"的主张明显占了上风。"旅派"们却不肯就此罢休，他们坚持认为"师的编制过于庞大和笨重，难以适应21世纪的战场需求"，从短射程来复枪时期就开始实行的师编制必须全部撤销，应代之以5000～6000人的新型作战旅为基本作战编成的新型陆军。为了缓解将军们的反感情绪，他们表现出人情练达的一面，在新方案中保留了与老式陆军同样多的将官职位。[2]正值"师""旅"两派争论不已的当口，美国陆军战斗指挥实验室主任、陆军中校麦格雷戈另发新声，他在所著《打破方阵》一书中，主张同时废弃师、旅体制，代之以5000人左右的12种战斗群。它的新鲜之处在于跳出了编制大与小、人数多与少的窠臼，可根据战时需要，采取搭积木的办法，实行任务式编组。他的看法在陆军中引起的震动有些出人意料，以至赖默上将要求所有陆军将官都必须读读这本书。[3]也许这位现任陆军参谋长独具慧眼，认定中校的点子虽未必是解决难题的灵丹，却不失为蜕去那些裹在将军服里的老兵思维茧壳的妙药。

本来，"群"的概念对美国陆军并不新鲜，50—60年代的"五群制原子师"[4]的改革，被普遍认为是一次不成功的尝试，甚至被指责为导致美军在越战中表现不佳的间接原因。而在麦格雷戈看来，一个早产儿未必就不能长大成人。如果说"群"诞生在三十年前是生不逢时，那么今天对

---

1. 据美国《陆军时报》披露，"经过五年的分析、研究和军内讨论，陆军当局最后终于为装甲师和机步师制定出了新编制。新的重型师编制定名为'21世纪师编制'。……由师直分队、1个装甲旅、2个机步旅、师炮兵部队（旅级）、1个航空旅和1个管后勤的支援司令部编成。全师15,719人（含预备役人员417人）"。编制制定人员解释说："这次制定的新编制算不上什么革命性的编制，……实际上，它只能被看成一种比较保守的编制。"（见吉姆·泰斯文：《陆军时报》，1998年6月22日。）
2. 见约翰·R.布林克霍夫"旅基新型陆军"一文，发表于《参数》杂志1997年冬季号。
3. 《打破方阵》一书的详细观点，可见1997年6月9日的美国《陆军时报》上肖恩·D.内勒的文章。
4. 为适应核战争的需要，设法使部队在核战场上既能进行战斗，又能得以生存，1957年美国陆军进行原子或五群制师改编。全师11,000～14,600人，分为机动性较强的5个战斗群，并都配有战术核武器，但该种师在非核战场上攻击能力就相对比较低。

它来说则可谓躬逢其盛。现代化的武器装备已足以使任何一支较小规模的部队，在火力、机动力方面都不逊于以往规模比之大得多的军队，特别是C4I的出现，使优势互补的军兵种联合作战成了新的战斗力生长点，如果这种时候还抱着十八般武器齐备的师体制或旅体制不放，那才真叫不合时宜。然而，军事技术的发展即或是高新技术的出现，也只是一种契机，并不会自动带来先进的军事思想和体制编制。一俊遮百丑，军事技术和武器装备方面的领先地位，遮蔽了这样一个事实：美军在编制体制上和在军事思想上一样，明显比其所拥有的先进军事技术要滞后。从这个意义上看，用"群"打破由师、旅构成的方阵，是海湾战争后美陆军在体制编制上最有创意的构想，代表了美军体制编制改革的新思潮。与陆军不同，空军和海军没有根深蒂固的"方阵"传统，他们的调整步伐相对要显得轻灵些。特别是空军，它巧借"沙漠风暴"的势头，把师级编制一风吹，全部取消；顺势又将所有的作战飞行联队改为混合联队，率先完成了第一轮体制编制的改革。在把"全球到达，全球力量"确定为新的空军战略目标后，它又继续挥动改革的翅膀，开始试验由约翰·江珀空军中将提出的建立"空军远征部队"的方案。根据这位将军的设想，所谓空军远征部队，是一支由1175人和34架旨在夺取空中优势、实施空中打击、压制敌空防力量及空中加油等的飞机组成的，能在命令下达后48小时内到达战区，并在冲突全过程保持空中作战能力的精悍部队。在这方面，美空军的行动可谓超音速，目前已组建了三支"空军远征部队"，并完成了实兵部署。当第四、第五支这样的部队开始组建时，前三支"空军远征部队"已经在"南方瞭望""沙漠惊雷"等军事行动中初露峥嵘。[1]

对海军而言，既然已经有了《前沿……由海向陆》这样的新战略，

---

1. 美国空军远征部队构想，详见威廉·卢尼空军准将在《空中力量杂志》1996年冬季号上的文章。

组建由海军舰队和陆战队混编的远征部队便是顺理成章的事。与举步维艰的陆军、狂飙突进的空军不同，海军更乐意通过一次又一次的演习和实战来打磨"海军远征部队"的构想。从1992年5月美军大西洋总部的"海洋冒险"、欧洲总部的"双重突击"、太平洋总部的"无声杀手"、陆战队的"海龙"演习，到建立伊拉克南部禁飞区的"警惕南方"、威慑伊拉克的"警惕勇士"，以及在索马里的"恢复希望"、波黑的"精干卫兵"、海地的"维持民主"，每一次行动，海军都在孜孜以求地试验着自己的新编组。[1]他们给这支由一个航母战斗群、一个两栖戒备大队和海军陆战特遣部队组成的"海军远征军"规定的任务是，迅速控制海洋并在沿海地区作战。最令海军感到意外和惊喜的是，这支远征部队所需的两栖登陆装备，竟然出乎意料地获得了国会批准的预算资金。[2]美国政治家们对海军近乎某种情结式的偏爱，使海军特别是海军陆战队走出了海湾战争时遭受冷遇的阴影，并在建立新的海军体制编制后，对占据美军中第一军种的地位充满自信。

  海湾战争后开始的体制编制改革，不仅调整了美军内部结构，也推进了武器的研制和战法的变化，甚至对美国国家战略也造成了深远的影响。小型、灵活、迅捷，既可用于军事打击，又能执行非战争军事任务的"远征军"，成了各军兵种竞相采用的新编制模式，也成了美国政府手中方便又有效的工具。我们发现，有了这几支得心应手的"撒手锏"，甚

---

1. 正像海军作战部长凯尔索和陆战队司令芒迪所说的，在军费不断削减、海外基地越来越少的情况下，"美国需要一支规模较小，但能快速部署，易于合理编配和训练有素的联合作战部队"。(1993年5月的《海军学会会刊》)。关于"海军远征部队"，见《海军陆战队》杂志1995年3月号。
2. 见《海上力量》1995年11月号上L. 埃德加·普赖纳所写的《从超越地平线到超越滩头》："出乎预料的预算资金——美国国会最近同意在1996财年拨款建造第7艘多用途两栖攻击舰，此事令海军不胜惊喜。由于预算限制，美海军本打算到2001年才为该舰提出拨款申请。……海军原决定把建造第一艘LPD-17两栖船坞运输舰的拨款请求推迟至1998财年，而不是1996年，但出乎预料的是，国会投票同意今年为该舰拨款9.74亿美元。"

至促成了一种令人担忧的危险倾向：美国政府在处理国际事务时，已经变得越来越喜欢动武，出手也越来越快，并且是睚眦必报。这种军队与政府、军事与政治的互动，正在使美军从体制编制进而到战略思想都开始经历一次深刻的但也很难说不是灾难性的变化。目前，美国国防部试图着手把地面、空中和海上的远征军组成一体化的"联合特遣部队"，就是这一变化的最新步骤。[1] 只是这种充分一体化后的部队，在灵便迅捷地完成美国政府赋予的全球使命时，是否会以同样的特点把美军乃至美国拖进某个令其伤透脑筋的泥沼，现在还难以逆料。

从联合战役到全维作战——距彻悟一步之遥

我们说美国军事理论滞后，仅仅是相对于其先进的军事技术而言。比起其他国家的军人，美国人充满技术色彩的军事思想，在假定未来战争就是高技术战争这一尺度下，当然处于无人可及的领先地位。也许率先提出"新军事革命"的苏联奥加尔科夫学派，是唯一出现过的一次例外。

经过海湾战争的铁砧锻打，"军事革命"呼之欲出。不独在美军，甚至在全世界的军人那里，这四个字都成了东施效颦的时髦口号，因为对他人技术的向往和对某种口号的追随，并不是什么费力的事情。费力的只有美国人。要想在一场业已开始并将马上全面到来的军事革命中确保自己的领先地位，首先要解决的是，消除美军军事思想与军事技术之间存在的落差。其实，战尘甫定，美军还没有完成从波斯湾的撤军，就已

---

[1] 1993年，美国《防务全面审查报告》提出："下列部队'组件'足以应付一场大规模地区冲突：4～5个陆军师；4～5个陆战队远征旅；10个空军战斗机联队；100架空军重型轰炸机；4～5个海军航母作战大队；特种作战部队。……此外，我们还提出了一个海外存在部队的新概念，即'自适应特编联合部队'。它根据战区司令的要求，由特定的空军部队、地面部队、特种作战部队和海军部队编成。"

经开始了自上而下的"思想换血",意在对军事技术革命启动后未能同步跟进的军事思想革命进行补课。尽管归根结底也未能完全摆脱对技术的口味式偏好,美国人还是在此番非同寻常的"突围"中,获得了某些不光是对美军,对全世界的军人同样有益的成果:先是"联合战役"概念的成形,然后是"全维作战"思想的出炉。

"联合战役"的提法,最早出自1991年11月美军参联会颁布的第1号联合出版物《美国武装力量的联合作战》条令。这一明显洋溢着海湾战争气息的新鲜概念,大大突破了流行已久的"协同作战""合同作战"的局限,甚至超越了一度被美国人视为法宝的空地一体战理论。该条令把"联合战役"的四要素——统一指挥、军种平等、全面联合与全纵深同时作战凸显出来,首次明确了战区联合司令部司令的指挥控制权;规定任一军种都可能根据不同情况担任作战主角;把"空地一体战"扩展为陆、海、空、天一体战;强调在整个作战空间里进行全纵深同时攻击作战。在美军参联会的强力推进下,各军种相继着手制定与联合条令相匹配的军种条令,以示公开对这一代表未来战争走向的新战法的认同。尽管私下里他们仍念念不忘突出本军种的核心作用,尤其希望实行一种界限清晰的联合——明确各自的领域和权利,由条令、法律和军种荣誉感区分彼此的联合。参联会主席沙利卡什维利看来这一次不打算对各军种参谋长表示妥协,他通过颁布被称为"引导美军共同行动的'样板'"的《2010年联合部队构想》[1],决心扮演一回现代摩西,在满天令人狐疑的暮色中,带领美军拆除军种间藩篱,迈上为真正实现一体化联合作战艰辛跋涉的旅途。

1.1996年,美军参联会推出《2010年联合部队构想》,作为美军未来作战理论,详见《联合部队季刊》1996年夏季号。在《联合部队季刊》1996年冬季号上,海军作战部长约翰逊和空军参谋长福格尔曼均表示支持《2010年联合部队构想》。陆军参谋长赖默也随即推出了《2010年陆军构想》,以响应《2010年联合部队构想》。

即使是在美国这样一个很容易传播和接受新鲜事物的国家，事情也远不像沙利卡什维利以为的那么简单。随着他的退役，美军中对"联合构想"的批评渐渐多了起来，怀疑论重新抬头。海军陆战队认为，"不要将'联合'奉若神明，而去压制有关未来军队编成的讨论"，"联合的一致性将导致军种独特性的丧失"，而这是与"强调竞争、多元化"的美国精神相违背的。空军则委婉地表达了"2010年联合构想必须在实践中发展，并鼓励军种间相互学习"，"在这个变革的时代，实验的时代，我们的思想要灵活，不能僵化"的意见[1]，海军、陆军在这方面的看法也相去不远，大有将沙利卡什维利的心血毁于一旦之势。可见，并不是只有发生在东方的改革才会出现人存政举、人亡政息的境况。我们作为旁观者，当然会对为了狭隘的集团利益牺牲一种可贵的思想扼腕而叹，因为"联合战役""联合构想"的实质根本就不在于对军种利益的肯定或剥夺，而是意图使各军种能在统一的战场空间内实现联合作战，最大限度地降低各军种自行其是的负面效应。显然这是在找到真正一体化军队的办法之前，人们能够想出的上乘战法。只是这一可贵思想的局限性在于：它的起点和终点都落在了武力战的层面，而没能将"联合"的视野，扩及人类可能产生对抗行为的所有领域。这种思想上的缺陷，在20世纪行将结束、广义战争的端倪已然露头的时刻，显得如此醒目，以至如果美国陆军没有在其1993年版《作战纲要》中提出"全维作战"的概念，我们简直会对美国军事思想界的"贫血"感到惊讶。

这份被修改了13次的纲领性文件，极富远见地洞察到了美军在今后若干年间可能面临的种种挑战，首次提出了"非战争军事行动"的崭新概念。正是有了这一概念，才使人们认识到进行全方位战争的可能性，也就使美国陆军得以为自己的作战理论找到一个非常大气的新名字——"全维

---

[1] 详见美《海军学会会刊》1998年1月号中霍夫曼中校题为"改革不会一帆风顺"的文章。

作战"。有意思的是，主持修订美国陆军1993年版《作战纲要》并表现出强烈创新精神的，正是在海湾指挥第7军时被人们指责作战保守的弗兰克斯将军。如果不是后来发生的事情改变了美国人的思维走向，这位战后初任的陆军训练和条令司令部司令差点就让美国军事思想史产生一次历史性突破。虽然在此版《作战纲要》中，弗兰克斯将军和他的条令编写组的军官们，没能厘清"在整个战区实施太空作战支援下的统一的空中、地面、海上和特种作战"与"在战争和非战争行动的各种可能行动中运用所掌握的一切手段，以最小的代价去果断地完成受领的任何任务"这两句话之间的巨大差异，更没能发现在作为军事行动的战争之外，还存在着远为广阔的非军事战争行动的可能性，但它起码指出了"全维作战"应具有"全纵深、全高度、全正面、全时间、全频谱、多手段"的特点，而这正是战争史上从未有过的作战方式最具革命性的特征。[1]

很可惜，美国人，准确地说是美国陆军，过早中止了这次革命。在一片反对声中，曾在弗兰克斯将军麾下任团长，后担任陆军训练与条令司令部联合兵种司令的霍尔德，对其老上司的创意诘难最甚。此时的霍尔德中将已不是战场上那个冲劲十足的霍尔德上校，这一回他扮演的是陆军中保守传统的代言人。他的看法是，"那种认为非战争军事行动有一套自己的原则的想法，在作战部队中并不受欢迎，很多指挥官都反对把非战争行动与本义上的军事行动区分开来"。在霍尔德的身后，"陆军中已形成这样一种共识，即把非战争行动区分出来单独对待是一种错误的做法"。他们认为，如果把"非战争军事行动"写入基本条令，将会冲淡军队的尚武特征，还可能导致军队行动的混乱。事情走到这一步，弗兰克斯将军的革命归于流产就不可避免了。在后一任陆军训练与条令司令部司令哈佐格将军的授意下，霍尔德将军和1998年版《作战纲要》的

---

[1].《1997世界军事年鉴》对"全维作战"有详尽介绍（P291—294）。

修订小组，以"一组单一的原则涵盖陆军所有类型的军事行动"为基调，终于对新纲要做出了重大修正。他们的做法是不再区分非战争行动与一般军事行动，只是将作战行动划分为进攻、防御、稳定、支援四种类型，把原本已归到非战争行动里的救援、维和等任务，重又装回作战行动的老套，使其被纳入统一的作战原则之下，而对"全维作战"的概念则干脆放弃。[1]表面上看，这是一次正本清源、删繁就简的举动，而实际上，这是一次美国版的买椟还珠，因为修订后的新纲要，在消除尚未成熟的"非战争军事行动"概念所带来的理论混乱的同时，也顺手遗弃了他们不经意间采摘的颇有价值的思想果实。看来，在跳进一步退两步的舞蹈时，所有的民族都无师自通。

不过，指出美国陆军的短视，并不等于说全维作战理论已无可指摘。刚好相反，这一理论从其概念的外延到内涵都存有显而易见的缺陷。诚然，"全维作战"已比此前任何军事理论对作战领域与方式的认识都宽泛了许多，但就其本质来看，依旧没有脱逸出"军事"的范畴，比如我们在前面提到过的"非军事战争行动"这一比军事性战争行动含义更广泛，起码可以与其并驾齐驱的作战领域和方式，就被排除在了美国军人的视野之外——可恰恰正是这一大片领域才是未来军人和政治家们发挥想象力和创造力的空间——因而也就不能算真正意义上的"全维"。更何况在美国陆军那里，还没厘清"全维"一词究竟是指几何学上的空间维度，或是与战争相关的各种要素，抑或是二者兼指。就是说，它还处在语焉不详、混沌不清的状态。而如果厘不清全维是指什么，各维间的关系又是什么，当然便无法充分展开这一原本极富潜力的概念。事实上，没有人能在360度立体空间加时间再加其他非物理要素的全维度上展开一场战争，任何具体的战争总会有所侧重，总是在有限的维度上展开，又总是

---

1. 据美1997年8月18日《陆军时报》上肖恩·内勒发表的文章"新版《作战纲要》草案的变化"。

在有限的维度上结束。唯一不同的是，在可以预见的将来，军事行动将不再是战争的全部，而只是全维中的一维，甚至加上弗兰克斯将军提出的"非战争军事行动"也还算不上全维。只有再加上军事行动以外的一切"非军事战争行动"，才可能实现完整意义上的全维作战。需要指出的是，这一思想在海湾战争结束后的所有美军军事理论研究中，都不曾出现过。[1]尽管"非战争军事行动""全维作战"这些充满创见的概念，已经相当逼近从军事技术革命时期开始的军事思想革命，可以说，它们已经来到了崎岖山路的最后一块悬岩之下，距离大彻大悟的峰巅还有一步之遥，但就在这里，美国人停了下来，一向在军事技术和军事思想两方面都领先于世界各国的美国兔子，开始在这里发出沉重的喘息。无论海湾战争后沙利文或弗兰克斯们在多少篇军事论文中发出"兔子跑吧"的呼唤，也不可能把所有的乌龟都甩在它的后面。

现在，或许该是伦奈·亨利中校[2]这些对别国的军事革命能力提出质疑的美国人扪心自问的时候了：

为什么没有发生革命？

---

[1] 大概只有安图利奥·埃切维里亚的文章《一场军事理论上的革命：战争各维的互动性》，指出了战争中的"各维"不应是几何学及空间理论中所指的长、宽、高等，而是指与战争密切相关的政治、社会、技术、作战、后勤等因素，但可惜他还是围绕军事轴心来观察战争，并没有对战争的外延形成突破。

[2] 1996年4月，在美国陆军军事学院召开的战略研讨会上，陆军中校伦奈·亨利做了题为"21世纪的中国：战略伙伴和……或对手"的报告，结论是"中国至少在下个世纪头二十五年里不可能进行一场军事革命"。（见中国人民解放军军事科学院外国军事研究部《外军资料》1997年第6期。）

下卷
论新战法

故兵无常势,水无常形,能因敌变化而取胜者,谓之神。

——孙子

战争的指导,就像医生给病人看病一样,是一门艺术。

——富勒

"军事革命"的说法,对于今日各国军事界,就像乔丹之于NBA球迷一样时髦。除了每一个新鲜事物的出现都有其必然因素,更主要的恐怕是与美国人善于制造时髦有关。一向喜欢在各种问题上执世界牛耳的美国人,非常擅长对每一个有前景的事物进行美式包装,然后再向全世界倾销。尽管不少国家对美国文化的入侵忧心忡忡并加以抵制,但对他们在军事革命问题上的见解大都依葫芦画瓢,全套照搬。其结果不难料定,自然是美国人患感冒,全世界打喷嚏。因看重隐形技术而被誉为"隐形之父"的美国前国防部长佩里,在回答中国访问学者有关"美国军事革命的重要成果和理论突破是什么"的问题时,不假思索地脱口答,当然是隐形技术和信息技术。佩里的回答代表了美国军界的主流看法——军事革命就是军事技术革命。在佩里们看来,只要从技术上解决了让士兵们在山前就知道"山后面有什么"的难题,便等于完成了这一轮军事革命。[1] 从技术角度去观察、思考和解决问题,正是典型的美国式思维。其长处和短处都像美国人的性格一样一目了然。这种把军事革命等同于技术革命的观念,通过海湾战争的形象演示,对全世界的军队都产生了强

1.军事科学院研究员陈伯江大校在美国做访问学者时,采访了一批美国军界要员。陈伯江问佩里:"美国军事革命所带来的最重要的成果和理论上的突破是什么?"佩里回答:"最重要的突破当然是隐形技术。它是一种巨大的突破。但是我要说在一个完全不同的领域,同样重要的是信息技术的发明。信息技术解决了士兵们几个世纪以来一直要求解决的问题,这就是:下一座山的后面有什么?几个世纪以来,解决这一问题进展甚慢。最近十年,技术的进展非常之快,使解决这一问题有了革命性的办法。"(《国防大学学报》1998年第11期,P44。)作为斯坦福大学工程学院教授的佩里,显然更愿意从技术角度去观察和理解军事革命。他无疑是一个军事革命的唯技术论者。

烈的冲击和影响。几乎没有人在这种情况下还会保持足够的冷静和清醒，当然也更不会有人发现由美国人开始的误解正在引起整个世界对一场遍及全球的革命的误解。"高技术建军"的口号像太平洋飓风一样在越来越多的国家登陆，就连大洋西岸的中国也几乎在同一时间里溅起了回声。[1]

不可否认，军事技术革命是军事革命的基石，但它无论如何不能被看作军事革命的全部，充其量只是这一狂飙突进历程的第一步。军事革命的最高体现和最终完成只能归结于军事思想的革命，而不可能仅仅停留在军事技术、编制体制变革这些形而下的层面上。军事思想革命，说到底是作战样式和方法的革命。军事技术革命也好，编制体制改革也罢，其最后的结果都将落脚于作战样式和方法的改变。只有这一改变的完成，才意味着军事革命的成熟。[2]如果把军事技术革命称作军事革命第一阶段，那么我们现在正处于这次革命至关重要的第二阶段。军事技术革命的接近完成在多大程度上为新阶段的开始做了铺垫，也就在多大程度上给这一阶段进行思想作业的人出了难题：军事技术革命使你可以在更大范围内选择手段的同时，必将使你在同样范围内受到这些手段的威胁（因为

1.《1997年世界军事年鉴》在"军事形势综述"中指出："1995—1996年军事形势的一个突出特点，就是一些主要国家开始在质量建军的框架内，突出'高技术建军'。"美国以实现战场数字化为目标，确立了高技术建军方针；日本拟定了新自卫队整备大纲，要求建立"精干的高技术化的军事力量"；德国提出"德尔斐报告"，谋求在8项尖端技术上实现突破；法国为提高军队"技术素质"，推出改革新方案；英国和俄罗斯亦有所动作；一些中小国家也竞相采购先进武器，力图使军队的高技术水平"一步到位"。(《1997年世界军事年鉴》，解放军出版社，1997年，P2。)

2.除了那种把军事技术革命等同于军事革命的看法，许多人更愿意把军事革命看成新技术、军队新编制和新军事思想结合的产物。例如，美陆军军事学院战略研究所的斯迪文·麦兹和詹姆斯·基维特在他们的研究报告《战略与军事革命：从理论到政策》中谈到："所谓军事革命，就是在军事技术、武器系统、作战方法和军队组织体制诸方面同时发生的相互促进的变化，使军队的作战效能发生一次飞跃（或突变）。"(美陆军军事学院战略研究所研究报告《战略与军事革命：从理论到政策》)美国战略与国际问题研究中心关于军事革命的研究报告，也认为军事革命是多种因素共同作用的结果。而托夫勒把军事革命与文明的更替等量齐观，就显得有些大而无当。

在今天垄断一种技术远比发明一种技术要困难得多）。这些威胁从来没有像今天这样由于手段的多样化而变得无边无际，真正让人有一种草木皆兵的感觉。任何方向、任何手段、任何人，都可能成为国家安全的潜在威胁，而你除了能清楚地感受到威胁的存在，很难一下子弄清楚威胁来自何方。

长期以来，无论是军人还是政治家，都已经习惯于用一种定式进行思考，即对国家安全构成威胁的主要因素是敌国或潜在敌国的军事力量。而20世纪最后十年发生的战争和重大事件，则在不动声色地向我们出示相反的事实：军事威胁已经经常不再是影响国家安全的主要因素。尽管与人类历史一样古老的领土争端、民族纷争、宗教冲突以及势力范围的划分，仍是人们干戈相向的几大动因，但这些传统因素已越来越多地与攫取资源、争夺市场、资本控制、贸易制裁等经济性因素交织在一起，甚至让位于这些因素，形成威胁某个或某些国家政治、经济、军事安全的新形态。这类形态从外观上看可能毫无军事色彩，因而被某些观察家称为"亚战争"或"类战争"[1]，但其在所攻击的领域里造成的损毁，绝不亚于一场纯军事性战争。在这方面，我们只须举出乔治·索罗斯、本·拉登、埃斯科瓦尔、麻原彰晃、凯文·米特尼克这些疯狂的名字就足够了。[2] 人们或许已经无法准确地指出，从什么时候开始，发起战争的主体不再仅仅是那些主权国家，日本奥姆真理教、意大利黑手党、极端伊斯兰恐怖组织、哥伦比亚或"金新月"贩毒集团、心怀叵测的黑客和掌握大量对冲基金的金融家，随便哪个目标坚定、意志顽强、性格偏执的心态失衡者，都有可能成为一场军事或非军事战争的制造者。他们所使用的武器可以是飞机、大炮、毒气、炸弹、生化制剂，也可以是电脑病毒、网

---

1. 见赵英《新国家安全观》。
2. 乔治·索罗斯，金融投机家；本·拉登，伊斯兰恐怖主义者；埃斯科瓦尔，恶名远扬的毒枭；麻原彰晃，日本邪教"奥姆真理教"教主；凯文·米特尼克，著名电脑黑客。

络浏览器、金融衍生工具。一句话，所有新技术能够提供的战争新方式、侵略新手段，都会被这些狂热分子用来进行形形色色的金融攻击、网络攻击、媒体攻击或是恐怖袭击。这些攻击大都不是军事行动，却完全可以被视作抑或等于强迫他国满足自己利益诉求的战争行为。这些与军事性战争一样甚至破坏性更大的力量，显然已经对我们所理解的国家安全构成了不同于以往的、多重方向的严重威胁。

在这种情形下，只要稍微撕开一点视野，我们便会看到，基于地缘概念的国家安全观已经明显过时。对国家安全构成重大威胁的已远不止敌对势力对本国自然空间的武力侵犯。在数月之内货币贬值百分之几十、经济濒临破产的泰国和印尼，与遭受军事打击和经济封锁双重遏制的伊拉克相比，在国家安全指数的低落程度上，恐怕已没有多少差别。就连冷战后唯一仅存的超级大国美国，也意识到了最强大的国家往往是敌人最多，所受威胁也最多的国家，在连续几个财年的美国《国防报告》中，除了把"敌视美国利益的地区强国"列在十种主要威胁的首位，还将"恐怖主义、危及盟国政府稳定的颠覆活动和无政府状态、对美国繁荣和经济增长的威胁、非法毒品贸易、国际犯罪"都指认为对美国的威胁，因此扩大了对可能危及自身安全的多重空间的搜索范围。[1]其实不只是美国，所有崇奉现代主权观的国家都已经自觉地把安全边界扩展到了政治、经济、资源、民

1.美国国防部长在1996、1997、1998财年的《国防报告》中都提到美国面临的多种威胁，但这种广角视野，并不是美国人能自觉保持的观察水准。1997年5月，美国国防部发表《四年防务审查报告》，在其第一部分"全球安全环境"中指出，美国的安全将面临一系列挑战，首先是来自伊拉克、伊朗、中东、朝鲜半岛的地区威胁；第二是敏感技术的扩散，如核、生、化武器及投射技术、信息战技术、隐形技术等；第三是恐怖活动、非法毒品交易、国际有组织犯罪及移民失控；第四是大规模杀伤性武器对美国本土的威胁。"在2015年以前，能与美国分庭抗礼的国家不大可能出现，但在2015年以后，有可能出现一个地区强国或势均力敌的全球敌手。有人认为，尽管俄罗斯和中国前景未卜，但有可能成为这样的敌手。"这份由国防部长办公室和参联会通力合作得出的报告，显然仍沉溺于半是真实半是虚幻的所谓军事威胁之中。根据这份报告形成的1997年美国《国家军事战略》，在对威胁的分析中，专以一节提到"不可知因素"，表现了美国人对未来威胁的惴惴不安。

族、宗教、文化、网络、地缘、环境及外太空等多重疆域。[1]这种"泛疆域观",是一个现代主权国家生存、发展和在世界上争取影响力的前提。相比之下,以国防为国家主要安全目标的观念就显得有些陈旧,至少不是很充分。与"泛疆域观"相对应的,应该是一种全方位包容国家利益的新的安全观念。它所关注的绝不只是国防安全问题,而是毫不犹豫地将国家的政治安全、经济安全、文化安全、信息安全等方方面面的安全需要统统纳入自己的目标区。这是一种把传统的领土疆域概念提升为国家的利益疆域概念的"大安全观"。

这种大安全观由于其载荷的增大,带来了目标的复杂化和实现目标的手段、方式的复杂化。因此,确保国家安全目标得以实现的国家战略即通常所说的大战略,就需要做出超越军事战略甚至政治战略的调整,对整个国家利益安全指数涉及的所有方面进行通盘考量,把政治(国家意志、价值观和凝聚力)、军事因素与经济、文化、外交、技术、环境、资源、民族等参数叠加在一起,绘制出一幅完整的国家利益和国家安全重合的"泛疆域"——大战略态势图。

任何人站在这幅态势图前,都会顿生望洋兴叹之概:涉及的领域数量如此多并且跨度如此巨大,利益如此复杂以致自相冲突,且目标如此错综甚至彼此排斥,怎么可能使用这种统一的、单一的手段和方式作为大战略?比如说,用克劳塞维茨称为"流血的政治"的军事手段,如何解决东南亚金融危机?抑或用同样的方式,如何对付在互联网上神出鬼没的黑

---

1. 澳大利亚的小莫汉·马利克指出影响21世纪国家安全的7个趋势:全球化经济;全球化的技术扩散;全球化的民主浪潮;多极化的国际政治;国际体系性质的变化;安全概念的变化;冲突焦点的变化。这些趋势的综合作用,形成了威胁亚太地区安全的两类冲突根源。第一类为传统的冲突根源:大国的霸权斗争;成功国家民族主义的膨胀;领土和海洋权益的争端;经济竞争;大规模杀伤性武器的扩散。第二类为未来冲突的新根源:衰败国家中的民族(种族)主义;文化和宗教信仰冲突;致命的轻武器扩散;石油、渔业和水资源的争议;难民潮和人口流动;生态灾难;恐怖主义。所有这一切都对21世纪的国家安全构成了多重威胁。这位澳大利亚人对国家安全的见解,比美国官方要略高一筹。(详见美国《比较战略》1997年第16期。)

客？结论不言自明，作为对大安全观层面上的国家安全的保障，仅有剑是不够的。独木难支。一座现代国家大厦的安全拱顶，已远不是军队这一根支柱可以独力支撑的。它能否屹立不倒，关键在于涉及国家利益的所有领域能在多大程度上形成合力。而有了这种合力后，还需要把这种合力变成可以实际操作的方式方法。这应是一种把军事和非军事两大领域所有维度、所有手段组合起来进行战争的"大战法"。与以往战争造就战法的程式相反，这种大战法一经诞生，势必将造就出一种既包容又超越所有影响国家安全之维的全新战争形态。而它的原理拆开来看并不复杂，只是简简单单的两个字：组合。"道生一，一生二，二生三，三生万物"，不论二或是三还是万物，都是组合的结果。组合才有丰富，组合才有千变万化，组合才有多样性。组合使现代战争的手段增至近乎无限，从根本上改变了既往人们赋予现代战争的定义：用现代武器和作战方式进行的战争。这就是说，手段的增多在使武器的作用缩小的同时，也使现代战争的概念获得了放大。在一场从手段选择到战场范围都极大延展了的战争面前，那种仅凭军事手段就想迎取胜利旭日的愿望，恐怕大半会在"只缘身在此山中"的痴迷下落空。眼下，所有怀有胜利野心的军人和政治家，要做的就是扩张视野，审时度势，凭借大战法之杖，拨开传统战争观的迷雾——去山那边迎接日出。

第五章
战争博弈的新着法

21世纪的战争艺术大师将是那些以革新的方式重新组合各种能力以实现战术、战役和战略目标的人。

——伊尔·提尔福德

一切都在改变。技术的爆炸、武器的更新、安全观念的拓展、战略目标的调整、战场界限的模糊、非军事手段和非军事人员卷入战争的范围和规模的扩大……当所有这些变化都聚焦于一点时，我们相信，战法革命的时代已经来临。这一革命不是为每一种变化寻求与之相匹配的战法，而是为所有的变化找到一种共同的战法。换言之，为未来战争千变万化的棋局，找到一种以一应万的新着法。[1]

拂去战云的阴翳

谁见过明天的战争？谁也没有。但它的种种景象，早已通过大大小小巫师式的预言家之口，像低俗的卡通片一样定格在我们的大脑屏幕上。从太空轨道上的卫星绞杀战到大洋深处的核潜艇角逐，从隐形轰炸机投放的精确制导炸弹到宙斯盾巡洋舰发射的巡航导弹，天上地下，全面覆盖，可谓不一而足。其中最有代表性的，莫过于对美军数字化部队在欧文堡国家训练中心进行的一次实兵演习的描述：

---

[1].战争作为最经典的博弈，却常常不受经典博弈论的制约，因为战争从本质上是人的非理性行为，基于"理性人"的种种推测自然容易落空。核武器的诞生，使人类从最不理性的行为中渐渐找回了迷失已久的理性。而全球化的进程，则促使人类在寻求国家安全时，按照"理性人"那样思考，学会摆脱"囚徒困境"，不再陷入美苏争霸式的"斗鸡博弈"。既有合作，又有竞争的经济学博弈开始渗入军事领域，并影响新时代的战争。（可参阅张维迎的《博弈论与信息经济学》导论，上海三联书店、上海人民出版社，1996年。）

在扮演"蓝军"的数字化部队的指挥中心，计算机正不断地输入和处理从卫星和"联合星"飞机那里传来的情报；预警机监视着整个空域；战斗轰炸机在卫星和预警机的引导下用精确制导导弹攻击目标；装甲兵团和武装直升机轮番对敌发起立体进攻；步兵们通过膝上电脑接收指令，用带头盔瞄准具的自动武器进行射击；而最精彩的场面，竟是一名士兵连击五下鼠标，就把己方炮兵和航空兵的强大火力引向了山脊另一边的敌方坦克群，30秒以后，他的电脑屏幕上显示：敌坦克已被击中。

尽管这次在莫哈维沙漠进行的演习中，号称"21世纪陆军"且全面数字化装备的"蓝军"，最终以1胜1平6负的结果，败给了装备传统的"红军"，但这并不妨碍国防部长科恩在演习结束后的新闻发布会上宣布："我认为在这里，你们正在目睹一场军事革命……"[1]

显然，科恩所指的军事革命，与我们前面所说的那些预言家理解的战争如出一辙。

胜利者总是喜欢在胜利的轨道上惯性滑跑。就像靠凡尔登堑壕赢得胜利的法军希望下一次战争在马其诺防线上进行一样，赢得海湾战争胜利的美军，也希望在21世纪继续过"沙漠风暴"式的瘾。虽然每个打算像施瓦茨科普夫一样获得荣耀的美国将军都明白，下个世纪的战争绝不可能是海湾战争的简单重演。为此，硝烟未散，他们就开始对美军的武器装备进行更新换代，并对原有的作战理论和编制体制做出调整。从《2010年联合部队构想》到《后天的陆军》，全世界的军人都看到了未来美国军队的框架和美式战争的构想。可以算得上殿宇巍峨、气象不凡了。

---

[1]. 1997年3月15日起，美国陆军在加利福尼亚欧文堡国家训练中心进行了为期14天的数字化旅特遣队高级作战演习。据陆军参谋长赖默上将的说法，这一次实验的目的是确定在实战中21世纪部队技术能否在瞬间回答以下三个具有决定性的问题：我在哪儿？同伴在哪儿？敌人在哪儿？从实验的情况看，经过改编并用新的数字技术武装起来的部队，比现行的陆军作战速度更快、杀伤力更大、生存能力更强。关于这次演习，1997年3月17—23日的美国《防务新闻》做了详尽报道。

殊不知美国人视野的盲点恰好就出现在这里。

到目前为止，我们所能看到的美军武器装备发展的走向、国防政策的变化、作战理论的演进、条令条例的更新、高级将领的言论，全都在沿着一个方向疾行，即认定军事手段是解决未来冲突的最后手段，一切国家间争端终究都会归结于两支大军在战场上的兵戎相见。在这一前提下，美军对自己提出了几乎同时打赢两场战区战争的要求，并为此做好了充分的准备。[1]问题是，在五角大楼中，还有什么人能像前参联会主席鲍威尔将军那样清醒地认识到，美国正在把大部分精力集中到重打"不会再来的冷战式战争"上，而十分可能把自己的力气用错了方向[2]？因为20世纪末的国际走势正清晰地显示出，作为现实存在，凡战争皆动刀兵的时代尚未翻成历史，作为一种观念它却已明显开始落伍。随着各种遏制军备竞赛、武器扩散的国际公约的增多，联合国及区域性国际组织对局部战争和地区冲突的干预力度加大，对国家安全的军事性威胁已相对降低；相反，大量高新技术的涌现，却使运用非军事手段威胁他国安全的可能性大大增加，国际社会在这类损毁度不亚于一场战争的非军事威胁面前束手无策，起码缺少必要而有效的限制。这在客观上加速了非军事战争形态的生成，同时也就使旧的国家安全观念和体系，濒临崩溃的边缘。除了愈演愈烈的恐怖战，还有大有后来居上之势的黑客战、金融战、电脑病毒战，再加上那些目前还难以命名的种种"新概念战争"，足以让"御敌于国门之外"式的安全观一夜间成为过去时。

对军事威胁与非军事威胁的此消彼长，美国军界不是没有注意到

---

[1].1997年，美国《国家军事战略》中再一次强调，美军的任务和军事能力的水准是同时打赢两场大规模战区战争。这实际上仍是在延续"冷战"时代的军事战略和建军方针。詹姆斯·R.布莱克尔在他名为"建设军事革命型的美军——与《四年防务审查报告》不同的军队改革方案"的文章中指出，这一方针是"为十年前就结束的时代选择了二十年前设计的军事方案"。(美《战略评论》杂志1997年夏季号)

[2].参阅美国陆军军事学院战略研究所研究报告《战略与军事革命：从理论到政策》第八部分。

（这一点我们在前面提到美国国防部几个财年的《国防报告》时已指出过），但他们把解决后者的课题推给了政治家和中央情报局，自己则从已有的全维作战、非战争军事行动等新观点上退了回去，越来越紧地收缩成一棵挂满各种尖端武器果实的守望之树，单等着哪只呆头呆脑的傻兔子来撞。只是当萨达姆在这棵树下撞晕之后，有谁还会成为第二只这样的兔子？

因苏联的瓦解而失去对手的美国大兵，在一种"拔剑四顾心茫然"的心绪下，正在极力寻找不让自己"失业"的理由。因为从将军到士兵，从进攻之矛到防御之盾，从大战略到小战法，美军的一切都是为在一场大战中取胜而准备的。一旦不再有两军对垒，不要说美国军界，就连美国国会，也会产生丧失目标的空落感。结果就是，没有敌人也要制造出一个敌人来。所以，哪怕在科索沃这样的弹丸之地，他们也不肯放过一试霜刃的机会。在要么动武要么就什么都不动的牛角尖里越钻越深的美国军界，似乎在把自己的触须从战争领域探向非战争军事行动领域之后，就不肯再把它延伸到远为广阔并正在成形的非军事战争领域了。这既可能是由于对新事物缺乏敏感，也可能是职业习惯使然，更可能是思维局限所致。不论是何种原因，美国军人一直都把自己的视野锁定在战云笼罩的范围之内，却是不争的事实。

尽管美国在这种非军事战争威胁面前首当其冲，并且屡屡成为受害者，但让人奇怪的是，如此大国，居然没有对付新威胁的统一战略和指挥机构，更让人啼笑皆非的是，居然有49个部局都负有反恐怖活动的责任，而彼此间却很少协调和配合。其他国家在这方面，也比美国好不了多少。各国对安全需要的拨款，基本投向仍然仅限于军队和情治部门，而对其他方向的投入则少得可怜。还是以美国为例，它每年用于反恐怖的资金为70亿美元，仅为其2500亿美元军费开支的1/35。

不论各国怎样对迫在眉睫的非军事战争威胁置若罔闻，这一客观事实都在按它自己的规律和速度膨胀着、扩散着，一步步逼近人类的生存。无须指点人们也会发现，当人类把更多的注意力集中于呼唤和平、遏制战争上时，许多原本是我们和平生活一部分的事物，都纷纷开始变成伤害和平的凶器。甚至那些我们一向奉为金科玉律的原则，也开始呈现出悖反的倾向，成为一些国家对另一些国家，或某些组织及个人对整个社会发动攻击的手段。就像有电脑就有电脑病毒、有货币就有金融投机一样，信仰自由与宗教极端主义及邪教、普遍人权与国家主权、自由经济与贸易保护、民族自治与全球一体化、民族企业对跨国公司、信息开放与信息边界、知识共享与技术垄断，每一个领域都可能在明天的某个时刻爆发不同人群间厮杀的战争。战场就在你身边，敌人就在网络上。只不过既无硝烟味，又无血腥气而已。但它依旧是战争，因为它符合现代战争的定义：强迫敌人满足自己的利益诉求。很显然，对这种完全超乎军事空间的新战争，没有一个国家的军人有足够的精神准备，但这又是一切军人都必须正面相对的严峻现实。

新的威胁要求新的国家安全观，而新的安全观则要求军人在扩张胜利之前先扩张视野，即拂去战云遮在你眼上的那条狭长的阴翳。

规则的破坏与失效的疆域

作为解决生存和利益冲突的极端方式，战争一直是头从未被人类真正驯化的猛兽。它一方面是社会生态链的清道夫，另一方面又对人类的生存直接构成威胁。如何既驱使之，又不被其所伤？几千年间，特别是20世纪以来，人类在战火频仍的间隙，始终在干着一件事：努力把猛兽关进笼子。为此，人们制定出了无数的条约和规则。从著名的《日内瓦公约》到联合国至今还在不断做出的各种有关战争的决议，在既疯狂又血腥的战争之路上竖起了一道又一道栅栏，想用国际法则把战争对人类的损害控制在最低限度，从具体的不得使用生化武器、不得滥杀平民、不得虐待俘虏、限制使用地雷等，到广泛地反对在处理国家关系问题上使用武力或以武力相威胁。所有这些规则，已日渐为各国普遍接受。其中最可称道的是，核不扩散、核禁试、双边或多边削减核武器等一系列条约，使人类至今避免了走进核冬天。冷战结束后，全世界额手称庆，以为从此走出了"恐怖的和平"。施瓦茨科普夫用"风暴"拳把萨达姆击倒在海湾拳台上之后，布什总统更是踌躇满志："世界新秩序已经经受了第一次考验。"他像当年从慕尼黑归来的张伯伦那样，宣布人类将"相聚在一个具有和平希望的世界"。结果如何？跟张伯伦一样，他也把大话说早了。[1]

无论是冷战还是海湾战争的结束，都没能给世界带来政治家们许愿、全人类预期的国际新秩序。两极世界的崩塌，使局部战争如猛兽般一头接一头地从笼中咆哮而出，把卢旺达、索马里、波黑、车臣、刚果、科索沃这些国家和地区，一个接一个地浸泡在血泊中。到这时，人们才又一次发现，几千年、上百年的和平努力是何等不堪一击！

这种局面的出现，与每个国家对建立国际规则都抱着实用的态度有关。各国对规则的认可与否，往往是看它是否对自己有利。小国希望通过规则来保护自己的利益，而大国则意图以规则去控制别的国家。当规则与本国利益不一致时，无论大国还是小国，都会不惜以犯规来达到自己的目的。一般说来，小国犯规尚可被大国以执法者的名义出面纠正，而大国犯规，如美国在巴拿马超国家执法，把一国首脑抓到他们的国家去受审，再如印度对核禁试条约的无视，甚至它吞并喜马拉雅山南麓小国锡金这种与伊拉克吞并科威特同样的行动，却使国际社会一次次徒呼奈

---

[1] 实际上就是伊拉克问题，布什也没能彻底解决。萨达姆越来越成为美国人一块难以除却的心病。

何，无计可施。[1]但任何事物都有它的克星和天敌，正像中国的一句俗语所云："卤水点豆腐，一物降一物。"国际社会在那些既参加制定并利用规则，又在规则于己不利时无视甚至破坏规则的大国面前软弱无力，与某些不承认任何规则，专门以一切现存国家秩序为其破坏目标的非国家力量的崛起形成了鲜明对照。作为国际社会尤其是某些大国的天敌，它们在威胁人类生存的同时又对社会生态平衡产生了微妙的影响。换句话说，这些非国家力量作为一种社会破坏力，既破坏了国际正常秩序，又牵制了某些大国对国际社会的破坏，如无名黑客[2]在印度进行核试验后对其国防部网址的警告性侵入和富翁本·拉登因对美国在中东的存在不满而向其发起的一次次恐怖行动。尽管我们现在对这些行动的作用是积极抑或消极还难以界定，但可以肯定的是，所有这些行动都带有无视规则、不负责任的破坏性特征。

规则遭到破坏的直接结果是，国际社会认定的那些以有形或无形边界划定的疆域失去了效力，因为所有用非军事战争行动对国际社会宣战的非国家力量的主体，都是以超国家、超领域、超手段方式出现的。有形的国家疆界，无形的网际空间，国际法、国家法、行为准则、道德伦理，统统对他们不构成约束力。他们不对任何人负责，不为任何规则所限，在目标的选择上无所不悉其列，在手段的使用上无所不用其极。他们因行动诡秘而有很强的隐蔽性，因行为极端而造成广泛的伤害，因不加区分地攻击平民而显得异常残忍。现代媒体实时、连续、覆盖式的宣传，又极大地强化了这一切的恐怖效果。与这些人的作战，将没有宣战，

---

1. 美英两国新近采取的"沙漠之狐"行动，就明显违反了《联合国宪章》，即为大国的一次严重犯规。
2. "黑客"是英文"hacker"的音译，本意属中性，并不带贬义。早期黑客以其对技术的痴迷和对社会的善意形成了独特的黑客伦理规范，并为几代黑客中的许多人所恪守，但在如今的网络空间里，同样世风日下，已不再是"君子之国"了。

没有固定战场，没有正面搏杀，大多数情况下不会有硝烟、炮火和流血，但国际社会遭到的破坏和创痛，丝毫不亚于一场军事性战争所带来的。

随着那些专事绑架、暗杀和劫机的老恐怖主义者渐渐淡出时代舞台，新恐怖主义势力迅速崛起，很快便填补了前辈留出的真空。短短十几年时间，从籍籍无名之辈变成世界公害的，首推电脑黑客。个人计算机的普及，特别是互联网络的形成，使黑客们的恶意行为日渐危及现行的社会秩序。我们这里所说的黑客，是指那些在网络上窃取情报、删改文件、施放病毒、转移资金、破坏程序的网络杀手。为了区别于那些非恶意黑客，或许把前者定名为"网徒""网霸"要更准确些。他们对现今世界的破坏力惊人，早在1988年，黑客活动初期，人们对其危害性一无所知时，罗伯特·莫里斯设计的小小"蠕虫"，只用一个早晨的时间，就使包括美国国防部"远景规划署"、兰德公司研究中心和哈佛大学在内的全美军用和民用计算机系统的6000台电脑全部陷入瘫痪。此后，这类事件便开始在互联网所及的国家和地区层出不穷。自1990年美国政府开始严厉打击网络犯罪以来，黑客活动非但不见减少，反而扩及全球，大有燎原之势。值得注意的是，随着美军《信息作战》条令把敌国军队或政界对手与未被批准的用户、内部人员、恐怖分子、非国家组织、外国情报机构并列为网上威胁的六种来源，有国家或军队背景的黑客已开始显现端倪。[1]这不但大大加强了黑客的阵容，使散兵游勇式的黑客（网徒）行动迅速升级成国家（网霸）行为，也使所有国家（包括拥有国家或军队黑客的那些国家）面临的网际威胁越来越大，越来越难以预见和防范。唯一可以

1.1996年，为加强对军事信息系统的防护，成立了美国国防部信息系统局。同年，美国关键基础设施保护总统委员会也宣告成立。该委员会负责保护电信、金融、电力、水、管道和运输系统。这一切都是为了对付来自现实的威胁。美军FM100-6号野战条令《信息作战》指明："信息基础设施面临的威胁是现实的，它们源于全球范围内，在技术上表现出多面性，而且这些威胁正在增长。这些威胁来自个人和团体，驱使他们的是军事、政治、社会、文化、种族、宗教或个人、行业利益。这些威胁还来自信息狂人。"（美《信息作战》中译本，P7。）

预见的是，这种威胁对网络大国美国的危害，肯定比对其他国家更甚。对此前景，连美国联邦调查局负责计算机犯罪稽查的J.塞特尔都半是自信半是忧虑地说："给我10个精选出来的黑客，90天内我就能让这个国家缴械投降。"

与"网徒"——黑客这些网络恐怖分子相比，本·拉登的炸弹恐怖在衣钵上更接近传统恐怖主义，但这并不妨碍我们把他算在新恐怖主义之列，因为从本·拉登身上，除了看出了他的宗教甚或邪教背景以及反大国控制的倾向，还可看出那些虚张声势、热衷风头、使用轻武器且手法单一的老斗士的影子，其他方面，他们确实不可同日而语。在美国驻内罗毕和达累斯萨拉姆的大使馆发生震惊世界的大爆炸之前，本·拉登的名字在国际反恐怖组织公布的30个恐怖组织名单中还根本排不上号，尽管此前他已有多起血案在身，却因一向不事声张而只是伊斯兰世界的"无名英雄"。即使在美国人对他发射了巡航导弹和发出逮捕令之后，他仍然一再否认自己与爆炸案有关。"隐身遁形"，更重实效而不图虚名，也许就是本·拉登式的新恐怖组织的第一大特点。此外，由于学会了利用经济手段和钻西方倡导的自由经济的空子，他们通过成立经营性公司甚至银行、大规模地贩毒和走私、倒卖军火、印制巨额伪钞，以及宗教成员捐款，获得了稳定的资金来源。[1]在此基础上，这些新恐怖组织的触角伸向了更为广阔的领域，手段也更加多样，如广泛利用宗教或邪教组织、发展自己的宣传媒体、组建反政府民兵组织等。经费方面的游刃有余，确保了他们能获取和掌握大量高技术手段，使得他们轻而易举地就能杀死更多的人。尽管迄今为止，他们所发起的攻击，大多针对富国和西方国家，特别是有控制别国能力的大国，但他们对现存秩序和公认规则的破坏，是对国际社会的共同威胁。从已知的情况看，这些正在显形的新恐

1.最具讽刺意味的是，本·拉登家族的建筑公司曾经是美军驻沙特营房的修建者。

怖组织，只是新一轮世界性恐怖活动翻起的几股黑潮。可以肯定的是，还有更大量的不为我们所知的浊流，尚在水面之下涌动。

新近汇入这一逆流的是国际金融投机家。虽然眼下还没有人把这些衣冠楚楚、风度翩翩的家伙列入恐怖分子之列，但他们先后在英国、墨西哥和东南亚的所作所为，及其造成的灾难性后果，却令所有的"网徒"和本·拉登之辈都难以望其项背。以索罗斯为代表的金融大鳄们，凭借日交易额超过1.2万亿美元的国际游资，运用金融衍生手段，利用自由经济规则，在世界金融市场上翻云覆雨，兴风作浪，引起一波连一波的金融动荡，使受害国的面积逐次扩大，从东南亚到俄罗斯再到日本，最后连隔岸观火的欧洲和美国也未能幸免，使现行的全球金融体系和经济秩序从根本上发生了动摇，已然成为危及人类社会和国际安全的另一股新祸水[1]，其跨国性、隐蔽性、无规则性、巨大破坏性等恐怖主义的典型特征，使我们有理由称之为金融恐怖主义。

在庞大的国家机器面前，恐怖分子及其组织在人数和手段上也许微不足道，可事实是没有一个国家敢于小觑他们。原因就在于这是一群不按任何规则行事的狂徒。一个拥有核武器的恐怖组织，肯定要比一个同样拥有核武器的国家要危险得多。本·拉登的信条是"我死也不让别人活"，所以他才会为让十几个美国人死去而把数千无辜者同时浸泡在血泊中而无所顾忌。索罗斯的逻辑是"我入室抢劫是因为你的门没有上锁"，这样他就无须为破坏别国经济、搅乱人家的政治秩序负责。

对于隐在伊斯兰激进主义群山下的本·拉登和藏在自由经济丛林里的索罗斯，以及潜伏在网络青纱帐中的电脑黑客来说，任何国界都不存在，任何疆域都已失效，他们要做的就是，在有规则的领域中肆意破坏，

---

1. 金融恐怖主义最令人不安处在于，"热钱"能在几天时间里，就对一国经济造成毁灭性的打击，波及对象从国家中央银行直至升斗小民。

在无规则的领域里撒野横行。这些新型恐怖主义势力对现存世界秩序构成了从未有过的严峻挑战，反过来也使我们对既定秩序的合理性产生了某种程度的怀疑。或许制服破坏规则者与对规则的修改都是必要的，因为任何对规则的破坏都会带来需要我们认真应对的新课题。在一个旧的秩序行将消解的时代，占先机者往往是最先打破规则或是最早适应这一趋势的人。显然，在这方面新恐怖主义分子已走在了国际社会的前头。

对付无视规则的敌人，最佳的战法肯定只能是突破规则。近来，与出没于非军事战争领域的敌人交手时，美国人使用了巡航导弹，中国香港政府动用了外汇储备和行政手段，英国政府则打破常规，允许其特工机构"合法"地刺杀被认为是恐怖分子的外国国家元首，显示出了适时修正规则、改变战法的迹象，但也暴露出了思路单调、手段单一的弱点。据说，美国人已决定动用黑客手段，寻找并查封本·拉登在各国银行上的账户，从根本上切断他的资金来源，这无疑是一次超越军事领域的战法突破。但我们还是要说，在这方面，一贯信奉无所不用其极原则的新老恐怖分子，仍是各国政府最好的老师。

大师杯中的鸡尾酒

三千年前的周武王和两千多年前的亚历山大，肯定都不知鸡尾酒为何物，但全是战场上调制"鸡尾酒"的高手。因为他们都擅长巧妙地把两种以上的战场因素，像调制鸡尾酒一样组合到一起，投入战斗并赢得胜利。1+1，是最初级也是最古老的组合方式。长矛加圆盾，可使一个士兵攻防兼备，进退有据；两人成一伍，"长兵以卫，短兵以守"，一对士兵彼此配合，构成了最小的战术单位[1]；骑士堂·吉诃德加侍从桑丘，意味着骠骑兵与辎重兵的分工已经形成，于是，为幻想中的公主剪除邪恶的编队就可以出发远征了。如此简单的组合，竟蕴藏着战场上无穷变化的玄机。从冷兵器到热兵器，再到核武器，直至今天所谓的高技术兵器组合，这一胜利之神手中的法器伴随着整部战史，暗中左右着每一场战争的胜负。武王伐纣，戎车三百，虎贲三千，甲兵四万五千人，比商纣王的几十万步兵要少得多，但这支车步混编的小型军队，却因组合得当大大增强了战斗力，牧野之战因而也就成了周王朝的奠基石，并在三千一百二十年后成为我们所能找到的最早的组合战的证据。东方如此，西方亦不例外。在阿贝拉会战中，亚历山大一战而败大流士，就在于他擅长临战应变，对向来是一字平推的方阵做了令对手措手不及的改动。他的做法很简单，不过是把骑兵的位置沿方阵两翼略向斜后方挪动，形成了一个"空心大方阵"，使骑兵的灵活性和步兵的稳固性，在奇特的布阵中得到了淋漓尽致发挥各自所长的最佳组合。结果当然是在兵力对比上处于下风的亚历山大，最终痛饮了胜利的酒浆。[2]

翻遍东西方战史，在所有关于战法的描述中，我们都找不到"组合"二字，但所有时代的战争大师似乎都本能地深谙此道。瑞典国王古斯塔夫是火器时代初期最受推崇的军事改革家，他对作战阵形和武器配置进行的所有改革，采用的都是组合法。他最早意识到了长矛兵的落伍，而把他们与火枪兵混编布阵，使前者能为后者在射击的间隙提供掩护，以期最大限度地发挥两者的长处；他还时常把轻骑兵、龙骑兵和火枪兵混合编组，使之在炮兵轰击的浓烟下，轮番向敌人的散兵线发起冲锋；这位被后人称作"第一个伟大的野战炮兵专家"的国王，对作为会战基础

1.《中国历代战争史》，军事译文出版社，第一册，P78，牧野之战节。
2.《西洋世界军事史》，富勒著，纽先钟译，第一卷。

的炮兵的功能和作用,更是了然于胸。他把轻炮作为"团炮"与步兵混编,让重炮单独成军,看似分开配置的轻重火炮,在整个战场地幅内却又形成了完美一体的组合,真可以说把火炮的作用在他那个时代发挥到了极致。[1]

不过,这一切都发生在炮术专家拿破仑出现之前。与那个把两万多门大炮推上战场的矮个子科西嘉人相比,古斯塔夫手里的两百门火炮,只能算小巫见大巫。从1793年至1814年,整整二十一年间,没有人比拿破仑更彻底地通晓火炮,也没有人比这位统帅更精明地了解麾下,当然就不会有谁能比他更在行地将炮兵的杀伤力与骑兵的机动性以及达乌元帅的忠勇和缪拉元帅的悍野充分组合起来,铸成让他的所有敌人都望风披靡的攻击力。拿破仑把法兰西军队变成了整个欧罗巴无人能与之争锋的战争机器,并凭借这部机器,从奥斯特里茨到博罗季诺,成就了自己近乎百战不败的神话。[2]

在"沙漠风暴"行动中创造了一场大战仅阵亡百余人奇迹的施瓦茨科普夫将军,算不上大师级人物,运气却几乎和所有的军事艺术大师一样好。其实真正重要的并不是运气,而是这位率领一支现代大军的统帅,与他的前辈们一样甚至更加重视战争要素的组合,因为在20世纪90年代,他手中握着的牌要比他的前辈多得多。对他来说,这场把伊拉克军队逐出科威特,恢复西方石油生命线,在中东重振美国影响力的战争取胜的关键,就在于怎样巧妙地把利用联盟、操纵媒体、经济封锁等手段,与对30多国军队组成的陆、海、空、天、电诸兵种联军的指挥捏拢在一起,使其合力成为砸向萨达姆的铁拳。他做到了这一点。而他的对手却令人吃惊地毫无这种自觉。几十万大军、几千辆坦克、几百架飞机,就

---

[1]《武器和战争的演变》,T. N. 杜普伊著,P169—176。
[2]《拿破仑传》,塔尔列著。《拿破仑一世传》,约翰·霍兰·罗斯著。

像未经搅拌的水泥、沙子和钢筋，散布在数百公里纵深的战线上，根本经不住充分组合后坚硬如钢筋混凝土构件的美式老拳的痛击。更不要说在西方人质问题上先扣后放，一错再错，在打破政治孤立、经济封锁方面应对乏术了。

至此，无论是远在三千年前还是近在20世纪末叶的战争，几乎所有的胜利都显示出一种共同迹象：谁组合好谁赢。

今天，随着可以为战争所用的手段日渐增多和不断改进，战争的外延在迅速扩大的同时，其内涵也开始走向深化。更多的从未在以往战争中出现过的元素，通过各种不同方式的组合，进入了战争的天地。每一种新元素的加入，都可能引起战场形势、战争样式的变化，直至军事革命的爆发。回顾战史，无论是马镫、来复枪、后膛炮、无烟火药、野战电话、无线电报、潜艇、坦克、飞机、导弹、原子弹、计算机、非杀伤性武器，还是师军体制、参谋部体制、"狼群战术"[1]、闪击战、地毯式轰炸、电子对抗以及空地一体战，所有这些元素与更早的战场要素组合而显现出杂交优势，不同程度地丰富了当时的战争世界。

而近二十年来，信息技术、电脑病毒、互联网络、金融衍生工具等原本并非军事手段的技术，更为明天的战争展示出难以预料结局的前景。然而，迄今为止，对大多数军人或是将领来说，通过元素组合方式进行作战，常常是一种非自觉行动，因此他们的组合一般都停留在兵器、阵法、战场的层面，所绘出的战争图景也大都只限于军事领域。只有那些流星划空般的军事天才，才能独步一时地打破常规，突破局限，自觉地将当时可资采用的全部手段组合在一起，弹奏出改变战争音律的千古绝响。

如果说在以往战争中，组合还只是少数天才制胜的秘诀，那么现在，

---

1. 即第二次世界大战时，德国海军潜艇部队司令邓尼茨发明的潜艇对商船的攻击战术。主要做法是，一艘潜艇发现商船队后即向其他潜艇通告，待多艘潜艇到达后再如狼群般向猎物发起攻击。

自觉地把组合作为一种战法的趋势已日渐明朗,并正将战争引向更为宏阔深远的领域;而技术综合时代所提供的一切,更给组合留出了近乎无限的可能性空间。可以肯定的是,谁能给未来战争的宴席调制出一份口味独特的鸡尾酒,谁就能最终把胜利的桂冠戴在自己头上。

用加法赢得牌局

现在,所有的牌都亮完了。我们已经知道,战争将不再是原来的样子。在很大程度上,战争甚至不再是战争,而是互联网上的交手、大众传媒的争锋、外汇期货交易中的攻防等这些我们从不将其看作战争,现在全都可能让我们大跌眼镜的东西。就是说,敌人可能不是原来意义上的敌人,武器可能不是原来的武器,战场也可能不是原来的战场。什么都不确定。可以确定的就是不确定。牌局已经发生了变化,接下来我们需要的是在种种不确定中确定一种新的打法。它应该不是那种头疼医头、脚疼医脚的单一药方,而是博采众长、集合优势的杂交品种,让一棵梨树上既结桃子又结苹果。这就是组合。其实就连这张牌,我们也早已在前面亮给大家了。

我们还不曾说出的是另外两个字:

加法。

加法就是组合之法。

在拳击场上,一个从头至尾只会用一种拳路与敌周旋的人,显然不是一个能把直拳、刺拳、摆拳和勾拳组合起来风暴般地击打他人的对手。其中的道理可以说简单得不能再简单:一加一,大于一。问题是,如此简单的连学龄前儿童都明白的道理,在许多对国家的安全、战争的胜败负有责任的人那里,却令人吃惊地模糊不清。这些人尽可以为自己辩护,说他们正是用组合拳的方式在击打对手。他们从未忘记在战场上把技术与技术、战术与战术、武器与武器、手段与手段相加，并且还可以轻蔑地得出结论：组合，这算不上什么新鲜货色。从亚历山大到拿破仑，甚至连施瓦茨科普夫都这么干过。他们不知道，懂不懂得组合，这并不是问题的关节，真正要紧的是你是否懂得把什么与什么进行组合，并且怎样组合。最后的但绝非最不重要的一点是，是否想过把战场与非战场、战争与非战争、军事与非军事，具体点说，就是把隐形飞机、巡航导弹与网络杀手，把核威慑、金融战与恐怖袭击，或者干脆把施瓦茨科普夫、索罗斯、小莫里斯、本·拉登进行组合？

这才是我们真正的底牌。

组合也好，加法也好，都不过是一只空筐。只有当筐里加进血腥或残酷时，事情才会变得严峻起来，并开始有一股惊世骇俗的味道。

在这样一种全新的战争观面前，人们已经习惯了的对战争的观感，毫无疑问将受到摇撼。既有的那些常规战争的模式及附丽于其上的伦理和法则，也都将随之面临挑战。较量的结果，不是传统大厦崩塌，就是新工地一片狼藉。从规律的角度看，我们多半将会看到的是崩塌。

至此，我们等于已经找到了从高技术登场开始的这一轮军事革命迟迟未能完成的原因。从人类历史和战争史上看，从未有过一次军事革命，仅仅在技术革命或编制革命后便宣告完成。只有在标志着这一进程最高成果的军事思想革命出现之后，军事革命的完整过程才会画上句号。这一次也不例外，由高技术引发的新军事革命能否画圆它的句号，取决于它究竟能在军事思想革命的路上走多远，只是这一回，它需要跳出在几千年里战神之车碾出的车辙。

要做到这一点，它就只能求助于加法。而在运用加法之前，它必须超越一切政治的、历史的、文化的、道德的羁绊，进行彻底的思想。没有彻底的思想，就不会有彻底的革命。没有彻底的军事思想，就不会有彻底的军事革命。在此之前，连孙子和克劳塞维茨都把自己锁在了军事领域的栅栏之内，只有马基雅维利逼近过这片思想的空间。以至在相当长的一段时间里，《君王论》和它的作者都由于其思想的过于超前，而被那些骑士或君子所不齿。他们当然不会懂得，超越一切限度和界限，正是思想革命包括军事思想革命的前提。直到今天，那些只懂得在战场上摆出堂堂之阵，并且以为战争就是杀人，而战法就是杀人方法，除此之外没有什么值得注意的人，也同样没能弄懂这一点。

美国人倒还没有迟钝到在这个问题上毫无反应的地步。提出"新军事革命频带宽度"问题的美陆军军事学院战略研究所的斯迪文·麦兹和詹姆斯·基维特，其实已经敏感地察觉到这一点。他们发现了美国军方的军事思想与国家安全实际面临的威胁之间的差距。思想滞后于现实（更不要说超越了），不光是美国军人的毛病，但在美国军人中很典型。"当一支军队过于集中精力去对付某个特定类型的敌人时，就可能会被其视野之外的另一种敌人击败。"斯迪文·麦兹和詹姆斯·基维特正确地表达出了他们对此的忧虑。他们进一步指出："尽管官方文件强调陆军（我们可以把它理解为整个美军——引者注）必须打破现在西方的思维定式去拓宽对未来冲突的认识，但大多数对21世纪数字化部队将如何作战的描述，听起来还是一场用新技术与华约打的装甲战。"因为美军就是在这种军事思维导引下进行战争准备的，他们当然希望战争就像预想的那样撞在自己的枪口上。如此刻舟求剑式的一厢情愿，只会带来一种前景，即"当前美军的大多数发展计划，如'21世纪部队'等都是着眼于对付常规的重型装甲的敌人，若在21世纪初美国遇上低技术敌人、中等敌人或是均势敌人，就可能出现频带宽度不够的问题"。[1]而实际上，美军在21世纪还未到来之际，就已经遇到了远不止上述三种敌人带来的频带宽度不

---

1. 美国陆军军事学院战略研究所研究报告《战略与军事革命：从理论到政策》。

够的麻烦。无论是黑客的入侵、世贸中心大爆炸，还是本·拉登的炸弹袭击，都大大超出了美军理解的频带宽度。如何对付这样的敌人，美军显然在心理上和手段上，特别是在军事思想以及由此派生的战法上准备不足。他们从未考虑过，甚至以有违传统为由拒绝考虑从军事手段之外去选择作战手段，当然也就不会将军事和非军事手段两者相加组合成新的手段、新的战法。其实只须稍稍打开一点眼界，放纵一下思想，就可能借用技术综合时代涌现的大量新技术和新因素的杠杆，撬动因思维的滞后而生锈的军事革命之轮。在这里，我们可以体味到"他山之石，可以攻玉"这句古语的深意。

我们不妨大胆些，把手中的牌完全打乱，重新进行组合，看看会出现什么效果。

假定在两个已经充分信息化的发达国家之间发生了战争，按照传统战法，进攻的一方，一般都会采取大纵深、宽正面、高强度、立体化的模式对敌展开战役突击。其手段不外乎卫星侦察、电子干扰、大规模空袭加精确打击、地面迂回、两栖登陆、敌后空降……其结果不是敌国宣告战败，就是自己铩羽而归。而用组合战法，则可能完全是另外一番景象、另外一种结局：如，在敌国完全没有察觉的情况下，进攻一方秘密调集大量资金，对其金融市场发动偷袭，引发金融危机后，预先埋设在对方计算机系统中的电脑病毒与黑客分队，再同时对敌进行网络攻击，使其民用电力网、交通调度网、金融交易网、通信电话网、大众传媒网全面瘫痪，导致其陷入社会恐慌、街头骚乱、政府危机。最后，大军压境，逐步升级地运用军事手段，直到迫敌签订城下之盟。这固然未达孙子"不战而屈人之兵"的境界，但也算得上"巧战而屈人之兵"吧。两种战法相较，孰优孰劣，不言自明。

这不过是一种思路，但肯定是一种可行的思路。照此思路，我们只须摇动加法的万花筒，就能组合出幻化无穷的战法花样来。

以上任何一种作战样式，都可以与其他一种以上的作战样式相加组合，从而形成全新的战法。[1]不管有意还是无意，超领域、超类型地将不同的作战样式进行集束组合的战法，已经被不少国家运用在了战争实践中。如美国人针对本·拉登采取的对策就是国家恐怖战+情报战+金融战+网络战+法规战；再如北约国家针对南联盟科索沃危机使用的是武力威慑+外交战（联盟）+法规战的手段；此前联合国在美国的力主下，对伊拉克采取的则是常规战+外交战+制裁战+法规战+媒体战+心理战+情报战等的多管齐下的战法。我们还注意到，中国香港政府在1998年8月的金融保卫战中，对付金融投机家们的手段是金融战+法规战+心理战+媒体战，尽管代价沉重，尚属战果良好。此外，像台湾大量印制人民币伪钞的做法，也很容易成为一种金融战+走私战的战争手段。

从这些例证中，我们可以看出加法组合的奇妙作用。如果说，以往的战争由于技术手段和条件的限制，从事战争的人们还不能将赢得战争的全部要素随心所欲地加以组合，那么今天，以信息技术为前导的技术大爆炸，已为我们提供了这种可能性。只要我们愿意，并且不让主观意图背离客观规律，我们就能根据需要，将手中的牌拼成各种牌形，直至最后赢得整个牌局。

不过，没有谁能给未来的所有战争，开出一份包胜不败的药方。

人类战争史上出现过各种各样的战法，其中大都随着历史消逝而湮没。究其原因，这些战法都是针对具体目标而定，目标消灭了，战法也就失去了存在的价值。真正有生命力的战法，必须是一只"空筐"，这只空

1.在我们看来，这里的三种类型的战争，都是实实在在的战争，而不是比喻或形容。军事类战争，不论采用什么武器都是传统式的经典战争；非军事类中的各种战争，作为对抗形式，并不出奇，但作为战争行为，它们都是新鲜的；超军事类战争，介于两者之间，有些是过去就有的样式如心理战、情报战，有些是网络战、虚拟战（指电子虚拟，墨子挫败公输班的方法就有虚拟战的成分）（见《战国策·宋卫策》"公输班为楚设机械将以攻宋"一章）。

筐仅凭其思路和原理以不变应万变，我们所说的组合，就是这样一只空筐。一只军事思维的空筐。它不同于以往任何针对性很强的战法，只有里面装满具体目标和内容时，它才开始有了指向性和针对性。一场战争能否取胜的关键，不在于别的，只在于你能把什么东西装进这只筐里。

中国宋代军事家岳飞在谈到如何运用战法时说："运用之妙，存乎一心。"这话听上去虽然很玄，却是对正确使用组合手段唯一准确的解释。只有理解了这一点，我们才能获得一种超越众多战法的战法。这就是万法归一，甚至是战法的终结。除了组合本身无所羁绊的超越性，你无法想象还有什么战法能够超越组合之网。

结论就这么简单，但肯定不会出自简单的头脑。

第六章
寻找胜律:剑走偏锋

以奇为正者,敌意其奇,则吾正击之;以正为奇者,敌意其正,则吾奇击之。

——李世民

无论怎样长篇累牍地去谈组合，我们仍然要说，仅仅把光圈聚焦在组合上还不够。还应该进一步缩小焦点，看看是否有更核心的秘密隐在其中。如果不能洞悉如何组合才是最好的秘诀；那么，即使不得要领地组合上一百次，也无补于事。

战争史上，从来没有过一次胜利是在四平八稳中获得的。所以，在各种版本的《军语》中，才会有主攻方向、主要突击目标、佯攻、佯动、迂回包抄这样一些区分行动主次的术语。隐在这些术语背后的，相信不仅仅是出于"兵不厌诈"的考虑，或是为了合理使用兵力，肯定还有别的原因。凭着直觉，所有那些赢得过无数胜仗的赫赫名将或无名之辈，都意识到了有一种或许应被称为"胜律"的东西存在，并千万次地接近过它，但时至今日，还没有一位统帅或是哲人敢说找到了它，甚至连对这种规律的命名都不曾完成。其实它一直就隐藏在人类此起彼伏的军事实践中。可以说，每一次经典式的胜战都验证了它。只是每一次，人们都不肯承认或不敢肯定自己与胜律迎面相遇，而常常把它归结于神秘命运的垂青。许多"马后炮"式的战史专著，也由于把它描绘得过于玄妙而使人最终不得要领。但，胜律的的确确是存在的。它就在那里，它像个隐身人伴随着人类的每一场战争，它的金手指倒向谁，谁就会踏着战败者的悲伤穿过凯旋门。不过，即使是那些战争骄子，也从未真正目睹过它的真实面孔。

与黄金分割律暗合

"一切都是数。"古智者毕达哥拉斯[1]沿着这条思想之路,与一组神秘的数字不期而遇:0.618。结果,他发现了黄金分割律!

$(\sqrt{5}-1)/2 \approx 0.618$

从那以后,二千五百年间,这个公式一直被造型艺术家们奉为美学的金科玉律,艺术史令人信服地证明了,不管是信手拈来还是刻意为之,几乎所有被人们称为杰作的艺术品,都在其基本的美学特征方面近似或符合这一公式。人们曾长时间惊讶于古希腊巴特农神庙的美轮美奂,几疑为神迹。经过测算,才发现它的垂直线和水平线之间,竟完全符合0.618:1的比例。当代建筑学大师柯布西埃在他的《走向新建筑》一书中,也是根据黄金分割律,创立了他最重要的"设计基本尺度"理论,而这一理论对全世界的建筑师和建筑物都产生了深广的影响。[2]可惜,这一或许是造物主用一个领域向人类暗示全部领域规律的公式,在漫长的时空隧道中,从未走出过艺术创造的天地。除了那些天赋过人的缪斯,几乎没有什么人意识到,这条黄金般的美律同时也可能成为或者干脆就是其他领域中同样需要遵从的规律。直到1953年,美国人J.基弗才发现,用黄金分割律寻找试验点,能够最快地逼近最佳状态。他的这一发现被中国数学家华罗庚归纳为"优选法",亦叫"0.618法",并一度在中国广为传播。虽然就我们所知,这种人海战术式的普及运动收效甚微,却显

1.毕达哥拉斯是古希腊哲学家、数学家,其著名格言是"一切都是数",即一切现存的事物最后都可以被归结为数的关系。尽管毕达哥拉斯学说把理性主义和非理性主义的东西混合在一起,但仍然深刻地影响了希腊古典哲学和中世纪欧洲思想的发展,哥白尼就承认毕达哥拉斯的天文概念是他的假说的先驱,伽利略也被认为是毕达哥拉斯主义者。而用黄金分割证明世界的和谐关系,只是毕达哥拉斯思想的一种具体运用。(《简明不列颠百科全书》第一卷,P715。)
2.见《建筑的古典语言》,萨莫森著,P90。

示出黄金律在艺术之外的领域中运用的前景。[1]

其实，早在自觉把握黄金律的意识产生之前，人们已经凭着直觉，反复地将它运用在了各自的实践领域中。这里面自然不会遗漏军事领域。从战争史上那些令人称绝的著名战役和战斗中，我们很容易就能找出这头神秘野兽飘忽不定的爪痕。

无须把目光投向很远，你会发现，与这一定律相合的例子，在军事天地间几乎俯拾即是。从马刀锋刃的弧度到子弹、炮弹、弹道导弹沿弹道飞行的顶点，从飞机进入俯冲轰炸[2]状态的最佳投弹高度和距离到补给线的长短与战争转折点的关系，无处不见0.618的形影。

信手翻翻战史，你一定暗暗吃惊，0.618，如一条金带蜿蜒隐现于古今中外的战争中。春秋时期的晋楚鄢陵之战，晋厉公率军伐郑，与援郑之楚军决战于鄢陵。厉公听从楚叛臣苗贲皇的建议，以中军之一部进攻楚军之左军，以另一部进攻楚军之中军，集上军、下军、新军及公族之卒，攻击楚之右军。其主要攻击点的选择，恰在黄金分割点上。[3]我们在前面提到过亚历山大与大流士的阿贝拉之战，马其顿人把他们的攻击点选在了波斯军队的左翼和中央接合部，巧的是，这个部位正好也是整条战线的"黄金点"。[4]

---

1. 把长为L的直线段分成两部分，使其中一部分对于全部的比等于其余一部分对于这部分的比，即X：L=（L-X）：X，这样的分割称为"黄金分割"，其比值略等于0.618。从古希腊到19世纪都有人认为这样的比例在造型艺术中有美学价值，故称为"黄金分割"。在实际运用上，最简单的办法是按照数列2，3，5，8，13，21……得出2：3，3：5，5：8，8：13等比值作为近似值。（见《辞海》，上海辞书出版社，1980年，P2057—2058。）
2. 俯冲轰炸是攻击机使用近距导弹、火箭、制导和非制导炸弹的一种主要攻击方法。攻击时攻击机从低空进入战斗展开点（距目标40～50千米），然后上升到2000～4000米，转到战斗航向，在距目标5～10千米时，开始俯冲，在距离分别为1300～1600米，600～1000米时以30～50度角投弹。俯冲攻击时武器的毁伤精度最高。（见俄《外国军事评论》杂志1992年10期。）
3. 见《中国历代战争史》第一册，P257—273，附图1-26，军事译文出版社。
4. 见《西洋世界军事史》，第一卷，P117，富勒著。该书对阿贝拉之战除有精当论述，另附有直观而形象的战场态势图。

数百年来，人们对成吉思汗的蒙古骑兵为什么能像飓风般席卷欧亚大陆颇感费解，因为仅用蛮族人的悍野、残忍、诡谲以及骑兵的机动性这些理由，都还无法对此做出令人完全信服的解释。或许还有别的更为重要的原因？果然，黄金分割律再次显示出它的神奇：我们发现，蒙古骑兵的战斗队形与西方传统的方阵大不相同。在它的5排制阵型中，重骑兵和轻骑兵的比例为2：3，人盔马甲的重骑兵为2，快捷灵动的轻骑兵为3，又是一个黄金分割！你不能不佩服那位马背思想家的天才妙悟，被这样的统帅统领的大军，比在战场上与它对峙的欧洲军队更具冲击力，是理所当然的事。

基督教欧洲人除了把黄金律运用到宗教艺术方面天赋甚高，对这一定律在其他方面是否有用，似乎开悟得很晚。直到黑火药时期，滑膛枪渐渐呈现取代长矛之势，率先将滑膛枪兵和长矛兵对半混编，以改造传统方阵的荷兰将军摩利士，仍未能意识到这一点。还是瑞典国王古斯塔夫对这种正面强侧面弱的阵型进行了调整，才使瑞典军队成为当时欧洲最有战斗力的军队。他的做法是，在摩利士原来的216名长矛兵+198名滑膛枪兵中队之外，增加96名滑膛枪兵。这一改变顿时突出了火器的作用，成为冷热兵器时代军队阵型的分水岭。不言而喻的是，198+96名滑膛枪兵与216名长矛兵之比，让我们又一次看到了黄金律的光斑。

还不止这些。看看吧，在我们承认它为"艺术规律之外的规律"之前，它是怎样近乎固执地一次次"显形"，向我们发出明确提示的。1812年6月，拿破仑进攻俄国。9月，他在未能消灭俄军有生力量的博罗季诺战役后，进入了莫斯科。这时的拿破仑并未意识到，天才和运气正从他身上一点点消失，他一生事业的顶峰和转折点正在同时到来。一个月后，法军便在大雪纷飞中撤离了莫斯科。三个月的胜利进军加上两个月的盛极而衰，从时间轴上看，法兰西皇帝透过熊熊烈焰俯瞰莫斯科城时，脚下正好就踩着黄金分割线。一百三十年后的另一个6月，纳粹德国启动了针对苏联的"巴巴罗萨"计划。在长达两年多的时间里，德军一直保持着进攻的势头，直到1943年8月，"城堡"行动结束，德军从此转入守势，再没能对苏军发起一次可以称之为战役行动的进攻。或许我们还需要把这样一个事实也称为巧合：被所有战史学家公认为苏联卫国战争转折点的斯大林格勒战役，不早不晚，就发生在战争爆发后的第17个月，也就是1942年11月，这正是德军由盛而衰的26个月时间轴。

让我们再来看看海湾战争。战前，据军事专家估计，如果共和国卫队的装备和人员经空中轰炸，损失达到或超过30％，就将基本丧失战斗力。为了使伊军的损耗达到这个临界点，美军一再延长轰炸时间。直到"沙漠军刀"出鞘时，伊军在战区内的4280辆坦克中的38％、2280辆装甲车中的32％、3100门火炮中的47％都已被摧毁，这时的伊军实力已经降至60％左右。透过这些残酷的数据，0.618的神秘之光在1991年1月24日的清晨再次开始闪烁。100个小时后，"沙漠风暴"的地面战斗便宣告结束。

这些散落在历史尘烟中的事例，真是不可思议。孤立地看上去，它们太像是一个接一个的偶然了。但造物主从来不会做没来由的事。如果有太多的偶然都在显示同一种现象，你还能继续平心静气地把它们看作偶然吗？不，这时候你必须承认，它们遵循着某种规律。

胜利的语法——偏正律

在汉语的语法中，有一种基本的句式结构。这种结构把一个句子或词组分为修饰词和中心词两部分。它们之间的关系是修饰与被修饰，即前者修饰后者，前者确定后者的倾向和特征。说得明白些，前者是容貌，后者是机体，我们确认一个人或一件物与他人或他物不同，一般都是根据他（它）的容貌和外观，而不是根据他（它）的机体或机理。这就使得修饰词相对于中心词而言，更应被视为句子或词组中的重心。比如，红苹果。在被"红"修饰之前，"苹果"只不过是此种果品的泛指，仅具有一般性。而"红"，则使这只苹果具有了可以认定其为"这一个"的特殊性。显然，"红"在这个词组中的地位举足轻重。再如，"经济特区"。如果没有"经济"二字，"特区"只不过是个地域区划概念。被"经济"修饰过之后，它便获得了一种特殊的属性和走向，成为邓小平用经济杠杆改革中国的支点。这一类结构就是汉语语法的基本形态之一：

偏正式结构。

这一以偏修饰正的结构在汉语中大量存在，以至不使用它，讲汉语的人便无法开口说话。因为在一个句子或词组中，如果仅仅有主体性词，而没有主导性修饰，这个句子或词组将因缺少程度、方位、形态等可让人具体把握的因素而失去明晰性。如"好人""坏事""高楼""红旗""慢跑"这一类词，假如把前缀的修饰词统统去掉，后面所有的中心词，便全都变成了没有具体能指的中性词。由此可见，在偏正式结构中，与"正"相比，"偏"处于给句子和词组定性的地位。就是说，从某种意义上，我们可以这样理解，偏正式结构以中心词为主体，以修饰词为主导，"正"是"偏"的躯体，而"偏"则是"正"的灵魂。当躯体作为一种前提确立之后，灵魂的作用显然更具决定性意义。这种主体从属于主导的关系，是偏正式结构得以存在的基础，同时，作为与客观世界对应的符号系统的结构方式之一，它似乎在向我们暗示某种超出语言范畴的规律性的东西。

顺着这条路径走下去，我们很快就会看出，不仅仅在"好人""坏事""高楼""红旗"这类词中，也不仅仅在"航空母舰""巡航导弹""隐形飞机""装甲运兵车""自行火炮""精确制导炸弹"以及"快速反应部队""空地一体战""联合作战"这类军语中，偏正关系大量存在，在语言范畴之外的世界里，同样层层叠叠地布满了这种关系。这正是我们借用——仅仅是借用——而不是照搬这一人类语言系统中仅见的修辞方法于自己理论中的意义所在,我们无意把战争与修辞学生拉硬拽在一起,而只是想借用"偏—正"这一语词来阐释自己理论中最核心的部分,因为我们认定在许多事情的运动和发展中都大量存在着偏与正的关系,并且在这种关系中常常是"偏"而不是"正"在其中起主导作用,这种作用我们姑且称为"以偏修正"(注意,这不是作为修辞方法的偏正式结构的本意,而只是我们的引申)。如一个国家,人民是主体,而政府是国家的主导;一支军队,士兵和中下层军官是主体,而统帅部是军队的主导;一次核爆炸,铀或钚是主体,而对它们的轰击手段是引发链式反应的主导;一次东南亚式的金融危机,受害国是主体,而金融投机家是造成危机的主导。没有政府的主导,人民就是一盘散沙;没有统帅部的主导,士兵就是乌合之众;没有轰击手段,铀和钚就是一堆矿物质;没有金融投机家的兴风作浪,受害国的调节机制理应能使它们避开一场金融浩劫。在此类关系中,抛开双向互动的因素不谈,谁是偏谁是正,谁修饰谁,可以说不言而喻。

以上论述表明,这种偏正式结构是一种非对称性结构,因而偏与正之间是一种非均衡的关系。在这一点上,与黄金分割律的情况非常相似:0.618与1之间就既是一种非对称结构,又是一种非均衡关系。我们完全有理由把黄金分割律也看作另一种表述下的偏正式,因为在偏正结构中,重要的是偏,而不是正,而黄金分割律亦如此,重要的是0.618,而不是1。这是两者共同的特征。规律告诉我们,两个特征相似的事物,一定存在着某种相似的规律。如果黄金分割与偏正结构确实存在共同的规律,那么该规律即:

0.618=偏。

最能说明这一点的,大概非田忌赛马的典故莫属了。在田忌总体实力处于下风的情况下,大军事家孙膑挥洒出了他足以代表古中国博弈智慧的经典之作。他以田忌的下马对齐王的上马作开局,在输掉必丢的一局后,再用己方的中马和上马,连克对方的下马和中马,确保了获胜所需的两局优势。[1]这种以丢一保二策略(主导)去赢取整个赛局(主体)的方式,可以被看作一种典型的偏正式结构。而其三局两胜的结果,则又完全符合2∶3的黄金比例。在这里,我们看到的是完美的二律汇流、二律合一:

黄金律＝偏正律。

找到规律是研究问题的结果,也是研究问题的开始。只要我们相信有一个名曰偏正律的东西普遍贯穿于事物的运行之中,我们就应该相信,这一规律同黄金律一样不会独独在军事领域留下空白。

事实也的确如此。

齐鲁长勺之战。两军对阵,齐军来势汹汹,鲁军按兵不动。齐军擂了三通鼓,冲了三回阵,仍未撼动鲁军阵脚,气势明显低落。鲁军趁机反攻,大获全胜。战后,谋士曹刿向鲁庄公点破了此役齐败鲁胜的道理:敌军"一鼓作气,二而衰,三而竭。彼竭我盈,故克之"。[2]从整个战役的进程来看,此战可分五个阶段:齐军一鼓——齐军再鼓——齐军三鼓——鲁军反攻——鲁军追击。从第一到第三阶段,曹刿采取了避敌锋芒的策略,使齐军在没能取得任何战果的情况下,便迅速越过了自己攻击力的黄金点,而鲁军则准确地选择此点为反攻时机,在两千七百年前的战场上充分印证了黄金分割律(3∶5≈0.618)。可以肯定,当时的曹刿,绝不可能知晓晚于他两百年的毕达哥拉斯和他的黄金分割理论。况且,就是他知道这一理论,也不可能在一场正在进行的战事中,准确地测知哪里是它的0.618,但他凭直觉猜测到了这一闪烁黄金光芒的分割点,这正

1.见《史记·孙子吴起列传》。
2.见《左传·曹刿论战》。此后,曹刿在柯地参加齐鲁会盟时,执匕首劫齐桓公,迫使齐国退回侵鲁之地。有谋有勇如此,为罕见之良将。(见《史记·刺客列传》。)

是所有天才军事家共有的禀赋。

汉尼拔在坎尼之战中，与曹刿的思路如出一辙。他也像曹刿一样洞悉敌人攻击力递减的奥秘，因而他一反常态，把最弱的高卢军和西班牙步兵，投放在本应部署精锐的阵线中部，让他们去正面经受罗马军队的攻击，待其支撑不住后，战线上便逐渐出现了一个新月形凹陷。这弯不知是汉尼拔刻意营造还是意外形成的"新月"，变成了消解罗马军队攻击力的巨大缓冲器。当这一强劲力量因战线的拉长逐次衰减，在接近迦太基人阵线的底部之际呈强弩之末时，总体上处于劣势但在骑兵上占优势的迦太基人，不失时机地让其铁骑两翼齐飞，迅速完成了对罗马军队的合围，把坎尼变成了宰杀7万生灵的屠场。[1]

这两次有着异曲同工之妙的战役，都把避敌锋芒、挫敌锐气作为主导性策略，采取了明显偏离正面决战的作战模式，恰到好处地把敌方攻击力的衰竭点，作为己方反击的最佳时机，在战法上明显地符合黄金律和偏正律。

如果不把这两个战例看作一种巧合或孤立现象，那么我们就会在战史中更多地看到黄金律—偏正律在闪闪发光。这一点在现代战争中也许更加明显。"二战"时，德军进攻法兰西的战役，从头至尾都浸透了我们所说的这二律的精髓。无论是将坦克从步兵的配属变成主战兵器，还是抛开"一战"时的套路把闪击战作为主战理论，以及不但出乎敌人，甚至出乎德军统帅部里那些观念陈旧的老将军的意料，把阿登山口选为德军进攻的主导方向，在当时的人眼里，肯定都不合正统，明显地带有"偏"向性。正是这一偏向，导致了整个德军军事思想的根本性转变，也使施里芬伯爵"拂袖英吉利海峡"的梦想，成了英国人在敦克尔刻的噩

---

[1] 坎尼之战是西方历史上最著名的战例，几乎所有战史著作都会提及。（美）贝文·亚历山大所著的《统帅决胜之道》，关于坎尼之战的描述图文并茂，对理解我们所说的"偏正律"有帮助。（见《统帅决胜之道》，新华出版社，1996年版，P11—13。）

梦。而此前谁会想到，这一奇迹的蓝图，竟绘自两个级别较低的军官曼施坦因和古德里安之手[1]？

在同一场大战中，可与进攻法兰西战役这种明显具有偏正式倾向的作战行动相映照的，还有日本袭击珍珠港的例子。山本五十六对航母的使用如古德里安对坦克。虽然在山本的意识里，仍把战列舰视为未来海上决战的主体力量，但他又敏感并且正确地将航空母舰及其舰载机选作对美海军作战的主导兵器。更为令人击节的是，他在对美国人下手时，避开了对美国本土漫长的太平洋沿岸的正面攻击，同时又充分考虑到他的联合舰队的攻击半径，也就是他的拳头所能打到的最佳位置，从而挑选了既对扼制整个太平洋举足轻重，又让美国人事先得到情报都不肯相信的夏威夷作为攻击点，值得一提的是，这位海上决战的信奉者在关乎未来战局的第一场大战中，选择的不是他心向神往的海战，而是对珍珠港的偷袭。结果，他剑走偏锋，出奇制胜。[2]

分析到这一步，我们应该已经懂得，不管是黄金律还是偏正律，都不应从字面上去狭隘地理解，而只能在本质上把握其精髓。瞬息万变的

---

1. 曼施坦因在1937—1938年间，是德国陆军参谋部的首席参谋次长，由于德国陆军的内部矛盾，曼施坦因被逐出陆军总部，改任第十八师师长。1939年，德国陆军总部颁发西线作战计划"黄色作战计划"，其意图是以强大的右翼兵力，从正面击破预计在比利时境内所将遭遇的英法联军，而以较弱的兵力掩护其侧面。显然，这个计划是1914年施里芬计划的翻版。时任A集团军参谋长的曼施坦因以A集团军的名义，拟订了自己的作战计划，以备忘录或是作战草案的方式一再向陆军总部提出，但一直被总部高级将领拒绝。对曼施坦因倍感恼火的陆军总部将其调任第三十八军军长，曼施坦因却利用面见希特勒的机会报告了自己的设想，并说服了对军事完全外行但悟性甚高的希特勒。这个在战后被利德尔·哈特称为"曼施坦因计划"的作战计划的要点是以左翼为攻击重点，集中使用装甲部队，从阿登山脉突袭。(《失去的胜利》，曼施坦因著，中国人民解放军军事科学院，1980年。)
古德里安指挥的装甲第十九军，是"曼施坦因计划"的最出色实践者。(《闪击英雄》，古德里安著，战士出版社，1981年。)
2. 山本五十六在就任联合舰队司令后，否定了日本海军幕僚监部先攻击菲律宾的意见，认定必须首先偷袭美国太平洋舰队，使其瘫痪。1941年12月7日，南云将军指挥的6艘航空母舰和423架飞机，按山本五十六的计划袭击珍珠港，击沉美海军"亚利桑那号"等4艘战列舰，炸毁188架飞机，使美国太平洋舰队元气大伤。(利德尔·哈特：《第二次世界大战史》，P276—335。)

战场从来不会给任何一位军事统帅或指挥官留出足够的时间或提供足够的信息，让他一分分去丈量何处是黄金分割点，一寸寸去考虑如何把握偏正度的问题。甚至就连0.618和"偏"这两个二律中最核心的要素本身，也不是数学意义上的常数，而是胜利之神在千变万化的战争、战场、战局中不断出没隐现的万千化身。

它有时表现在手段的选择上，如海湾战争中，施瓦茨科普夫把空中轰炸作为主导手段，而让一向是作战主体的陆军和海军成了配角；

有时表现在策略的选择上，如邓尼茨把舰对舰的海战，改为潜艇对商船的袭击，结果这种"狼群战术"远比海上决战对英国的威胁更大；

有时表现在兵器的选择上，如拿破仑的火炮、古德里安的坦克、山本五十六的航母、"黄金海岸"行动中的精确弹药，都是能倾斜战争天平的主导兵器；

有时表现在攻击点的选择上，如特拉法尔加海战[1]中的纳尔逊，极其聪明地把法国舰队的后卫而不是前锋定为主要打击点，使一场海战的胜利导致了一个海上帝国的诞生；

有时表现在战机的选择上，如第四次中东战争，萨达特把埃军越过苏伊士运河的D日，选在正处于伊斯兰教斋月中的十月六日，而把发起进攻的时间，定在阳光由西向东直刺以色列人瞳孔的下午，一举改写了以军不可战胜的神话[2]；

有时表现在兵力的非均衡配置上，如"一战"前德军统帅部制订的

---

1. 在特拉法尔加海战前，纳尔逊向他属下的舰长传授"秘诀"，即改变海战传统的线式战术，而把己方军舰分为两支，一支以90度角进攻敌舰队的中部，隔开其后卫和中军，然后集中兵力攻击敌后卫舰只；另一支切断中军和前卫，集中攻击中军，等敌前卫舰只返回支援已为时太晚。特拉法尔加海战的进程与纳尔逊所预计的几乎一模一样，尽管在战斗中他受伤致死，但英国海军大获全胜。(《世界近代海战史》，丁朝弼编著，海洋出版社，1994年，P143—155。)
2. 见《第四次中东战争》，(德)格哈尔德·康策尔曼著，商务出版社，1975年；《中东战争》，(美)乔恩·金奇等著，上海译文出版社，1979年。

入侵法国的"施里芬计划",大胆地把其72个师中的53个集中在右翼作为主攻,而把剩下的19个师放在漫长战线的左翼和中部。如此一来,这个从未真正实施过的沙盘作业,竟成了历史上最著名的战争计划;

有时表现在谋略的运用上,如公元前260年,秦赵两国相争。秦昭襄王并不急于马上同敌军决战,而是依照范雎的建议,先攻韩国之上党,使赵国失去依恃;又假意言和,使诸侯不再援赵;再施反间之计,使赵王撤大将廉颇而任用纸上谈兵的赵括,最终大败赵军于长平。这一仗秦胜赵负,与其说正得于秦军的强大,不如说偏得于范雎的谋略[1]。

值得我们重视和研究的还有另外一种迹象,即越来越多的国家,在事关政治、经济和国防安全等的重大问题上,把视线偏离出军事领域,用其他手段补充、丰富甚至替代军事手段,以达到仅凭武力无法达到的目的。这是从战争观上对战争进行的最大的一次以偏修正。同时也预示着,未来战争将愈加频繁地呈现出军事手段与其他手段进行偏正式组合的趋势。

以上种种,不论是哪种选择,都无不带有"偏"的特性。偏正律和黄金律一样,反对一切形式的平行并列、均衡对称、面面俱到、四平八稳,而主张剑走偏锋。只有避免锤砧硬碰,你的剑锋才会如庖丁解牛,游刃有余。这就是战争这篇千古文章中最基本的胜利语法。

如果我们把艺术中的黄金分割律称为美律,那么,我们为什么不把它在军事领域中的镜像式再现——偏正律,称为胜律?

1.见《中国历代战争史》,军事译文出版社,第二册,P197。

主与全：偏正式组合的要义

在构成一个事物的诸多内部因素中，一定会有某个因素在全部因素中占据突出或主导的地位。这个因素与其他因素的关系如果是和谐的、完美的，那么，它就总会在什么地方符合0.618∶1的公式。当然也就会符合偏正律。因为在这里，"全部因素"就是主体，就是正；"某个因素"则为主导，则为偏。当一个事物具有了特定的目的性之后，偏与正，就构成了主从关系。二牛相斗，正是牛，偏就是它的犄角；双刀相向，正是刀，偏就是它的锋刃。孰主孰从，一目了然。而当目的发生变化时，新的主导因素就会出现并取代旧的主导因素，与现有的全部因素构成新的偏正关系。捕捉住了事物中主与全的关系，就等于抓住了黄金律和偏正律的要义。

据此出发，我们很快可以从战争纷杂的脉系中，理出五条最主要的经络：主兵器与全兵器，主手段与全手段，主兵力与全兵力，主向度与全向度，主领域与全领域。这"五主五全"，基本上概括了普遍存在于战争中的偏正关系。

仍以海湾战争为例，联军实施"沙漠风暴"的主兵器是隐形飞机、巡航导弹和精确制导炸弹，其他全部兵器为从属；主手段是连续38天的空中轰炸，其他全部手段为辅助；主兵力是空军，其他全部兵力为协同；主向度是以共和国卫队为重点打击对象，其他全部战场目标服从于此；主领域是军事，其他领域则予以经济制裁、外交孤立、媒体攻势之类的全面配合。

但，仅仅理清楚这层关系，还不是我们的目的。对从事战争的人而言，最重要的不是厘清而是如何把握和运用这些关系。我们知道，任何国家的战争资源都是有限的，即使像美国这样国力雄厚的国家，在战争中也必须不断考虑效费比（"最小耗能"原则）和怎样把仗打得更漂亮、让战果更辉煌的问题。因此，合理并且有策略地使用和分配战争资源，对任何国家来说都十分必要。这就需要找到如何在战争中自觉地运用偏正律的正确方法。其实，不少国家早已在此前非自觉地运用过了这一规律。

苏联解体后，俄罗斯的军力每况愈下，不仅失去了昔日与美军对垒的超霸地位，甚至连保证国家的现时安全都力不从心。在此情况下，俄军统帅部虽然被动，但适时地修正了自己的未来战略，把战术核武器乃至战略核武器，作为一旦发生对俄战争时的首选主导兵器，并围绕这一选择从整体上调整了常规兵器与核兵器的配置结构。与俄军相反，因独执牛耳风头正健的美军，则把"全面优势"[1]（陆军）、"由海向陆"（海军）、"全球参与"[2]（空军）确立为新的三军战略目标，并依此选择数字化装备、新型两栖攻击舰和隐形远程作战飞机作为新一代兵器，大有让其取代M-1系列坦克、航空母舰和F-16战斗机这些当代王牌，成为美军武器库中的主导兵器之势。

从俄、美对各自主导兵器的战略性调整可看出，那种以杀伤力大小为条件来选择主导兵器的做法已经过时。对主兵器的选择来说，武器的杀伤力不过是兵器的诸多技术性能之一。比技术性能更重要的是对战争目的、作战目标和安全环境的基本考虑。因此，主兵器应是对达成上述目标最为有效的兵器，而且必须是能与其他兵器有机组合，构成完整武器系统的主导性因素。在现代技术条件下，主兵器大都已不是单一武器，

---

1. "全面优势"，是美国陆军在其《2010年陆军构想》中提出的战略目标。
2. "全球参与"是美国空军1997年年底提出的21世纪空军发展战略，用以取代应付冷战后局势的"全球力量全球抵达"的战略构想。其中特别强调了空军的六大核心能力：航空与航天优势；全球攻击；全球快速机动；精确打击；信息优势；灵活的作战支援。（见《全球参与——21世纪美国空军构想》。）

而是"系统集成",同时它又是更大的系统中的一部分。[1]大量高新技术的涌现、战争目标的不断调整,在为主兵器的选择及与其他兵器的组合使用方面提供了足够的上下行空间的同时,也使主兵器与其他全部兵器的主从关系变得更加扑朔迷离。[2]

同样的因素也在影响着战争手段的运用。在战争中,把军事行动天经地义地当作主手段,而其他所有手段则被视为辅助手段的观念正在过时。也许过不了多久,美国人就会发现,在对付像本·拉登这样的恐怖组织的战争中,军事手段只是其全部可动用手段中的一种,更为有效的、能对本·拉登造成毁灭性打击的手段,很可能不是巡航导弹,而是由其他或更多手段配合的在网络上展开的金融封杀战。

手段的复杂化带来的是出乎一切军人意料的结果:战争的平民化。因此,在这里,我们所说的主兵力与全兵力的问题,除了军队内部和作战行动中兵力的调度、分配和运用,还包括全体民众在何种程度上参与了战争。当非职业军人的战争或准战争行动,越来越成为影响国家安全的重要因素时,谁是未来战争的主兵力,正在全球范围内变成一个过去根本不是问题的问题。如我们已经在前面多次提到过的"网徒"袭击美国和印度国防部网络中心的事件,即是这方面的证据。

无论是纯粹的战争行动,还是非战争军事行动,抑或非军事战争行动,只要是带有作战性质的行动,便都存在一个怎样准确选择主要作战方向和攻击点的问题,也就是在由整个战争、战场或战线构成的全向度

---

[1]."系统的系统"的概念,是曾任参联会副主席的海军上将欧文斯与他的高级顾问布莱克共同研究的结果。欧文斯认为,当代军事技术革命,不再只是军舰、飞机、坦克等武器平台的革命,而是加入了传感器系统、通信系统以及精确制导武器系统等因素,这些系统的介入,使军队的编制和作战方式都将发生根本性的革命。也许,今后不应再分陆、海、空军,而是"传感器军""机动打击军""智能保障军"等。(见《国防大学学报》《现代军事》《世界军事》中陈伯江对欧文斯的访问录。)

[2].与军事革命的技术派的乐观见解不同,我们不认为技术可以穿透战争"或然性"的迷雾,因为战争的或然性主要不是来自物理或地理的阻隔,而是来自人心。

上,确定你的主向度的问题。即便是对拥有精良武器、多种手段、充足兵力的统帅来说,这也是最令他们头疼的问题。但像亚历山大、汉尼拔、纳尔逊、尼米兹之辈和中国古代的孙武、孙膑,都是选择出敌不意的主攻方向的高手。利德尔·哈特也注意到了这一点,他把选择最出敌预料的行动方向和抵抗力最弱的路线叫作"间接战略"。在战争空间已经由陆、海、空、天、电广延至社会政治、经济、外交、文化乃至心理诸领域的今天,各种因素的交叉互动,已使军事领域很难理所当然地成为每一场战争的主导领域。战争将在非战争领域中展开,这样的观点说来很奇怪,也很难让人接受,但越来越多的迹象表明,趋势就是如此。其实远在古典战争时期,战争就不曾始终局限在单一领域中,像蔺相如"完璧归赵"的外交战,或像墨子与公输班的虚拟战,都是在军事领域以外赢得或消弭战争的典型范例。这种跨领域解决战争难题的方式,对当代人来说,应该是一种启示,因为高度发达的技术综合时代,已为我们开辟出了远比古人广阔得多的施展智慧和手段的领域,使人们梦寐以求的在非军事领域赢得军事胜利、用非战争手段打赢战争的夙愿成为可能。如果我们想把未来战争的胜利紧紧攥在手里,就必须对这一前景做好充分的思想准备,即在一个也许不是以军事行动为主导的领域中,进行一场可能波及当事国全部领域的战争。至于这样一场战争将以什么武器、什么手段、什么人员以及在什么方向上、什么领域中进行,眼下当然还是一个未知数。

已知的只有一点,不管是以哪种方式进行的战争,胜利都属于正确地运用偏正律去把握"主与全"的一方。

是规律不是定式

战争是最难说清也最让人捉摸不透的东西。它需要技术的支撑，但技术并不能代替士气和谋略；它需要艺术的灵感，但又排斥浪漫和温情；它需要数学的精确，但精确有时会使它陷入机械和僵硬；它需要哲学的抽象，但纯粹的思辨无助于把握在铁与火的缝隙中稍纵即逝的战机。

战争没有定式。没有人敢在战争领域里口吐"半部《论语》治天下"的狂言，没有人用一种战法打赢过所有的战争，但并不是说战争没有规律。为数不多的人在常胜将军的花名册上签下了自己的名字，是因为他们窥见和掌握了胜律。

这些名字证明了胜律的存在，只是无人道破堂奥。很久——几乎和战争史一样久——以来，人们都把胜律看成划过天才统帅脑际的闪电，而很少意识到它就隐藏于刀剑迸击、硝烟炮火的血腥格杀之中。

其实，一切规律都不过是窗户纸，就看你能否捅破它。

偏正律就是这样一层纸。它简单又复杂，飘忽又稳定，常常被一些幸运者的手指无意间捅穿，胜利之门便轰然洞开。它简单得可以用一组数字或一种语法去表述；它复杂得即使你精通数学和语法也找不出答案。它飘忽得像硝烟，让人摸不着边际；它稳定得像影子，伴随着每一次胜利的日出。

正因如此，我们把偏正律看作原理，而不是定理。我们充分考虑到了这一原理的相对性。相对的东西不能生搬硬套，无须精确测量。相对不是绝对的白色，所以它不怕黑天鹅。[1]

不过，即或我们通过对战史的研究，肯定偏正即胜律，但如何运用

---

[1] 偏正律不是"所有的人都会死"或"所有的天鹅都是白色的"那样的定理，而是指导赢得战争胜利的一条规律。

才算正确，仍是有待每个具体的操作者自己去相机把握的问题。战争中的二律背反现象，一直在困惑着每个胜利的追逐者：违背规律者必败无疑；墨守成规者也绝难胜利。"六六三十六，数中有术，术中有数。阴阳燮理，机在其中，机不可设，设则不中"，《三十六计》可谓一语道破天机。这就是说，不管我们能找出多少战例，证明其胜利的原因与0.618相合，但下一个严格按照黄金分割律去设计战争、战役或战斗的人，几乎必定会啃到失败的涩果。无论是黄金律还是偏正律，重要的是把握精髓、运用原理，而不能生吞活剥、东施效颦。在欧洲历史上著名的罗斯巴赫战役与吕岑会战中，进攻的一方都采用了亚历山大式的"斜形攻击队形"，但结局截然不同。罗斯巴赫战役中的法奥联军指挥官照抄战史，在腓特烈大帝的眼皮底下调兵布阵，企图用斜形队形攻击普鲁士军队的左翼，结果被及时调整了部署的普军打得一败涂地。一年后，腓特烈在吕岑与三倍于己的奥地利军队再次相遇。这一回，他却妙手新裁，同样用斜形攻击队形，一举全歼奥军。一样战法，两样结果，可谓意味深长。[1]它告诉我们，没有永远正确的战法，只有永远正确的规律。它还告诉我们，正确的规律并不能包胜不败，胜利的秘诀在于对规律的正确运用。包括偏正律，虽然强调的是以偏修正，但也不是一味走偏就能取胜。偏，主要是思路要偏，是本质上的偏，而不是形式上的偏。如在实战运用中，并不是每一次都把攻击点生硬地选择在0.618式的"偏"上，才算符合了胜律。也许，这一次胜律恰恰需要的就是正面突破。这一次，"正"就是"偏"。这就是战争的艺术性，是数学[2]、哲学或其他科学技术都无法替代

---

1. 见《西洋世界军事史》，富勒著，第二卷，P201；《简明战争史》，P86。
2. 我们并不否认或轻视用数理方法分析战争，特别是在计算机普及的时代，在我们这个有崇尚模糊不喜欢精确传统的国度。李洪志编著的《国际政治与军事问题若干数量化分析方法》，列举了尼古拉·施威特等人用"贝叶特方法"对越南战争、中苏冲突、阿以战争进行分析的事例。李洪志等人用此方法在1993年对波黑战争的形势做出了准确的预测。（《国际政治与军事问题若干数量化分析方法》，军事科学出版社。）

的艺术性。正是在此意义上，我们敢于肯定，军事技术革命替代不了军事艺术的革命。

另外需要点明的是，我们所说的偏正，虽然某些方面不可避免地与中国古代兵家主张的"奇正"之法重合，但并不完全等同于"奇正"。在古代兵家那里，奇和正是交替使用的两种手段，即孙子所谓的"凡战者，以正合，以奇胜。……战势不过奇正，奇正之变，不可胜穷也"。[1] 偏正，则不是非此即彼的两种手段，而是客观规律的呈现。最重要的区别还在于，虽然战争史上出奇制胜的战例都因其美妙绝伦而令人神往，但并非所有的胜利都是出奇所致，以正取胜者也不乏其例。偏正则不同，只要我们把每一个胜利拆开来看，不管它是奇胜还是正胜，其中都一定可寻见胜律的踪影：不是"奇"偏正，就是"正"偏正。

无论我们把偏—正胜律表述得多么清晰，对它的运用都只能在模糊中进行。有时，不清晰正是走向清晰的最佳路径，因为只有模糊才适合于整体把握，这是东方式的思维，但它奇特地与西方智慧在0.618这一黄金点上相遇。于是，西方的逻辑、推演和精确，与东方的直觉、感悟和混沌，形成了东西方军事智慧的接合部，并由此生成了我们所说的胜律。它闪烁着黄金般的光泽，带着东方的神秘和西方的严密，一如太和殿的飞檐，架在了巴特农神庙的廊柱上，法相庄严，气象万千。

---

[1] 引文见《孙子兵法·势》。"奇正"为古代兵家重要的战法概念，变化莫测、出敌意外为"奇"，以对阵交锋，打堂堂之阵，则谓之"正"。唐太宗对"奇正"之道颇有心得，渭桥对阵则是一个范例。《唐太宗李卫公问对》中，记载了李世民与李靖两人对"奇正"的种种见解。

第七章
万法归一：超限组合

今天的战争会影响到输油管道内汽油的价格、超级市场里食品的价格、证券交易所里股票的价格。它们还会破坏生态平衡，通过电视屏幕闯入我们每个人的家庭。

——阿尔文·托夫勒

知晓了胜律并不等于锁定了胜利,这就像知道了长跑的技巧,并不等于能当上马拉松冠军一样。对胜律的发现,可以深化人们对战争规律的认知,提高军事艺术实践的水准。但到了战场上,能够赢得胜利的人,却断不会由于对胜律的破解而增多。关键是看谁真正在本质上掌握了胜律。

在可能到来的下一场战争中,胜律对战胜者的要求会非常苛刻。它除了一如既往地要求你通晓在战场上角逐胜利的全部机巧,更提出了大多数军人都对此准备不足或感到茫然的要求:在战争之外的战争中打赢战争,在战场之外的战场上夺取胜利。

从这个特定的意义上说,连鲍威尔、施瓦茨科普夫甚至沙利文、沙利卡什维利这样的现代军人都算不上"现代",而更像是一群传统军人,因为在我们所说的现代军人和传统军人之间,已经出现了一条鸿沟。虽然这条鸿沟并非不可跨过,但需要一次彻底的军事思维的腾跃。这对于许多职业军人来说,几乎是穷其一生都不可能企及的事。说穿了办法却又很简单:彻底做一回军事上的马基雅维利。

为达目的不择手段,是这个文艺复兴时期意大利政治思想家最重要的精神遗产。[1]在中世纪，这意味着对浪漫侠义又没落的骑士传统的突破，不加限制地采取可能有的全部手段去达到目的，在战争中亦如此，这恐怕即便不是最早（因为有中国的韩非子[2]在前），也是最明确的"超限思想"的滥觞。

事物能彼此区别的前提是界限的存在，在一个万物相依的世界中，界限只有相对意义。所谓超限，是指超越所有被称为或是可以理解为界限的东西。不论它属于物质、精神或是技术层面的，也不论它被叫作"限度""限定""限制""边界""规则""定律""极限"甚至是"禁忌"。对战争而言，它可能是战场和非战场的界限、武器和非武器的界限、军人和非军人的界限、国家与非国家或是超国家的界限，也许还应包括技术、科学、理论、心理、伦理、传统、习惯等方面的界限。总之，是把战争限定在特定范围以内的一切界限。我们提出超限的概念，本意首先是指思想上的超越，其次才是指行动时，在需要并且可能超越的限度和界限上选择最恰当的手段（包括极端手段），而不是指时时处处都非采用极端手段不可。对于技术综合时代的军人来说，现实存在中棱面的增多、可使用资源（指一切物化和非物化资源）的丰富，使他们不论是所面临的限制，还是突破限制的手段，比起马基雅维利所处的环境来，都要多得多。因此，对他们在超限思维方面的要求，也就更为彻底。

我们在前面说过，组合是战争大师们杯中的鸡尾酒，但在以往的战争中，那些兵器、手段、阵法以及谋略间的组合，都是在军事领域里进

1.B.罗素在论及马基雅维利时说："从来人们是惯于被他所震骇的，而他有时也确实在惊世骇俗。不过，人们如果能跟他一样摆脱掉假仁假义，那么，不少人也都能像他那样思想。……（在马基雅维利看来）如果那个目的被认为是好的，那我们一定要选择一些足以胜任的手段去达成它。手段的问题可以用纯科学的态度来处理，不必顾及目的之为善为恶。"（《君王论》，湖南人民出版社，1987年，P115—123。）

2.生于战国的韩非子，是法家之集大成者。说话办事，以实际功效为重，所谓"夫言行者，以功用为之的彀者也"，并无其他目的或限制。（见《中国思想通史》，侯外庐等著，人民出版社，1957年，P616。）

行的"限"内组合,这种狭义的组合在今天显然已非常不够。要想赢得今天或明天的战争,把玩胜利于股掌之间,就必须"组合"你所掌握的全部战争资源亦即进行战争的手段;这也还不够,还必须按照"胜律"的要求去进行组合;这仍然不够,因为胜律并不能保证胜利瓜熟蒂落在篮子里,还需要一只得法的手去采摘。这只手就是"超限",就是超越一切界限并且符合胜律要求地去组合战争。这样,我们就得到了一个完整的概念,一个全新的战法名称:

"偏正式超限组合战"。

超国家组合

现在,我们似乎又一次面临悖论:理论上说,超限,就应该是百无禁忌,超越一切;但事实上,无限的超越是不可能的,也是做不到的。任何超越都只能在一定的限度内进行。就是说,超限并不等于无限,而只是扩大了的"有限",即超出某一领域、某个方向的固有界限,在更多的领域和方向上组合机会和手段,以实现既定的目标。

这就是我们为"超限组合战"下的定义。

作为一种以"超限"为主要特征的战法,它的原理是在比问题本身更大的范围里,调集更多的手段去解决问题。比如,当国家安全面临威胁时,不是简单地选择国家对国家的军事对抗,而是运用"超国家组合"的方式化解危机。

从历史上看,国家曾是安全理念的最高形态。对于中国人,国家甚至是与天下等同的大概念。如今,民族或地理意义上的国家,不过是"地球村"里人类社会链条上的大小环节。现代国家越来越多地受到区域性和全球性超国家组织(如欧共体、东盟、石油输出国组织、亚太经济合作组织、国际货币基金组织、世界银行、世贸组织以及最为庞大的联合国组织等）的影响。此外，大量跨国家组织和形形色色的非国家组织（如跨国公司、行业协会、绿色和平组织、奥林匹克委员会、宗教机构、恐怖组织、黑客小组等）也同样在左右着国家的走向。这些跨国家、非国家与超国家组织，共同构成了新兴的全球力量体系。[1]

也许没有多少人注意到，上述因素正在导引我们步入一个大国政治让位于超国家政治的转型期。这一时期的主要特征就是过渡：许多端倪正在显现，许多过程正在开始。国家力量作为一类主体与超国家、跨国家、非国家力量作为另一类主体，在国际舞台上谁主沉浮的问题尚无定论。一方面，大国们还在起主导作用，特别是像美国这样的全面大国，日本、德国这样的经济大国，中国这样的新兴大国，俄国这样的垂暮大国，都还在试图对全局施加自己的影响；另一方面，有远见的大国，已开始明确地借助超、跨、非国家力量，去加倍扩大自己的影响，实现仅靠自身力量不足以达成的目标。如用欧元统一起来的欧共体，就是最新也最典型的案例。这一生机勃勃的过程发展到今天，不过刚刚走出了蹒跚期，远未到结束的时候。近期走向和远期前景不明朗，是自然而然的事情，但某些迹象已经在显现一种趋势，即通过国与国的较量定夺胜负输赢的时代正在徐徐关上大门，而用超国家手段在比国家更大的舞台上解决问题、

---

[1] 阿尔文·托夫勒在《力量转移——临近21世纪时的知识、财富和暴力》（又译《权力的转移》）中，以一小节谈到"新型的全球性组织"："我们正在看到一种意义重大的力量转移，即从一个国家或国家集团向全球性角斗士转移。"而所谓的"全球性角斗士"是指从欧共体到跨国公司这些大大小小的非国家实体。据联合国《1997年投资报告》的统计，全世界已有44,000家跨国公司母公司和28万家在国外的子公司和附属企业，这些跨国公司控制了全世界1/3的生产，掌握全世界70%的对外直接投资、2/3的世界贸易与70%以上的专利和其他技术转让。（转引自《光明日报》1998年12月27日第三版李大伦的"经济全球化的两重性"）。

实现目标的时代，正在悄然拉开大幕。[1]

基于此，我们把"超国家组合"列为超限组合战的基本要素之一。

在一个政治、经济、思想、技术、文化相互渗透，网络、克隆、好莱坞、辣妹、世界杯轻松越过界碑所标志的疆域的世界中，那种企图在纯粹的国家意义上保障安全和谋求利益的愿望已很难实现。只有萨达姆这样的蠢人，才会以赤裸裸的领土占领来实现自己的野心。事实证明，这一做法在20世纪的末叶，是明显背时的，必然招致失败。同样是追求国家安全和国家利益，作为一个成熟的大国，美国就显得比伊拉克精明得多。自登上国际舞台那天起，美国人巧取豪夺，从别的国家获得的利益，比伊拉克从科威特那里获得的不知要多出多少倍，个中缘由不单是"强权即公理"就能解释的，也不单是个违背国际准则与否的问题，因为在所有的海外行动中，美国总是力求争取最多的追随者，以防自己变成形单影只的孤家寡人。除对格林纳达和巴拿马这样的小国直接采取了单纯的军事行动，大多数情况下，它都是用超国家的方式谋求并实现了自己的利益。在对付伊拉克的问题上，美国人的做法，就是一次非常典型的超国家组合。整个过程中，它上下其手，纵横捭阖，几乎让联合国内的所有国家都支持它的行动，使这个全球第一国际组织做出了令它师出有名的决议，并把30多个国家拉进了讨伊联军。战后，美国又成功地组织了对伊拉克长达八年的经济封锁，并利用武器核查，对伊持续施加政治军事压力，使之长期处于政治孤立、经济困顿的状态中。

海湾战争之后，战争或冲突的超国家组合倾向愈加鲜明。越靠近今天，它的这一特征就越突出，并越频繁地成为一种手段被更多的国家所

1.据布热津斯基的看法，21世纪将出现数个国家组群，如北美组群、欧洲组群、东亚组群、南亚组群、伊斯兰组群、欧亚组群。这些组群之间的争斗是未来冲突的主导。(《大失控与大混乱》，中国社会科学出版社，P221。) 联合国的作用日益增强，亦体现了这一趋势。(《走向21世纪的联合国》，世界知识出版社。)

采用。这一倾向的形成，有着最近十年国际社会急剧动荡变化的深刻背景。全球经济一体化、国内政治国际化、信息资源网络化、技术换代频繁化、文明冲突隐蔽化和非国家组织强势化，给人类社会带来的麻烦和便利一样多，这就是大国甚至一些中小国家，都不约而同地把解决问题的指针瞄准了超国家组合的原因。[1]

正是这一原因，使现代国家面临的威胁，更多地来自超国家力量，而不是一两个具体国家。对付这类威胁，除了使用超国家组合的手段，不会有其他更好的办法。其实，古来无新事，超国家组合并非一片新大陆。早在春秋战国和伯罗奔尼撒战争时期，合纵连横即结盟，就已经成为古代东西方策略家们运用超国家组合手段最为古老也最为经典的方法[2]，至今仍不失其魅力。直到海湾战争时，施瓦茨科普夫式的超国家组合，仍可以说是古典的"联盟+联军"的现代版。如果非要在古代和今天之间划出一条代沟，找出它们之间有什么不同，那就是在古人那里，只是国家与国家间的组合，而不是超国家、跨国家、非国家组织之间的垂直、平行和交叉组合。[3]这三种古人无从想象的力量的出现，已使今天的战法，除了原理不变，从技术手段到实际运作都发生了革命性变化。"国家+超国家+跨国家+非国家"的崭新模式，将从根本上改变战争的面貌和结局，甚至改变战争自古以来天经地义的军事性本质。这种不仅以国家力量，还以组合超、跨、非三种力量去解决冲突或进行战争的方式，我们统称为超国家组合。从已有的成功范例中可以预见，超国家组合将是今后一个国家在更大范围

---

1. 如东盟、非统（非洲统一组织）等组织已经或正在成为解决地区事务的不可忽视的超国家组织。
2. 战国时期的"合纵"（六国联合抗秦）"连横"（秦联合攻击他国的联盟），即为国与国联盟的范例。（《战国策注释》，中华书局，1990年，P4。）
3. 当代的超国家组合，不只是国家组织之间的组合，它还包括了国家与跨国甚至非国家组织的组合。在东南亚金融危机中，可以看到某些国家与国际货币基金组织以及对冲基金的默契配合。

内，谋求实现国家安全目标和战略利益的最有力武器。[1]

作为目前唯一的世界级大国，美国最善于把超国家组合作为武器加以运用。它从不放过任何参与到与美国利益有关的国际组织中的机会，或者说它一向都把任何国际组织的行动看作与美国利益息息相关。不论是欧洲、美洲、亚洲还是其他地区性或全球性国际组织，美国都要力争置身其列以便操纵。1996年，《美国国防报告》对此直言不讳："为保护和实现美国利益，美国政府必须有能力影响其他国家的政策和行动。这就要求美国保持在国外的参与，尤其是在那些使美国最重要的利益处于危险中的地区。"[2] 如在成立亚太经济合作组织的问题上，创议人澳大利亚总理霍克的最初考虑，只包括亚洲国家和澳大利亚、新西兰等国，但立刻遭到布什总统的强烈反对，遂扩大到美国和加拿大。与此同时，为遏制亚太经济合作的势头，美国极力鼓动部分亚洲国家单独与北美自由贸易区签订协议，既打进又拉出，可谓是一套双重组合的策略。

让人感到讳莫如深的是美国人在处理亚洲金融危机时的态度和方式。风暴伊始，美国就迅即否定了日本建立亚洲货币基金的提议，主张通过以其为大股东的国际货币基金组织，实施有条件的救援计划，意在迫使亚洲国家接受美国推行的经济自由化政策。如国际货币基金组织在向韩国提供570亿美元贷款的同时，提出的条件就是要其全面开放市场，让美国资本有机会以不合理的底价收购韩国企业。如此明火执仗地要求给以美国为首的发达国家敞开或腾出市场空间，已经近乎于一种变相的经

---

[1] 布热津斯基在其新著《大棋局——美国的首要地位及其地缘战略》中，为世界安全开出新的处方，建立了一个"跨欧亚的安全体系"，这个体系以美国、欧洲各国、中国、日本、俄罗斯、印度等国为核心。且不论布氏的处方是否有效，他至少指明了一条与我们相同的思路，即在更大范围内解决国家安全问题。卡尔·多伊说，"国际组织往往被视为引导人类走出民族国家时代的最佳途径"，一体化的首要任务就是"维持和平"。（见《国际关系分析》，世界知识出版社，P332。）

[2] 美国国防部长1996财年度《国防报告》，军事科学出版社，P5。

济占领。[1]如果我们把美国政府的这种做法与索罗斯之辈对亚洲国家的金融狙击，与美国人的共同基金总额10年间从8100亿美元增加到5万亿并仍以每月300亿的速度递增[2]，与穆迪公司、标准普尔公司和摩根士丹利公司在最关键或是最微妙的时刻降低日本、中国香港及马来西亚的信用等级，与格林斯潘反击中国香港政府"对冲基金"会否改变游戏规则的担心，与美联储对投机失败的美国长期资本管理公司的破例救助，与曾经在亚洲喧闹一时的说"不"声和"亚洲世纪"的提法日渐沉寂等现象统统联系起来，就会发现这一切的衔接是如此巧妙、天衣无缝。[3]倘若有意识地将它们组合在一起，用以打击觊觎已久的目标，岂不是一次成功的超国家组织+跨国家组织+非国家组织的组合行动？虽然没有直接证据显示，美国政府和美联储刻意设计并使用了这一威力巨大又不露声色的武器，但从迹象上看，起码可以说，某些行动事先得到了他们的鼓励和默许。只是这里我们想要讨论的问题的关键，并不在于美国人是否有意识地使用了它，而是作为一种超级武器，它是否可行。

回答是肯定的。

超领域组合

领域，是从领土概念中引申出来用以区别人类活动范围的概念。从

---

1. 日本《文艺春秋》月刊1998年8月号中石原慎太郎的文章"新亚洲攘夷论"认为，美国在这次亚洲金融危机中的种种行径表明了其打击亚洲的战略图谋。这位"不"先生的看法虽有几分偏激，但仍不失见地。（见1998年8月15—16日《参考消息》。）
2. 见1998年9月29日《参考消息》，11版，转载美国《财富》杂志文章。
3. 与石原慎太郎持相同看法的观察家并不在少数，俄罗斯《论坛报》7月16日发表的经济观察家康斯坦丁·索罗金的文章"盟国在亚洲金融危机中扮演了什么角色？"也谈到了相同的看法。（见1998年8月15日《参考消息》。）

这个意义上讲，战争领域，就是对战争所涵括范围的标定。我们提出的"超领域组合"与"超国家组合"一样，都是个缩略语，确切地说，在它们的后边再缀上"战争行动"四个字，才可以完整地表达出我们营造并使用这类概念的意图。之所以要指明这一点，是为了把"超……组合"这种被超限思维驱动的主张，限定在战争及其相关行动的范围内。

"超领域组合"，介于前面已经谈过的"超国家组合"及后面将要论述的"超手段组合"之间。正像它在我们论述中所处的位置一样，它对突破性的超限思维，是不可缺少的一环。就像飞机突破音障，才能进入超音速飞行一样，从事战争的人，只有突破领域的局限，才能进入战争思维的自由态。思想的破限是行动破限的前提。如果没有思想的破限，即使凭借直觉在行动中有所突破，也终难成就正果。如美军的全维作战理论与我们的"超领域组合"异曲同工（所谓全维度亦即全领域），但由于美军的"全维作战"更多的像是一群聪明军人的突发奇想，而不是建立在彻底的突破性思维基础上，所以，这一有可能导致一场军事革命的思想火花，很快便由于不彻底思维必然要面临的种种障碍，令人惋惜地熄灭了。[1]

战争领域的扩大，是人类活动范围日趋扩大并相互融合的必然结果。对此现象，人们的认识始终处于相对滞后的状态。虽然远在曹刿、近在柯林斯这些远见卓识者都不同程度地指明了战争各领域间相互制约的关系，但迄今为止，在大多数从事战争的人那里，一切非军事领域，都被看作战争中必须服从于军事需要的附属品。视野的狭窄和思维的狭隘，使战场的扩展和战法的变化都被局限在了一个领域之内。从库图佐夫

---

1. 在今天的美国陆军那里，"全维"是一个局限在军事领域中的概念，如《2010年联合部队构想》中的"全维保护"原则，主旨是强化对美军的信息保护。在美国陆军器材司令部司令E. 威尔逊上将看来，能够在全球范围内机动的"后天的陆军"就是"全维部队"。可见，美国陆军的"全维"思想，是去其精髓而徒留其名。（参见《联合部队季刊》1996年夏季号。）

火烧莫斯科，不惜毁掉大半个国家，以坚壁清野的策略对付拿破仑，到"二战"时德累斯顿大轰炸和广岛、长崎核爆炸，不计平民伤亡地把军事胜利绝对化，以及"大规模报复""确保相互摧毁"战略的提出，都没有突破过这一模式。

现在是对这一偏谬进行清算的时候了。技术的大融合已为政治、经济、军事、文化、外交、宗教各领域间的交叉互动，准备好了接口，各领域的一体化倾向已非常明显，再加上人权意识的高涨对战争伦理的影响，那种把战争局限在军事领域，并以伤亡大小来衡量战争烈度的观念日渐过时。战争正在超逸血腥杀戮之境，呈现出低伤亡甚至零伤亡但高烈度的趋势：这是信息战、金融战、贸易战等全新战争样式，在战争领域开辟出的新空间。在此意义上说，已经没有什么领域不能为战争所用，也几乎没有什么领域不具备战争的攻击性形态。

1987年10月19日，美国海军舰艇在波斯湾攻击伊朗钻井平台，消息传到纽约证券交易所，立即触发了华尔街历史上最惨烈的股市崩盘。这个令人闻之变色的"黑色星期一"，使美国股市仅账面损失即高达5600亿美元，等于净赔掉一个法国。时隔数年，军事行动引发股灾进而导致经济恐慌的一幕再次重演。1995—1996年，中国大陆两度宣布在台湾海峡试射导弹并举行军事演习。弹迹划空之时，台湾股市应声而落，出现了雪崩式的连锁反应。以上两例，虽然并非我们所说的超领域组合，特别是前者还属于搬起石头砸自己脚的蠢举，但其出人意料的结局足以启发我们的思路：如果有意识地把两个或更多的看上去互不相干的领域，组合成一种战法去使用，效果岂不更好？

从超限思维的角度来看，"超领域组合"就是战场的组合。每一个领域都可能与军事领域一样，成为未来战争的主导性战场。而"超领域组合"的目的之一就是，考虑选择哪个领域作为主战场对实现战争目标更有利。从美伊对抗的实践来看，在"沙漠风暴"42天军事行动之后，持续了八年的军事压力+经济封锁+武器核查，是美国在新的战场上用超领域组合打击伊拉克的战法。且不谈经济封锁对伊拉克造成的巨大非军事性损毁，仅以巴特勒为首的联合国武器核查特委会，几年间通过检查和销毁大规模杀伤性武器对伊拉克军事潜力形成的打击，就已经大大超过了海湾战争空中轰炸的战果总和。

  这些事例表明，战争已不再是纯粹军事领域内的行动，任何一场战争的走势和结局，都将可能被政治因素、经济因素、外交因素、文化因素、技术因素等非军事因素所决定或改变。面对影响广被全球各个角落的军事和非军事冲突，我们只有从思维模式上突破画地为牢的种种界限，把被战争所全面波及的各个领域，变成手中熟练翻洗的纸牌，用超限战法组合战争资源，才有可能操得胜券。

超手段组合

  在两国交战、两军搏杀之际，是否需要使用特别手段，针对远在后方的敌军家属展开心理战[1]？在保卫国家金融安全时，是否可动用暗杀手段去对付金融投机家[2]？对毒品或走私品策源地，能否在不宣战的限度内使用"外科手术式"打击？为对他国的政府和议会施加影响，可否建立专门的院外集团运作基金[3]？是不是还可以用购买或控股的方式，把别国

---

1. 美国国防部对互联网军方网站已加强控制，防止敌对力量利用军人家庭住址、福利号码和信用卡号对军人进行攻击。
2. 既然英国政府允许其特工人员对恐怖主义国家的国家首脑实行暗杀，那么，如果某些国家把对本国经济造成毁灭性打击的金融投机家视为战犯或恐怖分子并依同样方式处置，是否可以认为是正当的？
3. 代议制国家的议会都躲不开院外集团的包围，如美国的犹太人组织和枪支协会，都是一些著名的院外集团。其实，类似做法早在中国古代就有，秦末楚汉相争，刘邦给陈平许多钱就是为了在战场之外打败项羽。

的报纸、电视变成对其进行媒体战的工具[1]？

除开手段的正当性，即是否合乎公认的伦理规则这一点，上述问题的另一个共同之处是，它们全都涉及超国家、超领域地使用手段也就是我们要说的"超手段组合"问题。而要弄清楚什么是超手段并且为什么要使用超手段，首先需要弄清楚的是——

什么是手段？

这个问题似乎根本不是问题。谁都知道，手段是用以实现目标的方法和工具。但如果大到一个国家、一支军队，小到一个计谋、一件武器，都被笼统地称作手段，问题就远不是那么简单了。

手段的相对性，是一个让人颇费周章的问题。

这种相对性表现为，在一个层面上可能是手段的东西，在另一层面上又有可能变成目的。对于超国家行动来说，国家就是手段；而对于国家行动来说，军队或其他国家力量是手段，国家则成了目的；依此类推下去，大小不一、尺码不同的手段，就像是层层叠叠的中国套盒，每一级手段在服务更高目的的同时，本身又成了低一级手段的目的。

抛开目的不谈，手段的复杂性还在于，可以从任何角度、任何层面把任何事物都作为手段来理解。

从领域的角度，军事、政治、外交、经济、文化、宗教、心理和媒体这些领域，通通可以视为手段；再沿领域细分，如军事领域，从战略战术、军事威慑、军事联盟、军事演习、军备控制、武器禁运、武力封锁直到使用武力，都是当然的军事手段；而经济援助、贸易制裁、外交斡旋、文化渗透、媒体宣传、制定并运用国际规则、利用联合国决议等手段，则在分属政治、经济、外交等不同领域的同时，也越来越被政治家们当作准军事手段去运用。

---

1. 有文章披露，索罗斯是通过控制阿尔巴尼亚的报纸来操纵阿国政局。

从方法的角度，哲学方法、技术方法、数学方法、科学方法和艺术方法，都是人类用以造福自身，也可用于战争的手段。比如技术，信息技术、材料技术、空间技术、生物工程技术，每一项新技术的出现和发展，都在扩张着手段的阵容；再如数学，兵力配置、弹药基数、弹道测算、杀伤概率、作战半径、爆炸当量这些军事术语中，无处不见数学方法的影子；此外，哲学、科学、艺术的方法也是支撑军事智慧以及军事行动的有力手段，这也就是人们常常把军事思想、军事理论和军事实践称作军事哲学、军事科学、军事艺术的原因，利德尔·哈特就曾把战略一词，定义为"运用军事手段来实现政策目标的艺术"。

由此可见，"手段"是一个涵盖广泛、层次丰富、功能交叉因而不易把握的概念。只有从视野上拓宽对手段的认识，懂得无一物不可以是手段的道理，才不至于在手段的运用上捉襟见肘、黔驴技穷。1978年在伊朗占领美国大使馆扣留人质的危机中，美国最初只知贸然采用军事手段，失败后才改变手法，先冻结伊朗的海外资产，又实施武器禁运，并在两伊战争中支持伊拉克，再加上外交谈判，多管齐下，最终使危机得以解决。[1]这说明，在一个空前复杂化了的世界中，手段的样式和适用范围也处于不断的变化中，再好的单一手段也不会比多种手段的并用更有优势。因此，超手段的组合，就变得非常必要。可惜在这方面有自觉意识的国家并不多，倒是那些有多样利益追求的非国家组织，在极力寻求多种手段的组合运用。如俄罗斯黑手党为攫取财富，把暗杀、绑票和使用黑客攻击银行电子系统等手段组合在一起；一些恐怖组织为了政治目的，把投放炸弹、劫持人质和网络袭击等手段组合在一起；索罗斯之辈为在金融市场上浑水摸鱼，把汇市、股市、期市的所有投机手段都加以组合，并利用舆论广造声势，诱导纠集像美林、高盛、摩根士丹利这些"巨无

---

1. 见卡尔·多伊《国际关系分析》，世界知识出版社，P272—273。

霸"与其联手[1]，形成规模巨大的市场合力，展开一场又一场惊心动魄的金融大战。这些手段大都不具有军事性质（虽然时常会带有暴力倾向），但其组合使用的方式，却对我们在战争中如何有效地使用军事或非军事手段不无启发，因为在今天，衡量一种手段的有效性，主要不是看手段的属性和它是否合乎某种伦理标准，而是要看它是否符合一个原则，即实现目标的最佳途径原则。只要符合这一原则，就是最佳手段。其他因素虽不能说可以完全忽略不计，但必须以有利于目标的实现为前提。这就是说，超手段组合首先要超越的不是别的，恰恰是手段本身所隐含的伦理标准或原则规范。而这远比把一些手段与另一些手段组合在一起，更困难也更复杂。

只有完成了对既有观念的超越，才能使我们摆脱禁忌，进入手段选择的自由——超限之境。对我们来说，仅仅通过现成手段去实现目标是不够的，还需要找出实现目标的最佳途径，即如何正确有效地运用手段，换言之，就是如何有意识地把不同手段组合起来，创造新的手段去达到目的。比如，在经济一体化时代，某个经济大国如果想打击他国经济，同时也打击其防务，完全可以不采用经济封锁、贸易制裁或军事威慑、武器禁运之类的现成手段，而只需调整本国的金融政策，以货币升值或贬值为主，组合以舆论造势、改变规则等手段，就足以使目标中的国家和地区出现金融动荡、经济危机，削弱其综合国力包括军力。从东南亚金融危机导致该地区军备竞赛热降温的事例中，即可看出这种可能性完全存在，虽说此次危机并非哪一大国有意改变本国币值所致。即使像中国这样的准全球性大国，目前也已具备了只要改变自身的经济政策，就可

---

1. 巴顿·毕格斯作为摩根士丹利控股公司的全球策略分析员，被认为是全世界最有影响力的投资策略家，因为他是这家有300亿美元公司的总裁，并握有15%的股权。在泰国和中国香港金融风暴前，他和他的公司都有所举动，为投机家指引方向。（参见《中国社会科学》1998年第6期，宋玉华、徐忆琳"当代国际资本运动规律初探"一文。）

对世界经济造成冲击的能力。如果中国是个自私自利的国家，在1998年违背诺言，让人民币贬值，肯定就会使亚洲经济雪上加霜，同时也将诱发世界资本市场的激变，就连依靠外国资本流入支撑本国经济的世界第一债务国美国，也必然受到经济重创。这样的结局肯定会胜过一次军事打击。

声气相通、利益相连的现实，使战争的外延日趋扩大，也使任何一个举足轻重的国家，都具备了多种威胁他国的能力，而不仅仅只靠军事手段。单一手段将越来越收效甚微，多种手段并用的优势愈加凸显，这就为超手段组合并把这种组合运用到战争或准战争行动中敞开了大门。

超台阶组合

当一场战争成为一段战史时，像钢水般逐渐冷却的战争过程，就会一点点凸显出来。从最初的、小规模的、局部的战斗，到由这些战斗前后左右拼接而成的战役，再到由数个甚至更多的战役构成的战争，最后还可能由一场战争蔓延成一次洲际或世界性的大战……战争，就这样沿着一级级看不见的台阶走了过来，也许还将这样一级级台阶地走下去。每一级台阶上，都布满了呻吟的伤兵和阵亡者的尸体，布满了胜利者高扬的炮口和失败者丢弃的枪支，也布满了许多愚蠢的或睿智的计策、谋略和方案。如果我们从战史的最后一页，一章章地往前翻，就会发现，一切过程都是累积，一切结局都由累积而成。胜利是累积，失败也是累积。对交战双方而言，通向结局的道路是同一条，唯一的区别是，看你是拾级而上，还是拾级而下。飞跃和突变，都发生在你踏上最后一级台阶的那一刻。

这似乎就是规律。

而规律是需要尊重的，对规律的违背或打破则须慎重。

问题是，如何违背或打破这一规律。我们不认为所有的战争都必须一级级循序渐进，直到累积出决定命运的"那一刻"。我们认为，"那一刻"是可以制造出来的。找到能够不断地制造而不是等待累积到那一刻的办法，并将它固定成一种战法，就是我们要做的事情。

我们当然知道，一次战斗构不成一场战争，就像一名士兵构不成一支军队一样，但这并不是我们想说的问题。我们的问题是，如何用一种方法打破所有的台阶，并将这些台阶任意组接拼装，比如把一次战斗或战术级的行动，直接与战争或战略级的行动组合对接，如同把肢体、躯干和头颅任意拼接一样，使战争变成一条可以在所有环节上随机组合，亦可在任何方向上自由摆动的龙。

这个方法就是"超台阶组合"。台阶也是一种限制，与国家界限、领域界限和手段界限一样，都是超限组合战在实际运用时需要超越的界限。

赫尔曼·康恩曾把通向核战争的门槛分成若干级台阶，类似的台阶同样存在于其他样式的战争中。但按照康恩的思路划分成44级台阶过于琐细且不便操作[1]，并且由于更多地着眼于从战争的烈度去划分台阶，而缺少了对战争层级的实质性洞察。

在我们看来，从战争的规模和与其对应的战法这两方面切入，战争台阶的划分便可以大大简化，分为四个层级就足够了。在这一点上，我们和美国某些军事分析家的看法基本一致，只是提法上有所不同。具体划分如下：

第一级，"大战—战策级"。从规模上，是以超国家为上限、以国家

---

1. 关于赫尔曼·康恩的《升级阶梯：概括的（或抽象的）说明》，可参阅卡尔·多伊的《国际关系分析》，世界知识出版社，P234。美军则通常把战争活动分为三个等级：战略级，战役级，战术级。（见美国空军条令AFM1-1《美国空军航空航天基本理论》1992年版，军事科学出版社，P106—111。）

为下限的军事和非军事战争行动。与之相对应的战法是"战策",也就是柯林斯所谓之"大战略"。因这一级战法主要涉及战争的政治策略,故我们名之为"战策"。

第二级,"战争—战略级"。即国家级的军事行动包括这一级别上的非军事战争行动。与之对应的战法是"战略",即国家的军事策略或战争策略。

第三级,"战役—战艺级"。从规模上,是低于战争、高于战斗的作战行动。此级别一直没有与之对应的战法称谓,通常套用"战役"概念,显然混淆了作战规模与作战方法的含义,故我们选用"战艺"一词为其冠名,取这一级作战比"略"低,比"术"高,需讲求作战艺术之意。

第四级,"战斗—战术级"。即最基本规模的作战行动,与之对应的战法是"战术"。

一望可知,每一级作战规模的台阶上都有与之相应的作战方法。对于传统的军人来说,也许他们终身的课业,就是如何熟练操作这些战法,在所处的每个层级上打好每一仗。

而对于即将置身于下个世纪的军人们,仅在固定的层级上操练这些战法,已显得远远不够。他们必须学会如何打乱这些台阶,去组合从超国家行动到具体战斗的所有要素,以赢得战争。这并非一项不可完成的任务。说穿了很简单,作为一种试图把战策、战略、战艺、战术任意对接的方法,超台阶组合的原理,无非是角色互换或角色易位。如用某种非军事行动的战略手段,去配合一次战斗任务的完成;或用某种战术性手段,去实现战策级的目标。从战争的走势看,越来越显现出这样一种迹象:并不是哪一级的手段才能解决哪一级的问题。无论是四两拨千斤,还是杀鸡用牛刀,只要操作得好,都是可行的办法。

本·拉登,仅用两车炸药这一纯战术级手段,就对美国国家利益构成了战略级的威胁;而美国人也只能通过对其进行战术级的报复行动,达到保障自身安全的战略级目标。再如，与以往战争中"人—机"组合是最小的作战单元，其作用一般不会超出战斗规模这一点不同，超限战中的"人—机"组合，具备从战术级直至战策级多重跨度的攻击能力。一名黑客+一台调制解调器，给敌方造成的毁损几乎不亚于一场战争。而由于具有跨台阶作战的广谱性和隐蔽性，这种单兵作战的方式很容易达成战略甚至战策级的效果。

这就是超台阶组合的要领和意义。

在以国家和超国家为主体的战争与非军事战争中，没有什么领域不能超越，没有什么手段不能用于战争，也没有什么领域、手段相互间不能组合。战争行动对全球化趋势的适应就表现在一个"超"字上，这一个"超"字便足以以一应万。而我们所说的万法归一，就恰恰归在一个"超"字上。

需要再次指出，超限组合战，首先是思路，然后才是方法。

第八章
必要的原则

原则是行为准则,但不是绝对准则。

——乔治·凯南

超限战

战争史上最早用原则去固定作战方式的人，当推孙子。他提出的"知己知彼，百战不殆""攻其无备，出其不意""避实而击虚"等原则，至今仍是当代兵家行动的信条。而在西方，二千四百年后，拿破仑才向后来其名被冠于一所世界著名军校门楣上的圣西尔，透露了一个心迹："写一本书，准确地描述一下战争的原则，提供给所有的士兵。"可惜的是，打胜仗时，他没有时间；打败仗后，他又没有了心情。对于一生创造过近百次胜利的统帅，这应该算是个不大不小的缺憾。但生为伟人，只要胜绩卓然，自会有后人去发微钩沉，总结你的取胜之道。一百年后，一位名叫J. F. C.富勒的英国将军，从那位生前死后都令英国人畏惧的宿敌指挥过的战争中，归纳出了指导现代战争的五条原则。[1]自此，整个西方的现代战争原则观得以诞生。尽管后来不少国家的军事条令和一些军事理论家相继提出过这样那样的战争原则，但都与富勒的首创大同小异。[2]这是因为从拿破仑战争开始到海湾战争之前，除了杀伤力和毁损力不断提高，战争形态本身并无实质性改变。

现在情况有了变化。这一切发生在海湾战争中和战争后。精确制导武器、非杀伤性武器和非军事性武器的投入和使用，使战争不再拼命沿

1.富勒总结的拿破仑的战争原则为进攻、机动、奇袭、集中、保护等五条。此外，富勒还根据克劳塞维茨的看法，另归纳了七条与拿破仑战争原则相似的战争原则：保持目标；安全行动；机动行动；消耗（敌）进攻能力；节省兵力；集中兵力；出其不意。这些原则成为现代军事原则的基础。（见《战争指导》，富勒著，解放军出版社，P38—60。）
2.如美军的九大军事原则：目标原则；进攻原则；集中兵力原则；节约兵力原则；机动原则；安全原则；出敌不意原则；简明原则；统一原则。与拿破仑战争时期的作战原则十分近似。

着提高杀伤力和毁损力的轨道狂跑,而是开始了它有史以来的第一次变向。这就为另外一些令职业军人们感到陌生的原则,铺就了通往下个世纪战争的新轨。

任何原则都不会是空穴来风,战争原则更如此。不论它产生于哪位军事思想家的大脑,或出自哪部军事条令,它都肯定是在战争的熔炉中和铁砧上经过千锤百炼锻铸而成的。没有春秋时代的战争,就不会有孙子的战争原则;没有拿破仑战争,就不会有富勒的战争原则;同样,没有海湾战争前后全球范围内大大小小的军事、准军事甚至非军事战争,就不会有美国人的"全维作战"和我们的"超限组合战"这类战争新概念的提出,当然也就谈不上与之共生的作战原则的问世。

在对全维作战理论的中途夭折感到惋惜之余,我们决心使"超限组合战"不只停留在理论思辨的层面上,而是进入可实际操作的战法状态。尽管我们主张的"超限"思想,本意是要打破一切界限,但有一条界限必须恪守,那就是,在进行作战行动时,遵循必要的原则。除非原则本身在某些特殊情况下需要被打破。

当对战争规律的思考凝结为某种战法时,原则便会随之而生。尽管这些战法和原则,在没有经过新一轮实战的检验之前,能否成为通向下一次胜利的路标,还很难说,但必要原则的提出,肯定是完善一种战法不可缺少的理论工序。这里是陀罗斯,就在这里跳舞吧。让我们看看,以下这些原则,究竟能为"超限组合战"带来什么——

全向度 共时性 有限目标 无限手段

非均衡 最小耗费 多维协同 全程调控

全向度——360度观察、设计和组合运用一切相关因素

"全向度",是"超限战"思想的出发点,亦是其思想的覆盖面。作为一种战法的总纲式原则,它对实施者的基本要求是,通盘考虑与"这一场"战争有关的所有因素,在观察战场和潜在战场、设计方案和使用手段、组合一切可动用战争资源时,视野上没有盲区,观念上没有障碍,方位上没有死角。

对超限战来说,不存在战场与非战场的区别。陆、海、空、天等自然空间是战场,军事、政治、经济、文化、心理等社会空间也是战场,而连接起这两大空间的技术空间,更是所有敌对双方极力争夺的战场。[1]战争可以是军事性的,也可以是准军事或非军事性的;可以使用暴力,也可以是非暴力的;可以是职业军人之间的对抗,也可以是平民或专家为主体的新生战力的对抗。超限战的这些特征,既是它与常规战争的分水岭,也是它为新型战争划定的起跑线。

作为实战性很强的原则,"全向度"适用于超限组合战的各个层面。在战策级,是指国家整体战力直至超国家战力在洲际或全球对抗中的组合运用;在战略级,是指与军事目的相关的国家资源在战争中的组合运用;在战艺级,是指军队或军队规模的主体,为达成战役目标,在特定战场上对各种手段的组合运用;在战术级,是指一支部队或部队规模的主体,为遂行一定任务,在战斗中对不同武器装备和作战方式的组合使用。

---

[1]. 超限战的战场不同于以往,它包括所有自然空间、社会空间和不断扩展中的技术空间,如纳米空间等。在今天,这几个空间已是相互交错,如太空,可以视为自然空间,也可以视为技术空间,因为它的战争化进程每一步都离不开技术的突破。同样,技术与社会的互动也时时可见,最典型的莫过于信息技术对社会的影响。由此看来,战场确是无所不在,我们只能以"全向度"去看待它。

同时，还应包括它们各级别间的交叉组合。

最后，必须明确的是，并非每一场具体的战争，其作战范围都能广及所有的空间和领域，但"全向度"地思考和把握战局，是超限组合战的第一原则。

共时性——在同一时间段上的不同空间内展开行动

现代战争所拥有的技术手段特别是信息技术的普及、远战技术的出现和战场转换能力的增强，把绵延分散、性质各异的战场连为一体，也把各种军事和非军事力量平行地导入战争，使战争进程大为缩短。许多过去需要通过战役、战斗累积，分阶段完成的目标，现在则可能被要求同时到达、同时进行、同时完成，并迅速得以实现。因此，在作战中对"共时性"的强调，正在超过"阶段性"。[1]

在周密计划的前提下，让分布在不同空间、不同领域的战争要素，在统一约定的时间段上，围绕战争目标，展开错落有致、配合默契的组合式打击，以达成突然性、隐蔽性和有效性。一次全纵深的共时行动，可能只是一场短促的超限战，但已足够决定一场战争的命运。这里所说的"共时"，不是分秒不差的"同时"，而是指"同一时间段"。从这个意义上说，超限战是名副其实的"时间约定战"。

以此为尺度，美军在军事领域内的行动能力，最接近这一水平。按照美军现有的装备技术，一个信息战役系统在一分钟内可以为1200架飞机提供4000个目标的数据，加之远程打击武器系统的大量使用，导致了

---

[1] 以往战争的进程，在空间上是由边缘向纵深挺进，在时间上则要区分阶段。超限战在空间上是直达核心，在时间上也是"共时"，通常不再具有阶段性的特点。

"全纵深同时攻击"作战思想的提出,在空间上从外围逐步推向纵深,在时间上次第展开行动的陈旧战争模式从而得以摆脱。但他们在这方面的思路,从军方披露的一些公开文件看,至今仍局限在军事行动的范围内,没能推及到军事领域以外的战场上。[1]

有限目标——在手段可及的范围之内确立的行动指针

目标的有限是相对于手段而言。因此,确立有限目标的原则是,目标永远小于手段。

在确定目标时,充分考虑它的可实现性,不追求在空间和时间上没有限定的目标。有限才有明确性,才有现实性,也才会有可操作性。同时,还能在实现上一个目标之后,使自己保持追逐下一个目标的弹性。[2] 在确立目标时,必须克服好大喜功心理,有意识地追求有限目标,排除力所不及的目标,即使它是正确的。每一项能实现的目标都是有限的。无论出于何种原因,使目标超出了手段允许的范围,只会导致灾难性的结局。

麦克阿瑟在朝鲜战争中所犯的错误,就是把有限目标扩大化的最典型例证。其后,美国人在越南、苏联人在阿富汗所犯的同样错误也证明,无论是谁,也无论是何种行动,只要目标大于手段,就必败无疑。

对于这一点,并不是所有当代政治家和军事家都明白。《1996年美国国防报告》引述了克林顿总统的话:"作为世界上最强大的国家,我们

---

[1] 最典型的莫过于美国军队的《2010年联合部队构想》中的四项原则,"机动造势,精确打击,全维保护,聚焦后勤"全都是为军事战争提出的新原则。
[2] 要做到目标有限,不在于主观上的克制,而在于不能超越手段的限制。手段是确立目标时不可逾越的"限"。

有领导义务，并在我们的利益和价值观受到重大危害时采取行动。"克林顿说上述话时，显然没能意识到，国家利益和价值观完全是两个不同级别的战略目标。如果说前者是美国人的能力可以通过行动进行维护的目标，后者则既不是其能力所及，也不是其应该在美国本土之外追求的目标。与"孤立主义"对应的"全球第一"思想，使美国人在国势膨胀时，一直有追逐无限目标的倾向。然而，这是一个终将导致悲剧发生的倾向。一家资产有限，却热衷于承担无限责任的公司，除了破产，不会有其他的结局。

无限手段——趋向无限制运用手段，但以满足有限目标为限

无限手段是针对有限目标而言的。[1] 无限是一种不断扩展手段选择范围和使用方式的趋向，而不是无节制地使用手段，更不是绝对化地使用手段或使用绝对手段。无限手段以满足达成有限目标为终极界限。

手段不能脱离目标。手段的无限是指为实现某个特定的目标，打破限制地选择各种手段，并不是说手段可以摆脱目标的限制而为所欲为。可以毁灭人类的原子武器，之所以曾被视为绝对手段，正是因为它违背了手段必须服务于目标的原则，最终被人束之高阁。无限手段的运用只能像孔子所说的，"随心所欲而不逾矩"，这个"矩"就是目标。超限思想"随心所欲"地扩展了手段的选择范围和运用方式，但并不意味着"随心所欲"地扩大目标，而只是以超限制、超界限地运用手段去实现有限目标。反过来说，聪明的统帅也不会因为目标有限而使其手段变得有限，

---

1. 详见《统帅决胜之道》，贝文·亚历山大著，P101—125。

因为这极有可能在关键时刻导致功败垂成。这就是说,必须通过"无限"去追求"有限"。

美国南北战争中,谢尔曼对萨凡纳的进军,不是寻求作战,而是一路烧掠,以破坏南军的后方经济为手段,使南方民众和军队丧失抵抗力,从而实现了北方的战争目标。这是一个使用无限手段实现有限目标的成功范例。与此相反,在第四次中东战争中,埃军统帅部为其前线将领制订的战争目标是占领西奈半岛,与此相应的作战计划也只是突破巴列夫防线后即固守西奈。企图用有限手段去争取有限目标,结果众所周知,埃及人丢掉了本已到手的胜利。[1]

非均衡——沿均衡对称相反的方向寻找行动节点

"非均衡"作为一条原则,是偏正律在超限战理论中的主要支点,其要义是沿均衡对称的反思路,去展开作战行动。从力量的分配和使用、主战方向及打击重心的选择直至武器的配置,都必须双向考虑非均衡因素的影响和把非均衡作为手段去实现目标的问题。

不论是作为一种思路,还是作为指导作战的原则,非均衡在战争的所有方面都会有所表现。只要正确地掌握和运用非均衡原则,就总能找到并抓住敌方的软肋部位。一些穷国、弱国以及非国家性的战争主体,在同比它们强大得多的势力叫板时,如车臣对俄罗斯、索马里对美国、北爱尔兰游击队对英国、伊斯兰圣战者对整个西方,就无一例外地采取

---

1. 第四次中东战争前,埃及制订的"白尔德计划"分为两步。第一步,强渡苏伊士运河,突破"巴列夫防线",控制河东岸15~20公里的地域;第二步,攻占米特拉山口、吉迪山口、哈特米亚山口一线,保障运河东岸的安全,而后视情向纵深发展。在实战中,埃军一过运河,即转入防御,直到5天后才再实施进攻,给了以军喘息的机会。

了"老鼠戏猫"式的非均衡、非对称战法，明智地坚持决不与大国军队面对面硬抗，而是用游击战（主要是城市游击战）[1]、恐怖战、宗教战、持久战、网络战等作战样式与之周旋；其主战方向多选择对方意想不到的领域和战线，而打击重心则总是挑选能给对方造成巨大心理震撼的部位。这种利用非均衡手段为自己造势并让事态按自己的愿望发展的做法，往往收效甚巨，使那些以正规军和正规手段为主战力的对手，常常像窜入瓷器店的大象，投鼠忌器，一筹莫展，无从发挥作用。

除了在使用中显示出的实效性，非均衡本身就是被黄金律所暗示的事物运动规律。这是所有规律中唯一一条鼓励人们按打破规律的方式去运用规律的规律，也是医治四平八稳思维痼疾的良方。

最小耗费——在足够实现目标的下限上使用战争资源

"最小耗费"的原则：第一，合理比节约更重要[2]；第二，作战样式决定战争耗费的大小[3]；第三，以"多"（多手段）求"少"（低消耗）。

"合理"包括合理制订目标与合理使用资源两个方面。合理制订目标，除了在手段的圆径内确立目标，还需要压缩目标的载荷，使其尽可能单纯简洁；合理使用资源，显然是指用最恰当的方式去实现目标，而不是片面地要求节约。只有在满足实现目标所需的前提下，节约地——最低

---

1. 以研究资本主义社会发展著称的布罗代尔，特别重视大城市在资本主义世界中的"组织作用"。偌大一个世界，关节点不过是若干中心城市，如纽约、伦敦、东京、布鲁塞尔或许再加上香港。一旦它们同时遭到打击或发生游击战，世界将一片混乱。（见《资本主义的动力》，布罗代尔著，牛津出版社。）
2. 历来的军事原则中都有"节约"，其主要是指在战争中必须注意对人力、物资消耗的控制。在超限战中，"合理使用"才是正确的节约。
3. 超限战使对战争样式的选择有极大的余地，常规军事性战争样式与以金融为主导的战争样式的耗费，自然大不相同。所以，在未来的战争中，耗费的大小主要看选择什么样的作战样式。

限度地使用资源才有意义。

比通晓原理更重要的是如何运用原理。能否最低限度地使用战争资源去实现目标，取决于选择什么样的作战样式。凡尔登战役之所以被战史家们称作绞肉机，就因为交战双方采用的都是毫无意义的消耗战；而德国人之所以能在越过马其诺防线后横扫英法联军，则在于它采用的是把最短时间、最佳路线和最具威力的兵器组合在一起的闪击战。可见，找到合理使用战争资源的作战样式，确是实现"最小耗费"的关键。

在目标和实现目标的手段都变得空前多样化和复杂化的今天，在单一领域采用单一手段，已明显表现出力不从心。手段与目标口径不一的结果，必然是高耗低效。走出困境的思路是，通过"多"，去实现"少"。也就是将多种领域中的多种战争资源进行优势互补，组合成一种全新的作战样式，在实现目标的同时实现最小耗费。

多维协作——为一个目标所覆盖的军事与非军事领域中，所有可动用力量间的协同配合

"多维"在这里是多种领域、多种力量的别称，与数学和物理学中的维度无关。"多维协作"是指为完成一个目标所展开的不同领域、不同力量间的协调与合作。这一定义从字面上看并无新意，在许多过时的或最新版本的作战条令中，都可找到类似的表述。它与所有这类表述唯一的也是最大的不同之处，是把非军事、非战争因素直接而不是间接地导入了战争领域。换言之，在任何领域都可能成为战场，任何力量都可能用于战争的情况下，它更倾向于在一个具体目标的统辖下军事之维与其他各维间的协作，而不是凡战争都必须以军事行动为主。在战争面前各维

平等，将成为求解未来战争课题的一道公式。[1]

多维协作的概念只有在被具体的目标所覆盖时才能成立。没有目标，就谈不上多维协作。而目标的大小，又决定了各维协作的广度和深度。如目标是赢得一场战策级的战争，需要协作的领域和力量就可能涉及整个国家甚至超国家。由此推及任何一次军事或非军事行动，无论所涉领域、力量的深浅与众寡，各维间的协作都必不可少，但这并不意味着每一次行动中动用的手段越多越好，而是以必要为限。各维的超量使用或用量不足，只会使行动在浮肿和干瘪之间摇摆，最终危及目标的实现。在这里，"过犹不及"这一东方智慧，有助于我们理解和实践这一原则。

此外，在对可动用力量特别是非军事力量的认识上，急需我们打开视野。除了对常规的、物化的力量给予一如既往的关注，还应特别注意无形"战略资源"的运用，如地缘因素、历史地位、文化传统、民族认同感以及支配和利用国际组织影响力等。[2]这还不够，还需要我们在对这一原则的运用上也来一次超限行动，把极可能出现的变多维协作为平面作业的庸常之举，引向从战策到战术各级台阶的立体交叉式组合。

全程调控——在战争开始、进行和结束的全过程，不间断地获取信息、调整行动和控制局势

战争是一个充满随机性和创造性的动态过程，任何企图把一场战争固定在一套预设方案中的念头，都近乎荒唐或天真。因此，有必要在战争的"现在进行时"，对其进行全过程的反馈和修正，以使主动权始终掌

---

[1] 各维平等，主要是要克服"军事至上"的观念。在未来战争中，军事手段只是一种普通的选择。
[2] 中国在这方面得天独厚。悠久的文化传统、平和的意识形态、没有侵略史、华人经济实力强大以及拥有联合国常任理事国地位等，都是重要的"战略资源"。

握在自己手里。这就是"全程调控"。

由于共时性原则的加入，已不能把全程调控的"全程"，理解成一个漫长的过程。这个过程在现代高技术手段条件下可能只是一个瞬间。就像我们在前面所说的，一次战斗的时间就足以完成一场战争。这将可能使战争的全程变得非常之短，同时也就大大增加了调控难度。

信息技术把整个世界焊接成一张网络的今天，介入战争的因素远比以往要多得多。各种因素的咬合及对战争的影响是如此紧密，以至每一个环节的失控都有可能像丢掉一只马蹄铁那样导致输掉整场战争。[1]因而，在快要被新技术、新手段、新领域撑爆了的现代化战争面前，全程调控越来越是一门艺术，而不是一种技术。它要求你更多地运用直觉而不是数学推演，去把握瞬息万变的战场态势；它要求的远不止兵力的调整、部署的变化、武器的更新，更主要的是战场向非军事领域的转换导致的全套战争规则的改变。其结果是把你送上一个陌生的战场，同一个陌生的敌人，进行一场陌生的战争。而你则必须通过对这一陌生过程的全程调控，去赢得一次陌生的胜利。

超限组合战，正是这样一种以陌生的然而也是全新的战法进行的战争。

以上的所有原则都以适合任何一次超限组合战为原则。

遵循这些原则并不能包打胜仗，但违反上述原则，则肯定会走向失败。对于战争胜利，原则从来都是必要条件，而不是充分条件。

没有必胜的原则，只有必要的原则。[2]我们应牢记这一点。

---

[1].在现代战争中，偶然因素也像在古代战争中一样会影响战争的结局。指挥中心计算机上的一根保险丝在关键时刻因过热烧断（这是完全可能的。发生在海湾上空的一起F-16误击事件，就是"黑鹰"直升机"敌我识别器"的电路经常发热，飞行员偶尔关闭它以降温的结果），就可能导致一场灾难。这也许是因为丢失一只"马蹄铁"而输掉一场战争故事的现代版。正因此，"全程调控"是必须坚持的。

[2].恪守超限战的原则不一定打胜仗，但如果违背了这些原则，就肯定打败仗。这就是原则的必要性。

结语
全球化时代的超限战

信息化和全球化……产生了数千家环球商业企业及成千上万个国际组织和政府间组织。

——E. 拉兹洛

人类在进步,不再认为战争是潜在的上诉法庭。

——布洛克

当"四海一家"这个人类的千年理想被IBM（国际商业机器公司）用作广告词时，"全球化"已经不再是未来学家的预言了。一个被贴满信息标签的技术大综合趋势所推动，被文明冲突与融合两股冷暖洋流所激荡，被此起彼伏的局部战争、多米诺骨牌式的金融危机和南极上空的臭氧层空洞所困扰，并让所有人包括预言家和占卜师都感到陌生和意外的时代，正在20世纪的黄昏和21世纪的黎明之间徐徐展开。

全球化整合，全面而深刻。经其无情点化，必然要改变甚至消解的，是国家作为主体的权威地位和利益边界。诞生自1648年《威斯特伐利亚和约》[1]的现代概念下的"民族国家"，已不再是高居社会、政治、经济和文化组织顶端的唯一代表。超国家、跨国家、非国家组织的大量出现，同国家间固有的矛盾一起，正在使国家权威、国家利益、国家意志受到空前

---

1. 1648年欧洲协议的总称。它结束了西班牙、荷兰八十年战争和德国三十年战争的局面，并被认为决定了1806年神圣罗马帝国解散前所订一切条约的基础。

结语 全球化时代的超限战

的挑战。[1]

与早期民族国家生成时大都经过铁与血的战争为其助产一样，民族国家向全球化的转型也无法避开巨大利益板块的碰撞。所不同的是，今天能够解开"戈尔迪乌姆之结"[2]的手段，不光是剑，因此不必再像我们的祖上那样，总是把武力解决作为最后仲裁的上诉法庭。政治、经济、外交，任何一种手段，都已经有足够的力量成为军事手段的代用品。但人类毫无理由对此感到欣慰，因为我们所做的，不过是尽可能地用不流血的战争去替代流血的战争而已。[3]其结果是，在缩小了狭义战场空间的同时，又把整个世界变成了一个广义的战场。在这个战场上，人们一如既往地争夺、劫掠和厮杀，武器更加先进，手段更加高超，只是少了一点

---

1. 国家至高无上的地位受到来自各方面的挑战，最具代表性也令人最担心的是，国家对于武力的垄断地位受到了严峻挑战。按照厄内斯特·盖尔纳在《民族和民族主义》中的看法，国家的定义是唯一可以合法使用武力的单位。据美国《新闻周刊》1997年关于"21世纪安全威胁来自何方"的民意调查，32%的人认为来自恐怖主义，26%认为是国际犯罪和贩毒集团，15%认为是种族仇恨，第4位才轮到民族国家。美国陆军在一本在网络上公开却未出版的小册子（TRADOC PAMPHLET 525-5：FORCE XXI OPERATIONS）中，明确把"非国家力量"列为"未来的敌人"，认为"使用赋予它们与民族国家相当的能力的现代技术的非国家安全威胁，已经变得越来越明显，正在向传统的民族国家环境发起挑战。从范围看，非国家安全威胁可以分为三类：第一，次国家性的。次国家性威胁包括政治、种族、宗教、文化和民族冲突，这些冲突从内部对民族国家的规定性和权威提出挑战。第二，无国家性的。无国家性威胁与它们所属国家无关。这些实体不是民族国家的一部分，也不想建立这种地位。地区性的有组织犯罪、海盗和恐怖主义活动构成了这类威胁。第三，超国家性的。超国家性威胁超越了民族国家的边界，在地区间乃至全球范围内活动。它们包括宗教运动、国际犯罪组织，以及协助武器扩散的非正式经济组织"。（见《信息时代的世界地图》，王小东著，中国人民大学出版社，1997年，P44—46。）美国军方没有把攫取垄断利润的跨国公司当成安全威胁，除了他们根深蒂固的经济自由意识，还与他们把威胁仍局限在军事领域的见解有关。像微软、埃克森美孚这些富可敌国的跨国公司，也会对国家权威造成实质性威胁，甚至对国际事务产生重大影响。
2. 相传，亚历山大率领军队攻入小亚细亚腹地后，在戈尔迪乌姆城朝拜宙斯神庙，庙中有一辆曾属于弗里吉亚国王米斯阿斯的坐车，被一堆杂乱无章的绳索紧紧缠绑着，据说从来无人能够解开它。亚历山大面对此结沉思片刻，突然挥剑砍下，将其一举断开。从此，"戈尔迪乌姆之结"便成了那些不易解决的复杂棘手难题的别称。
3. 在未来战争中，像金融战那样兵不血刃而屈人之国的战事会越来越多。设想一下，如果1998年8月香港金融保卫战失利，将对香港甚至中国的经济产生什么样的灾难性影响。而这种情景并非不可能，如果不是俄罗斯金融市场崩盘，致使金融投机家腹背受敌，结局如何尚难预料。

165

血腥,但同样残酷。现实如此,人类的和平之梦便依旧缥缈而遥远。即使乐观地说,在可以想见的岁月里,战争也不会匆忙绝迹,不管是流血的还是不流血。既然该发生的事情终究要发生,我们现在要做的和能够做的事情,就是取胜。

面对将要在无边的战场上展开的广义战争,仅凭军队和武器,已经无法实现大战略意义上的国家安全,也无法维护这一级别上的国家利益。显然,战争正在超出军人、军队、军事的范畴,越来越成为政治家、科学家甚至银行家们的事。如何进行战争,自然也就不再是只由军人们去考虑的问题。早在20世纪之初,克里孟梭就说过:"战争太重要了,以至不能交给将军们去干。"近百年的历史却告诫说,把战争交给政治家们去干,同样不是解决这一重要课题的理想办法。[1] 人们转而求助于技术文明,希求能从技术的发展中,找到控制战争的阀门。但令人失望的是,整整一个世纪都快过去了,技术得到了长足的进步,战争却依旧是在笼头和鞍辔之外撒欢儿的野马。人们又乞灵于军事革命,指望高技术兵器和非杀伤性武器能减少平民乃至军人的伤亡,以降低战争的残酷性。最终,军事革命发生了,它和其他革命一起,改变了20世纪的最后一个十年。世界已经不是原来的世界,战争却依旧是原来那般残酷。唯一不同的是,这种残酷以区别于两军厮杀的方式得到了扩大。想想洛克比空难,想想内罗毕和达累斯萨拉姆的两次爆炸,再想想东南亚金融危机,应该不难理解,这另一种残酷意味着什么。

这就是全球化。这就是全球化时代的战争。尽管这只是一个侧面,却是令人触目惊心的侧面。当这样的侧面朝向立身世纪之交的军人们时,或许,每个军人都该对自己发问:我们还能做什么?如果莫里斯、本·拉登、索罗斯之流,都可以被称为明日战争的军人,那么还有谁不是军人?

---

[1] 不论是希特勒、加尔铁里还是米洛舍维奇,都没能成功地驾御战争,也包括克里孟梭本人。

如果鲍威尔、施瓦茨科普夫、达扬、沙龙之辈，都可以算作穿军装的政治家，那么还有谁不是政治家？这就是全球化和全球化时代的战争留给军人的困惑。

既然军人与非军人的界限已经打破，战争与非战争的鸿沟几近填平，所有的难题都由于全球化趋势变得环环相扣、互相咬合，那就必须找到一把钥匙，这把钥匙应该能打开全部的锁。如果这些是挂在战争大门上的锁，那这把钥匙就必须适合从战策、战略、战艺到战术所有级别的尺寸，也必须适合从政治家、将军到士兵每个人的手。

除了"超限战"，我们想不出还有别的什么更恰当的战法。

1998年3月2日至12月8日
于北京公主坟—白纸坊

本书自创词表

上卷前言

技术蒙昧

枝权效应

技术综合—全球化时代

技术大融合

超限战

第一章

武器代差

武器新概念

"高技术"陷阱

广义武器观

轻杀武器

重杀武器

超杀武器

慈化武器

精杀武器

非杀武器

慈化战争

第二章

常理空间

技术空间

军人代差

非职业化战士

非军事战争

战争态

超国家组合

超限组合战

超领域组合

超手段组合

超限之境

超台阶组合

战策

战艺

第八章

共时性

时间约定战

多维协作

城市游击战

结语

利益边界

附录一

超限战与现代战争

一、"超限战"的提出及影响

　　第一件事是1996年台海危机。台海危机，我军试射导弹，这件事震动了整个世界。按预定计划，演习应在春节后、正月十五前结束。但是美国克林顿政府突然宣布，将派出两艘航母，甚至是第三艘航母，赶往台湾。此时，如果我们宣布演习结束的时间点，与美国宣布航母到来的时间相重合，我们就应该立刻思考并采取措施进行应对。但是，令人遗憾的是，我们按部就班地宣布演习结束了。这时，克林顿总统、奥尔布赖特国务卿马上抓住机会宣布，美国及时派出两艘航母组成的特混舰队，迫使中国做出让步，提前结束演习，从而维持了两岸的平衡。事情真的是这样吗？当然不是，但我们无处可以解释。面对这样的事情，如果我们巧妙应对，跟美国人动动心思，就不至于在国际社会上变得如此被动。办法很简单，第一是我们可以延迟结束演习，甚至延长演习的时间；第二是我们不妨再增加几个导弹试射区。公海海域的使用规则是，只要不是在国际航道上，谁先宣布演习区，谁就优先使用该区域，其他国家都必须避让，不管是军舰还是轮船。假如我们将美国航母要到达的几个点宣布为导弹试射区，迫使美国航母到达时，要么抛锚，要么绕道，那么最后的结果如何，完全可以想象。

第二件事是李登辉。在大陆试射导弹之后，台湾的股市一泻千里，眼看着就要崩盘，李登辉急中生智，拿出相当于5000亿新台币的外汇储备，力保台湾的股市不崩盘。台湾的股市为什么这么重要？因为台湾的成年人90%以上都是股民，都持有各种各样的股票。如果我们用试射导弹的方式，使它的股市震荡甚至崩盘，会极大动摇台湾民众的信心。这两件事引发了我们的思考：战争是不是有可能朝其他方向去发展？有没有可能用其他手段代替我们习以为常的战争？

从台湾前线演习回来后，我们两人继续研究和思考这个问题。其间我们阅读了大量书籍和资料，其中，中国人民解放军军事科学院出的外军资料700份共700期，70%以上是美国人的资料，30%是其他国家的。通过对这700多份资料的消化，我们对美国的军事现状、军事思想、作战样式以及战争方式的演变有了一个大致的了解，对美国的新军事革命的脉络，也有了一个比较清晰的认识。这时，我们观察美国的视点，既不是平视美国，也不是仰视美国，而是俯瞰美国。俯瞰美国的结果是，我们发现战争正在发生变化，这个变化是被美国人推动的。

那么战争究竟发生了什么变化？我们从海湾战争中寻求到了变化的迹象。海湾战争是美国人在"二战"之后打的最漂亮的一场战争。这场战争当之无愧地被称为战争史上第一场高技术战争。别的不说，光是一架阿帕奇直升机击毁坦克的击毁率竟然约1/70，但是与战争的一边倒结局同样出人意料的是，在这样一场完全不对称的战争结束之后，鲍威尔、施瓦茨科普夫两人，居然都没拿到他们梦寐以求的五星上将军衔。在这场大获全胜的战争之后，军队和军人突然被放到了B角的位置上，A角的位置让给了金融家们、网络专家们以及从事经济活动或其他活动的人。军队和战争在美国人的社会生活中不再占有重要的地位，这意味着战争的变化，而导致这一变化的最深层背景是美国人自己的获利方式发生了变化。

美国的获利方式是什么？1971年8月15日，美国总统尼克松宣布美元与黄金脱钩，这一事件使美国人的获利方式发生了非常深刻的变化。美国人居然可以通过印刷绿纸，也就是美元，很轻松地就从全世界获利。自从找到了这样一种获利方式，大部分美国人都开始脱掉工作服，换上西装，70%的就业人口转向了金融和金融服务业，从而导致了大部分的制造业工作没有人去做。即使做，由于美国的人力成本越来越高，老板们也付不起这些工人的工资。美国的制造业唯一的选择，就是转向替代国家。在过去的三十年里，美国制造业大规模转向中国，也是导致中美经济相互捆绑的一个重要原因。美国制造业大规模转向中国，中国的产品大量出口美国，结果就是大量的美元流向中国。流向中国的美元，在中国人左手倒右手之后又通过购买美国国债回流美国，然后，美国人拿从中国人手中借到的钱，再次购买中国的产品，从而形成了中国和美国之间非常奇特的经济捆绑关系。

美国人不断地把制造业转产出来以后，实际上不可避免地面临一个问题，就是美国产业的空心化。美国人认为，既然他可以轻松地用金融手段去获利，那么他当然需要推进全球化，以便让美元在全球每个角落掠夺财富。那么，怎么看待全球化？我们的很多政府官员和学者都在大讲：全球化是历史的潮流，不可阻挡。但事实上，全球化并不是一个历史的潮流，而只是美国为了美元的全球化制造出来的一场运动，他要把他的工厂向外转移，同时要输出美元，就需要全世界成为他的下家，既要接住美国的工厂为之代工，同时还要接收美元，让美元成为自己的储备货币。最后等于我们所有人为美国打工，我们的产品生产出来后，廉价地卖给美国人，我们挣到手的美元再借给美国人，这种获利方式最终导致了美国式的战争形态开始发生变化。为什么美国人在过去二十年间打了四场战争？这四场战争没有一场是大战，并且几乎每一场战争都不在地缘最核心、资本最集中的部位打，而是在资本集中的边缘部位打。这样做是为了通过打仗去震动资本，让资本因恐慌流动起来，最终目的是让资本回流美国。这就是美国打仗的目的，也是他的新战争方式。

有些人不理解为何美元和美国军事的关系这么密切，难道美国人没有自己的政治利益、地缘利益或其他利益吗？当然有，但仔细研究后我们会发现，这些利益全都是可以用美元衡量的，所以这些利益最终表达为金融利益。那么为什么在美国人心目中，金融利益最重要？这是因为美国打仗是为了驱赶资本到美国并改变全世界的投资环境的，将资本撵到美国去，以确保美国的资本项目顺差。美国自从不断输出美元，成为全球最大的贸易逆差国，每年大约需要来自全世界的7000多亿美元流入国内，现在则需要将近1万亿美元。而美国的投资环境并不像他宣传的那么好，其产业已经空心化，大量资本流入这样的国家并不能为投资者带来巨额的回报，那他凭什么吸引全球资本流入呢？所以，美国就要依靠战争让其他地方产生动荡，而唯有美国是安全的，这样投资者就会考虑到投资环境因素中第一位的安全问题，从那些不安全的地区撤出资本，撤向军事力量最强因而也是最安全的美国。美国极其擅长利用军队发动战争来达成这样的目的。

这一切肯定导致战争的形态发生变化。因为为领土打仗与为资本打仗完全不是一个概念。战争形态由于美国的金融霸权而发生变化的时候，实际上，美国的军人、美国的战争已经变成美国金融大战略及其获利方式的仆人。美国军人并不是打完仗凯旋的英雄，而只是为了美国的利益集团和金融资本家们完成了一件需要完成的事情而已。但不管怎么说，无论在金融上还是军事上，美国确实有其强大的地方。我们必须如毛主席所说的那样，"在战术上重视敌人，在战略上藐视敌人"，必须重视和敢于藐视这二者必须结合起来并同时出现在我们头脑中。

美军固然强大，但也有很多短板和软肋。比如，美军今天的强大是因为其强大的信息化，美军将几乎所有的武器都进行了信息化改造，有些则本身就是信息化武器。在这种情况下，毫无疑问我们与美军相比是有差距的。可是，信息化是美国最有优势的地方，同时也是他最有软肋的地方。美军的强大建立在充分的信息化上，意味着其强大建立在一个小小的芯片上。而芯片是极其脆弱的，没有一种芯片可以抵挡电磁脉冲炸弹。如果我们能找到更多类似的武器，就可以节约很多资源，以较小的成本去对付我们的对手，而不至于跟在美军后面亦步亦趋。我们应该做到的是，美军有的我们未必一定要有，美军没有的我们却一定要有。我有的美军没有，就有可能获得制胜之机。假如我们将更多精力投向制约美军的信息化和太空化，那么在其他方面我们就可以很轻松地与其变成一比一的对打。比如，如果我们真正遭遇了与美军的作战，我们只需要摧毁其太空系统。美国今天的攻击性武器全部依赖其天基信息系统支援，因此我们只要让美军失去这种支持，就能使其整体能力降到"二战"时的水平。这时，胜利的主要因素，一是数量优势，二是勇敢。而这两者我们都不缺。

20世纪60年代，美国有一位著名的商人，其著名并不因为他已经拥有了亿万资产，而是因为他成了一名战略家。他看到核武器有可能给人类带来巨大的灾难却没人去真正研究核战略，就写了一本书《设想一下不可设想的事》，提出了几十个核门槛的问题，极大地震动了国际战略思想界。其实，我们写《超限战》也是为了让我们去经常设想一下不可设想的事。有很多我们以为不可想象的事情，却非常需要我们去设想。有人将"超限战"当作战法或者一种特殊的战争论去看待，而其实它首先是一种思维方式。

二、《超限战》问世后的影响

《超限战》问世至今已经十四年，它既没有被这十四年间的战争实践所否定，也没有人能从理论上彻底地否定它。到今天，《超限战》已经连续出版3种正版本、3种副版本，共计6个版本。国外各大语种都已翻译完毕，而美国出版发行的该书则是盗版中国的唯一一本书，除了妖魔化《超限战》，约翰斯·霍普金斯大学从2006年到2009年每年召开一次全美《超限战》研讨会，并每年出版1册研讨会文集汇编。目前我们已拿到上述4册汇编，并已找人翻译，将尽快出版。其中，2009年的研讨会上，美国前参联会主席、前中央战区司令这两名四星上将均参与，并在会上提出"人类已经进入超限战时代""超限战是不可战胜的"等观点。我个人认为，我们不应该把"超限战是不可战胜的"仅仅理解成对一本书的肯定。当"超限战"作为一种全新的战争样式，被强势与弱势双方共同采用时，就意味着任何一方的胜利都是"超限战"的胜利，而任何一方的失败，仅仅是你自己的失败，因为对手的"超限战"取得了胜利。正是从这个意义上，美国人得出了"超限战不可战胜"的结论。

（一）什么是"超限战"。超限战是一种思维方式，即主张在思考问题的时候要解放思想、百无禁忌、敢于超越。超限战是超越界限或超越限度的战争。所谓界限就是某一领域的边界或者某种规则的底线。中国人对触碰规则底线非常敏感。亚太地区部分国家成立了APEC（亚太经济合作组织），美国人积极要求加入，并非以成为其会员为荣，而是深知每一个组织都会有制定相应规则的权利，谁在组织之外，谁就失去了制定规则的机会，谁的国家利益就会受到损失。所以，美国人不但自己极力要求加入APEC，还要拉澳大利亚、加拿大等亚太国家入伙，起到一个"兑水"的作用，把原来以东亚国家为主的局面给"稀释"了，使你失去以票数决定规则的能力。即便如此，美国人发现自己也无法完全主导亚太，于是又决定踢开APEC转向TPP（跨太平洋战略经济伙伴关系协定[1]）。美国人的理念是，在一个组织里不能掌握主导权，那就换一个能掌握主导权的组织，而掌握主导权最主要的表达方式就是制定规则。进入TPP后，美国迅速掌握了制定规则权，将中国排除在外。在这种情况下，中国如果想要加入TPP，其艰难境遇不亚于加入WTO。中国在WTO本来是拥有发起人地位的，但遭到美国的排斥，后来中国一再让步才加入，国家利益备受损失。

可见，美国十分擅长规则战，而我们至今都没有学会如何运用它。当前，中国要想成为大国，最关键的就是学会如何制定规则、运用规则。

（二）什么是"三超"。在《超限战》中，我们提出"三超"——超国家、超领域、超手段。超界限，可以通过超越国家、超越领域、超越手段去组合力量来实现。为了能够超越界限，当规则约束了我，伤害了我的国家利益或作为一个主权国家的权利的时候，就需要敢于打破规则。比如，东海防空识别区。很多人没有意识到东海识别区是中国人打破规则又制定规则非常巧妙的一招。只看到了我们设立识别区后，除了各个国家的民航机向我们报备，各国的军机都不理睬我们，所以觉得有点自取其辱，这其实是一种误解。东海防空识别区是近年来中国主动外交策略中最妙的一招棋，因为这是一次非常巧妙的对等博弈，实际上就是个套，完全把日本甚至是美国套了进来。首先，你要么选择合作博弈，要么选择不合作博弈。你不承认识别区你就选择了不合作博弈。既然我公布了我的识别区你不合作，那你公布的识别区我也不合作，咱们等于各自废掉对方的识别区；最后相信你还得选择合作博弈，咱们就坐下来商量，彼此相安无事。所以说这是非常巧妙的一招，这就是打破既有规则也在所不惜，目的是制定新规则。超越界限其实就是要从这些角度去考虑。

---

1. 2009年更名为"跨太平洋伙伴关系协定"。——编注

什么是超国家。所谓超国家就是结盟、联盟，超越界限去组合力量。我们一直说中国不结盟，这么做曾经对我们有好处，但今天已经到了你不结盟好处甚少或者没有好处，甚至有伤害的地步。盟友是需要投入感情和实利进行培养的，不过也不必把盟友看得特别重，盟友有时候就是露水联盟。露水短命，太阳一出来它就干了，在太阳晒干之前联盟一下，达到你的目的就行，这是美国人常做的事情。海湾战争，凑了三十多个国家，其实唱主角的就美国一家，顶多英国几个国家跟着帮帮腔，其他国家都不参战，表表态就行了。科索沃战争同样如此，伊拉克战争时美国的盟友更少，只有英国支持他。大部分情况下美国搞的都是露水联盟。当然，美国也有一些比较坚定的盟友，差不多都是英语国家和被他占领的国家，比如日本和韩国。

超领域，是指军事、政治、经济、文化、宣传等不同领域跨界组合。

超手段，就是把不同的工具、不同的武器、不同的方法、超出传统的运用方式，把过去不可能同时使用的手段组合在一起加以运用。

对军人来讲，实际上，包括对一个国家来讲，赢得胜利是第一位的，而在不能赢得战争时保存自己就是第一位的，不能说为了维护某种国际规则，牺牲自己都在所不惜，显然这不该是一个国家的选择。个人可以选择做谦谦君子；可如果一个国家选择做谦谦君子，那就会酿成很可怕的灾难。美国从不选择做谦谦君子，这一点是中国学习做大国的时候必须学习的。

（三）我们为什么要强调"超限组合"。对抗双方的实力不对称，就需要战法上的不对称。实力不对称必然导致战法上的不对称，有人说超限战作为一种不对称战法，或者叫非对称战法，是为弱国设计的。其实运用超限战最多、成功例子最多的是美国。美国以强打弱难道还需要超限战吗？美国为什么要打超限战？他无外乎是要迅速、彻底、干净、漂亮地赢得胜利，还要降低胜利的代价和成本。这是一种"正向的不对称"

或者"正向的非对称",是以强打弱。美国人打自己的对手,如打利比亚,也会用"超限"的手段,封锁卡扎菲的账号,用舆论抹黑卡扎菲的形象,在国际上实行禁运,包括武器禁运,在外交上通过联合国用各种方式去约束利比亚、约束卡扎菲。把一套组合拳全部打完之后,美国人才会把他的大兵或者飞机派上战场。所以说美国人每次打仗的时候都会组合所有的手段去完成一个目标,而我们的思维很少这样去想问题,我们总以为军人只能干军人的事,不要去想和军人无关的事情,你要真这么想,就是不务正业。

美国人的做法让我们明白,美国打每一场战争都力求充分计算成本和收益,所以常常能达到他的预期目的。当然,伊拉克战争和阿富汗战争另说,没有完全达到他的目的。另一方面,与"正向非对称"相对应的是"反向不对称",也就是如何以弱击强。从弱势的一方讲,为什么要打超限战?那是因为弱势的一方更有需求,因为实力不济,不得不从更多领域去组合力量和手段。对于弱势一方来讲,非对称可能是一种无奈,但也可能是一种主动的选择,无奈是被动的,主动的选择就变得积极,一个领域打不过对手,就换一个领域,或者从多个领域打击对手;一种手段打不赢对手,就换一种手段或者组合多种手段打击对手,目的只有一个——胜利。从某种意义上讲,几乎所有的战争都是超限战。

(四)超限战也是从复杂系统的角度去认识和解决体系的对抗。体系就是系统,从系统论的角度看,任何一个大国的军事体系都是一种复杂系统。解决复杂系统的问题用任何一种单一手段都行不通的时候,你就必须用复杂系统的原理,运用综合手段去解决。咱们现在解决某一个问题时经常会提到一个词:综合治理。其实综合治理就是解决复杂系统问题的一个很有效的方式,这其实就是超限战。中国历史上最经典的错位打击、错位博弈,就是田忌赛马、围魏救赵,它们非常典型地体现了超限战运用的方式。面对美国这样的对手,即使你运用超限组合手段,但如果你与美国进行的是一种对位性对抗,胜利的机会仍然不多。然而,如果你能超限地组合自己的力量,采用错位打击的方式,胜算的可能性就很大。错位打击,就是用对手意想不到的方式攻击对手意想不到的部位,这是孙子早就说过的,出其不意,攻其不备。

(五)超限战不是"无限战"。美国人将这本书的书名翻译成"无限的战争——中国政府摧毁美国的绝妙计划"。这不是一次简单的误译,而是别有用心。我们的书名其实叫"超限战——全球化时代的战争与战法"。我们当然懂得,超限战不是无限战,因为没有一个国家有能力打赢一场无限战争,任何一个国家,即使强大如美国,它的能力、力量也是有限的。在《超限战》中提到克林顿说过这样的话:"作为世界上最强大的国家,我们有领导义务,并在我们的利益和价值观受到重大危害时采取行动。"克林顿总统这句话的前面一部分可能讲得通,因为他有能力在全世界任何地方保卫他的利益,但要在全世界任何地方都保卫你的价值观,就把话说大了,因为价值观是一个无限的东西。一家有限公司却要宣称承担无限责任,其结局除了破产,没有第二种可能。所以,超限战不是无限战。没有一个国家有能力打无限战争,超限战是一种在有限能力内,无限地逼近有限的上限的一种组合。对自己能力的有限性一定要有一种冷静、充分、清醒的认识,这就是超限战所谓的"有限"与"超越"——在有限的范围内超越。

三、超限战在现代战争和国家博弈中的运用

(一)美国是如何搞垮苏联的。美国是运用超限战最多,成功案例也最多的一个国家。其中最重要的一个例子就记录在《美国是如何搞垮苏联的》这本书中。我们喜欢谈"不战而屈人之兵"的概念,但我们在很长的时间里没有搞清楚一个问题:孙子所说的"不战而屈人之兵"是讲

给军人听的还是讲给帝王、决策者听的？我个人认为它主要是讲给决策者听的。从帝王到政治领袖，要让他们知道战争是凶器，是不能轻易动的，不要动不动就想"冲冠一怒为红颜"式地去打仗，所谓"王不可以怒而兴师"。在战争问题上不能轻举妄动，所以这个概念不是讲给指挥官或军官听的。如果军人老去想"不战而屈人之兵"，那还要军队干什么呢？何况，历史上几乎所有的"不战而屈人之兵"的例子，都是在战过之后，把对手逼到绝境时才可能出现，其本质上仍是"战的结果"。当我把这个观点在一次《孙子兵法》研讨会上讲出来时，有个美国人说："'不战而屈人之兵'的例子是有的，比如我们不战而胜苏联。"他说得很有道理。冷战之后，美国几乎没有跟苏联有任何直接的交火，除了美国侦察机到苏联上空结果被击落，几乎一直处于有冷战、无热战的状态，但是苏联最终败给了美国。今天很多人反思苏联解体的原因时，经常会谈到戈尔巴乔夫的作用，以及苏共及苏联人如何失去团结、失去方向、失去主义、失去信仰……理由很多。

但不管有多少理由你都绕不开这本书——《里根政府是怎样搞垮苏联的》。这是美国中央情报局的一个名不见经传的重要官员根据他的亲身经历写的一本书，这本书一上来就开宗明义地写了这样一件事：美国总统里根上台后刚刚一个星期，就把中央情报局局长威廉·凯西找来，对他说："我一天都不想再和那个'邪恶的帝国'共处下去了。"这个帝国指的就是苏联。威廉·凯西立刻心领神会，马上回去与助手研究这个问题，商量怎样搞垮苏联、从哪儿开始搞垮。他们对苏联的问题做了全面的剖析，发现可以从金融——苏联的外汇储备搞起，把苏联有限的外储作为突破口。当时苏联的外汇储备基本上是靠卖资源、能源得到的，苏联大量地向欧洲，尤其向西欧输出石油，从而获得了200亿外汇。如何搞垮苏联外汇储备？威廉·凯西决定多管齐下。第一是从技术上入手。威廉·凯西的手下发现，苏联有两条输油管道通向欧洲，第二条管道正准备建设，双方刚刚草签合同。在美国的施压下，欧洲被迫废除了这个合同。而已开通的那条输油管道存在一个问题：苏联开采的石油含蜡量很高，如果不在运输过程中不断加压、加热，就会蜡化，像我们的心脏粥样硬化一样把整条管道堵死。当时只有法国和美国有解决这一难题的技术，因此美国告诫法国的公司，不许把这一技术卖给苏联，当然美国也不会这么做。

苏联有一个强大的秘密警察组织叫"克格勃"，美国知道这个组织一定会想方设法"偷"这项技术，便故意网开一面，让它来偷。苏联间谍千方百计"如愿"拿到了这份技术文件后，开始全线按照这个方式安装加热器、加压器，结果这条管道很快报废。苏联获取外汇最主要的管道这回真的被"堵"死了。但这样还是没把苏联的外汇折腾完，那就接着折腾，从波兰继续折腾。超限战有时需要舍近求远，从外围去打。波兰当时有一个瓦文萨领导的波兰工会，如何利用这个波兰工会？美国和西方坚决支持波兰工会罢工闹事，从而使波兰整个社会包括生产处于瘫痪状态。波兰的人民军总政治部主任雅鲁泽尔斯基通过政变当上波兰的军管委员会主席以后，决定重振波兰的经济。美国人给他下套，支持他们重建，甚至愿意贷款给他们。50亿美元贷款给他们，但是有个前提，要有人担保。所有东欧国家里，能够有能力担保的只有苏联，苏联有200亿外汇储备，待它拿出50亿放在欧洲的银行里作为担保后，美国人才把钱贷给了波兰。把钱贷给波兰以后，美国人就开始加紧支持波兰工会闹事，波兰工会便更加肆无忌惮地罢工、停产、上街闹事，结果把50个亿贷款全折腾没了，波兰也就没法偿还西方的贷款了，于是只能没收苏联50亿美元的担保金。

这还不够，还要从沙特再次出击，威廉·凯西秘密飞往沙特首都利雅得去见沙特的石油大臣，威逼利诱地要求他必须把油价打下来。同时，威廉告诉这位石油大臣，美国的国债哪一种收益率很高，买美国国债可以把降低的油价堤内损失堤外补，沙特人心领神会，马上开始打压油价行动。美国人很清楚，现在的油价是20多美元一桶，打到12美元，就和苏联的采油成本持平了，苏联既不挣也不赔；打到10美元以下，每生产一桶石油，苏联人不仅赚不到钱，还要赔1美元。结果沙特及石油输出国组织就一口气把油价打到9美元，把苏联的外汇储备全部折腾完了。

这只是一个非常小的例子，但我们由此可以知道美国人是怎么打超限战的，表面上一场战争没有，连火都没开，但用这种"非军事战争"手段，照样能把你折腾垮。

（二）美国人打科索沃、打阿富汗、打伊拉克，隐在战争背后的深层目的是什么。为什么要打科索沃？有些人坚定不移地认为，美国人打这场仗是因为人权高于主权，因为米洛舍维奇政权在科索沃屠杀了9万阿尔巴尼亚族人，所以美国人打这场战争来替天行道。可真是这个原因吗？战争结束后，西方也承认，所谓屠杀9万阿尔巴尼亚族人一事，完全是美国中央情报局和西方媒体联手撒的一个弥天大谎。美国人为什么一定要在科索沃打一仗？这件事要和1999年1月1日发生的另一件事联系在一起看。1999年1月1日，欧元正式启动（2002年欧元正式使用），当时欧洲人很自信，认为自己有了能够在国际上流通的储备货币，足以和美国人比肩、双璧鼎力。欧洲人给欧元当时的定价是1欧元兑换1.07美元，1欧元比1美元贵7分钱。正当欧洲人志得意满之时，美国人在1999年3月24日打响了科索沃战争，78天的狂轰滥炸之后，米洛舍维奇的政权垮掉了。欧洲人突然发现，这场战争打完后，欧元和美元的比价居然变成了0.82：1，欧元直线下跌30%，一种货币还没正式使用，就贬了30%，这难道仅仅是这场战争的意外结果吗？当然不是。在欧元诞生以前，美元是全世界唯一国际结算货币，美国人怎么可能愿意让欧洲人从自己嘴里分走一块肥肉。但是，西方号称民主国家之间不打仗，总不能为了欧元的诞生和欧洲人打一仗吧？但不打仗怎么办？美国人的办法是，我可以不直接打你，但我要打残你的货币，在边缘地带通过战争影响美元和欧元的汇率。这就是一种超限战。

（三）美国人是如何通过战争驱赶资本，让资本回流美国的。1999年3月24日，科索沃战争一打响，当时在欧洲游荡的7000多亿美元的热钱，在一个星期内，有将近5000亿迅速撤出了欧洲，其中2000亿去了美国，去支持美国历史上从没有过的连续96个月的经济繁荣，还有2000多亿去了香港，显然这些投资人是看好中国大陆市场，想借香港为跳板进入中国大陆。但5月8日发生了美国轰炸中国大使馆事件，全世界的投资人开始掂量，觉得中美之间很有可能交恶。你站在美国一边，还是站在中国一边呢？结果进入香港的2000多亿热钱一星期后也离开了香港，因为他们不相信中美对抗中中国能占上风，他们要把钱放在更安全的地方——美国。如此一来，美国通过科索沃战争，从欧洲的7000多亿热钱中攫出近5000亿回流到美国，使美国的经济繁荣持续了100多个月才结束。

美国人就是这样通过战争去改变资本的流向与流量，甚至改变资本的流速。这些都是我们过去完全不能想象的事情，如果不了解美国人为什么打仗、怎么打仗，我们很难理解战争和资本有什么关系，谁能想象战争怎样直接与资本挂钩？

阿富汗战争又如何？大家认为阿富汗战争是"9·11"之后发生的，美国人是为了报复塔利班，追杀本·拉登及其基地组织才发动的这场战争，它与美元又有什么关系呢？我们已知道美国是个需要借钱度日的国家。美国每年大约需要7000亿美元的热钱流入美国，平均每天要有20亿美元的净流入，少于这个数字，美国人就无法存活。"9·11"后，不到一个月的时间，有3000多亿美元资金撤出美国，相当于美国一年需求的资本项目顺差将近二分之一没有了，这是因为投资人对美国的投资环境的安全性产生了质疑，所以美国迫不及待地打响了阿富汗战争。由于战争准备仓促，才打了一半就把巡航导弹打光了，五角大楼只好下令打开核武器库，取出1000枚核弹，摘下核弹头，换上常规弹头，又打了900多枚，这场战争才算基本打完。这么匆忙的一场战争，美国人为什么要打？很多人认为美国人急于复仇，其实是和美元的大量流出有关。那么短的时间内3000多亿美元流出，美国人接下来将无法过日子，因此迫切需要一场战争来迅速恢复全球投资人对美国的信心，让资本回流美国。如美国所愿，阿富汗战争打响的第一天，道·琼斯指数短暂下探600个点，然后迅速反弹，到了年底，大约有4000多亿国际资本重新回流美国，美国的经济危机解除。这就是美国的战争与金融资本的关系。

伊拉克战争，同样也是完全为美元而打的战争。有人会说，伊拉克战争是石油战争，其实不然。战争前，国际油价38美元一桶，战后149美元一桶，油价被打高3倍还多。

油价上涨，迫使需要购买石油的人必须增加手中的美元持有率，为什么？因为1971年8月15日，美元与黄金挂钩之后没多久，美国人就把美元与石油挂钩，迫使石油输出国组织同意全球的石油交易用美元结算，从而使美元的地位变得牢不可破，因为你可以不喜欢美元，但是你必须使用能源。当美国人用战争打出全世界对美元的需求时，美国就可以理直气壮地印刷美元，而不用担心别人指责他滥发货币。美国打伊拉克还有一个原因，就是萨达姆"找死"。他以为海湾战争中他躲过一劫，美国人已拿他没办法，所以当欧元出现时，他决定在欧元与美元之间玩一把火，宣布伊拉克的石油交易用欧元结算，接着俄罗斯、伊朗、委内瑞拉等国都应声附和，这一下惹火了美国。美国决定枪打出头鸟，直至把萨达姆送上断头台。在美国刺刀下选出的伊拉克临时政府，颁布的第一项法令就是把伊拉克的石油结算由欧元改回美元，这便是伊拉克战争的奥秘。

今天美国在亚太进行战略再平衡，我们该怎么应对日渐临近的中美之间不可避免的博弈、摊牌甚至是对抗呢？其实我们除了以超限战对超限战，几乎别无他法。那怎么以超限战对超限战？难道我们的超限战和美国的超限战能用对称的方式去对决吗？当然不能。对位对称就不是超限战，超限战是非对称的。用黑客高手对黑客高手，用金融高手对金融高手，这是对称战争，是对位战。超限战的思路是错位，我们必须突破一种思路，这个思路就是让我们每个人不敢越雷池一步的"规则"。1977年美国总统卡特给中央情报局下达了一项命令：从此以后，中央情报局不能够再搞暗杀行动。几十年来，中央情报局一直没有搞公开的暗杀。当然有些大国并不理睬美国，有些小国就更不理睬了。比如说以色列干脆不在乎、不理睬这些东西，照样把阿拉法特干掉；苏联在美国颁布了这样的法令几十年以后，还用钴这样的放射性元素将其叛逃的间谍干掉；我们中国能这么做吗？我们内心的答案是否定的，可让我们看一看，美国是怎样把"暗杀"变成"明杀"的。现在美国每打一仗，干的第一件事就是斩首行动，斩首行动就是一种国家暗杀，而美国最后击毙本·拉登就是一次国家复仇。这些事情别人都可以做，你为什么不敢？所以在想问题的时候，设想一下不可设想的事情，是解放思想的第一步。

我们若要用自己的超限战去对付对手的超限战，只要放开思路，完全大有可为。比如，在金融方面，我们已经面临与美国的汇率战。按中国人民银行前副行长吴晓灵的说法，人民币已经严重超发，在过去的二十多年里超发了45万亿。我们超发的货币怎么办？一定要让它国际化。美国超发这么多美元，其通胀率居然极低，原因就是美元在全球流通，让全球的人替它消化通胀，人民币也只能走这条路——在全球流通，让全世界替中国消化通胀。在这种情况下，美国是不想让其成为国际流通的货币和结算货币的，但是中国一定要走这条路，走完这条路才会出现世界三币鼎立的局面：美元、欧元、人民币，三分天下。有两种可能：一种是三种货币并行；另一种是共同推出一个国际货币，也就是世界元。

这将是一场金融大战，不可避免，迟早要打响。又比如网络战，有人说，网络战不是超限战，应该属于军事领域的一种作战样式，不对。《超限战》一书早在1999年就提出了24种战法，提到了网络战，那时网络战还没有正式的军语，还没有完全地被列入军队的作战手段。我们必须理解网络战绝不仅仅是一种技术性的战争、一种电子性对抗，它还包括舆论战、心理战等。想一想希拉里对推特的赞美：推特是进行"颜色革命"最好的武器。网络战将来面临的任务不仅是在战场上压制对方，实际上更多的是在非军事战场上压制对方。网络战肯定将应用在超出军事领域的更广泛的战场上。

未来十几二十年，真正制约中国发展的瓶颈不是金融战，也不是网络战，而是资源。中国是一个"地大物薄"的国家，这个"薄"是"稀薄"的"薄"。我国的现有资源已经严重不能支持我们的经济发展。现在全世界每年石油产量22亿吨，美国消耗9亿吨，中国消耗5到6亿吨，进口3亿吨，已取代美国成为世界第一大石油进口国，如果全世界继续保持这个石油年产量，连续四十多年22亿吨，而中国在未来十年内将赶上美国，也要消耗掉9亿吨，那么中美两个国家加起来就是18亿吨，还剩下4亿吨给其他国家用，其他国家还如何生存？所以资源、能源的争夺将会变得更加激烈和残酷。

（四）为什么说资源制约是我们面临的最大瓶颈。中国未来要成为一个现代化国家，首先要完成工业化。据估算，要实现这一步，仅钢铁一项就还需要大约20亿吨，这意味着我们还要从全世界手里拿到300亿吨铁矿石。现在把全世界的矿石都给我们也不够。在这种情况下，我们能不能如期地拿到资源和能源？我们的资源和能源是否安全？这一追问意味着我们需要一支强大的军队。但是军队的强大如何去实现，是不是一定要走打赢信息化条件下的局部战争这条路？20世纪90年代中期，美国就开始打造数字化陆军师。到1999年，数字化师成军，美国人认为这就是美国陆军发展的方向，数字化师将天下无敌。为了检验一下成果，美国人把完成了信息化改造的陆军第4师拉出来，让它与一个普通师对抗，普通师中一位参加过海湾战争的陆军中将指挥。结果完全让人大跌眼镜，数字化第4师在不明不白的情况下，输给了普通步兵师，输得很惨。当演习开始的命令下达之后，美国陆军第4师立即开启全部先进的侦察设备，包括与天基信息系统的联系，硬是没有发现对手有任何动作。更没有料到的是，这位陆军中将有他自己的作战经验，他要求所属各部队之间的联络全部使用"鸡毛信"，连有线电话都不许用，只能用吉普车的方式去联络。所以，当他的全部行动开始了很长时间后，数字化师这边却一点动静都没有，因为监听设备什么信号都捕捉不到，便认为对方还没有开始行动。一直到对方的特种作战部队把数字化师的师部全部端掉之后，才如梦方醒，但为时已晚。结果，五角大楼一气之下，把作为数字化师的陆军第4师撤销了。

　　美国人为什么要这么干，而我们现在又在干什么，我们今天各大军区数字化陆军师的建设如雨后春笋，那么我们是否会重蹈美国陆军第4师的覆辙呢？在某军兵种的一些重要文件里我们看到这样的话："用网络中心战的方式，打造我们的核心作战能力。"美国人把他的网络中心战的方式和盘托出给全世界，这是美军最核心的作战方式，他居然和盘托出给大家，事情真会这么简单吗？想一想美国人打伊拉克的第二天，用一枚电磁脉冲炸弹，毁掉了伊拉克的国家电视台。表面上看，整座大楼完好无损，连玻璃都没有震碎，但里面正在工作的电子元器件全部报废。后来，美国五角大楼的发言人把这个消息发布出来，有记者问他，既然这种炸弹这么有效，为什么不多扔几枚，早点结束战争。结果五角大楼发言人很诡秘地笑了笑说："不，我们要把它留给更强大的敌人。"电磁脉冲武器就是专门制约对手的信息化装备的。如果中国军队的数字化部队没有反制对方信息化的能力，或者没有防范对手攻击我们信息化装备的能力，那么，我们把自己打造成一个信息化部队，其结果就可能是非常危险的。这一点是我们必须深思的，如果不能反制对手的信息化，你的信息化就是打包让强盗扛走的那个包袱。人家极有可能用一种办法就把你一勺烩了。这是我们必须深刻认识并警醒到的问题。

（此文根据作者的讲课录音整理）

附录二

从"妖魔化"到学理化
——对《超限战》评介的流变

《超限战》一书在海外的影响可以划分为泾渭分明的两个阶段。

第一个阶段为"妖魔化"时期,许多港台地区和新加坡的报纸和一些西方媒体在没有看到原著的情况下,便以讹传讹,把《超限战》视为"中国威胁论"的最新例证。香港《亚洲周刊》在一篇题为"超越界限的全新战法"的文章中引述了美国弗吉尼亚州亚洲研究所资深研究员张明的看法,认为《超限战》建议使用生物化学战"有太明显的负面作用";兰德公司的毛文杰(James Mulvenion)则在还未见到此书时就轻率地宣称,此书毫无价值。此类未读书而妄加议论的例子,在国内媒体上也可见到。一位名叫刘洪波的作家在《武汉晚报》上发表文章"《超限战》究竟让谁头疼",声称虽然没有看过《超限战》,但已经对这本让美国人头疼的书感到"头疼"。这其中的极端例子是美国中文报《世界日报》的一篇社论"超限战鼓吹恐怖主义乃是无赖心态作祟"。文中说道:"首先,《超限战》作者在书中传达的是一种极为扭曲的恐美仇美情绪,表达出中共军内鹰派的对美战争情结……其次,《超限战》一书传达的是一种'流氓治国'和'流氓治军'的无赖逻辑。……所谓超限战,其理论无疑是疯狂呓语,而其主张的手段显然成事不足,败事有余。我们认为中共军

附录二　从"妖魔化"到学理化——对《超限战》评介的流变

方应将作者除役,以正国际视听。"在这一时期,台湾则表现出更强烈的担心。多维新闻网报道"台湾'国防部':不排除中共打超限战":"据《中时晚报》记者黄逸华报道,几天来,两岸骇客网络战抢先开打,除了一般印象中的捣乱示威,军方也注意到这是不是另外一种战争形式的演练,更重要的是,这和中共军方最近大力鼓吹的'超限战'有无直接关联。……台湾'国防部'情报次长室执行官胡元杰少将则指出,现在虽然出现骇客战、媒体战的超限战基本形态,但仍属于个人作为,但他也强调,不排除中共运用超限战的可能性,未来中共也可能逐渐运用超限战,对我施加压力。"

2000年年初,美军一将军访问团带来了一本《超限战》英译本,交与中国人民解放军军事科学院的军事研究工作者。同时带来了两条信息:一是美国国防部已将此书配发给其高级将领研读;二是美西点军校已将此书列为学员的课外必读书。据介绍,美国军方于1999年夏季,组织了二十多位专家用两个月时间突击翻译《超限战》。此后,西方一些军事专家据此译本对《超限战》认真研读后,提出了自己的见解。从已发表的文章看,他们对《超限战》的理论价值评价颇高。如美国武装部队参谋学院教授伊赫桑·阿哈里撰文指出:"《超限战》也许不能和克劳塞维茨或孙子所写的东西相比,但它的确论证了一些独创的思想,作为一次展望和引导21世纪战争的创作,它与《大趋势》和《力量转移》一样,是一次不错的努力。"(见《简氏防务》2000年2月号《超限战:为弱者寻求平衡》)毛文杰在读毕《超限战》后也改变了态度,他在访华过程中向中国人民解放军国防大学的某专家表示希望能结识这两位军事理论家。可见,西方军事理论界已将《超限战》视为军事理论论著,并就此进行学术性的探讨,由此开始,对《超限战》的评介进入了学理阶段。

1999年12月2日,台湾"中华战略学会"召开"对中共军事现代化与发展'超限战'之剖析"研讨会。与会者包括56位高级将领、高级官员、资深研究人员，其中有将军22名。主持人为台湾"国防部"前常务次官刘达才中将。研讨提纲包括：超限战的特质；超限战的新战法；对中共军事现代化与发展"超限战"之剖析；我之因应对策等内容。一位台湾退役老将军说，《超限战》"应受下列肯定：符合孙子兵法原则；符合毛之军事思想；现代之总体战；人民战争之现代版。本人极为认同所述思想，认为全书应受到国人高度重视"。

2000年3月8日，美国海军学院给解放军文艺出版社来函，希望获得《超限战》内部版权，以作学院教材之用。来函称，《超限战》一书"对我国军人与非军人的军事专业学习有着相当重要的意义"。

台湾《中国时报》2000年7月28日、30日连续发表资深记者亓乐义的文章《弱国抗强权/超限战成战略宝典》《战争无规律/超限战可智取强敌》。文章提到："除了《孙子兵法》，近四十年来中国大陆的军事理论界，从未出过像《超限战》这样令西方注目的军事著作。……这本约十四万字的《超限战》流入台湾后，在军方引起强烈震撼，除召开相关的研讨会，军事评论家也争相借阅或托人代购本书，亟欲了解《超限战》对日后两岸均势可能带来的影响。……西方军事观察家普遍认为，《超限战》提出的军事理论……从某种意义上说是中国大陆军事理论界的一次'思想解放'，因此莫不关注它在未来现实层面上所发挥的效应。对一海之隔的台湾来说，就更没有理由漠视这部著作的真实内涵。……目前《超限战》在美国就有三种英译本，包括五角大楼的英译本，从中亦可看出美国国防部的关注与认真程度。只是作者认为书名被译成'Unrestricted Warfare'（无限的战争）不准确，而译为'Going Beyond Limits Warfare'似更确切。"

台湾《尖端科技》2000年第3期发表滕昕云的长文"论《超限战》——对'超越一切限制和界限之战争'的评论"。文中说："基本上而言，'超限战'的观念是值得肯定的，也就是不偏执于任何单一的面向与手段方法，而能巧妙运用任一手段方法，并强调交互配合协同，以达到最大的效果。……我们可以发现,《超限战》的作者是秉持深厚的军事学养,以及对现代战争理论甚至国际冲突的互动模式的精辟了解,才孕育出'超限战'这样的思想理念。其中尤其难能可贵的一点是,两位作者以相当宽广的胸襟、开阔的视野以及客观审慎的态度,来面对所有的问题。……《超限战》一书对台湾的最大价值与启示,并不在于'超限战'新战法的建构,而应在于作者对现代技术的省思,以及对美国军事思想与准则的批判这两点。在台湾的战略研究以及军事思维的发展上,我们的'专家学者'的思想中充斥着对美国军事发展的绝对崇拜和附和,将美国人的做法和观念视作无可置疑的真理,极端缺乏批判和质疑的能力。……相对于岛内的战略研究水准,乔良和王湘穗这两位中共解放军军官却表现得相当杰出与高明。这两位解放军军官军事学术研究的根基之深,放眼台湾之专家学者根本未见有出其右者,他们在对美国现代军事发展进行批评时,乃是本着下过深厚功夫的扎实研究,提出合理的、相当不凡的见地,其中许多批判有可能就是美国人自己目前所未见及的盲点所在。这类文章在台湾是根本看不到的,所有台湾的专家学者,真应该好好虚心研读《超限战》中作者对技术的迷思以及现阶段美国军事发展作出批判的这些章节,看看'敌人'的专业程度,再想想自己的能耐,我们真该好好切身反省。"

此外,西方军事评论家的《解放军修订战争的艺术》《中国空军大校军官的地缘政治学战略》等文章,都以平心静气的态度对《超限战》进行了理论探讨。他们指出:"两位解放军空军军官提出,现代战争的边界已经变得模糊不清,平民生活和军事这两个领域亦连为一体。战争的胜利与否将取决于能否对武器、战略和不同的战场进行创意组合,这与以往的战场有很大区别。他们引用了布热津斯基、托夫勒等美国思想家的观点,并把他们的讨论放在世界'军事革命'的背景之中。他们知道,要削弱美国,就要加强国际组织和非国家组织。《超限战》是一本非常抽象的书，它没有提供改变战略或是对中国军队改组的具体方法。中国军事思想家面对着保卫国家、抗击强大的外国军事力量的难题，看来他们把如何以弱胜强的灵感带进了这本书。"

尽管《超限战》作为一部军事理论著作，其锋芒所向，并没有特定的敌人，但仍引起各国军事机构包括台湾地区军方的高度关注。2000年8月8日，台湾在其公布的所谓"国防报告书"中称："由于中共对解决'台湾问题'的急迫感，以及共军积极发展不对称战法、超限战、信息战，中共对'我国'国家安全威胁已较以往更加立即、更为严重，武力犯台模式也更加多样化。"

令人奇怪的是，在西方媒体对《超限战》进行"妖魔化"攻击时，国内的媒体对此书反应寥寥。而当国外专家对《超限战》的关注转入学理化层面后，国内反倒有一些媒体和所谓的学者专家开始诘难《超限战》。2000年1月席殊书屋举行的"1999年度十大好书评选"中，由读者提名居于第三位的《超限战》一书受到评审专家的抵制，第一个被从评选名单上划去。某评委的理由是"我们面对的首先不是怎么打，而是打不打仗的问题"。对此，乔良、王湘穗的回答也不客气："这话听上去像是一句放之四海而皆准的'和平宣言'，问题是丝毫看不出战争有绝迹的迹象。那么，面对随时都可能突然强加于你头上的战争，你不先去考虑怎么打，反倒在那里煞有介事地奢谈'不打仗'，真怀疑某公是不是想当掉一个国家去换一枚诺贝尔和平奖章。"有一篇署名为"吴紫辰"的文章，为了反驳《超限战》中对美国人运用"制定规则"之便打击敌手的观点，愣说"美国人从来不违反规则"；为了影射乔良、王湘穗二人是法西斯式的军人，文中还不顾常识地硬说"日军的大佐（大校）"。更让人不解的是，同是这篇文章，两个月后又刊登在另一本刊物上，署名却成了"高健杰"，而作者单位也从北京跑到了重庆。更为有趣的是，这篇文章还投给了香港《大公报》，发表时的署名又变成了"高杰健"，让人感觉该文的作者下决心要与《超限战》的作者打一场"超限战"。

当然,《超限战》在国内还是受到了普遍欢迎,仅从《超限战》当年已7次印刷发行6万多册就可见一斑。著名作家徐怀中少将在其新作《或许你看到过日出》中,提到了一位留法军事学博士对《超限战》的看法。他在给作者的信中说,《超限战》是一部纯学术军事理论著作,"你们不仅勾勒出了全球化时代无所不在的战争草图,而且对此种广义战争的战法作出了有声有色的想定,只等未来战争实践为这本兵书作出印证了"。

附录三

超限战：寻求均衡者
——《简氏防务周刊》对《超限战》的评价

[为了加快中国人民解放军缓慢的现代化步伐，中国军事战略研究者提出了一个新的针对潜在对手的战争理论。]

虽然经济发展是北京最优先考虑的问题，但自1991年起，中国开始稳步发展军事现代化。除了启动解放军的各种现代化进程，中国战略思想家同时开始关注中国在军事上的弱点，他们得出一个结论：中国应该寻找可能的对手或敌人的"阿喀琉斯之踵"。

自从苏联解体以后，美国成了中国面对的唯一有实力的可能敌人，美国具有超级力量，并且成功地用经济实力建构了其军事组织。中国一直警惕美国在亚太地区的势力和美国作为国际领域的主导力量四处插手的倾向。中国无法排除未来与美国发生军事对抗的可能。台湾未来的形势也许是中美摩擦的重要起因，但绝不是唯一的起因。中国已经充分认识到它经济的落后，也注意到在军事上与美国相比它的力量十分薄弱。在这种情况下如何面对美国军事力量的这个现实？答案就是去研究美国战争机器的弱点和战争方式，并且试图去掌握美国的战争思想。中国战略研究者说，只有这样，中国才有可能在未来在与美国的军事斗争中具有抗衡能力。

附录三　超限战：寻求均衡者——《简氏防务周刊》对《超限战》的评价

那么，中国从美国的战争历史中看到了什么呢？首先，他们认识到美国非常珍视人的生命。在两次世界大战中，美国军人的生命损失很大，在美国人的最根本意识中，普遍认为这样的牺牲是十分珍贵的代价。朝鲜战争虽然是在联合国名义下进行的，最后却演变成50年代后不受欢迎的国内战争；而越南战争几乎导致了美国社会的分裂。这证明，美国的政治地位将由于卷入外国的军事斗争而会被戏剧性地削弱，除非它能够进行远距离作战并且造成最小的人员损失。

第二，美国一直困扰于如何才能在战斗中保持最小的人员伤亡，即它十分依赖技术系统以保证它的部队尽可能地远离伤亡。由于美国在军事研究和发展及军事装备生产中更喜欢质量而不是数量，它的武器系统一般被认为远优于苏联或其他欧洲国家。1991年的海湾战争的胜利，是美国战争技术领先地位的有力证明。然而，不管它具有怎样优越的力量，没有哪个国家可以完全不受伤害，它的对手只要肯付出艰苦的努力，或许能够找到它的弱点。

由于美国军事力量是高技术装备的巨大消费者，它的对手应该详细研究考察美国武装力量所使用的主要技术系统，以确定哪个系统容易受到攻击，以及这些系统的什么环节在军事冲突的进程中能够被袭击或被摧毁。

第三，美国军队在沙特阿拉伯两次受到恐怖行动的袭击，使跨国恐怖主义成为令美国战略设计者头疼的问题。这种在国外展开的针对美国部队的恐怖主义行动，已经成为美国司令官们重点考虑的问题。

学说的基本点

《超限战》由中国人民解放军空军的两名高级军官乔良和王湘穗写成，提出了使用恐怖主义作为战争策略，尽管乔良在一次关于该书的谈话中指出："你们不会找到一句关于中国应利用恐怖主义发动战争的话语。"他补充道："超限战是一把'双刃剑',它不是对任何特定国家发动战争的计划。"

然而美国是乔良和王湘穗分析的主要对象。他们关于美国外交政策行为的解释打破了传统,但他们的措辞与世界各地的反美国组织是相似的。这本书引起西方媒体关注的是,它是由两名解放军高级军官写成,而且据传闻,不仅国防和外交政策部门的人员看过这本书,江泽民主席也阅读了此书。

超限战在中国被描述成"下个二十年的基本理论",是"新军事思想的体现"。作者则声称他们试图提出"新观念、新思考和关于战争的新视角"。对于如何采用先进技术进行未来战争,他们的信条是"按照战争需要及国家利益,必须敢于颠倒手中牌序和对它进行重新排列"。

他们指出,许多传统现象已经发生了根本变化。各国之间的相互依赖模糊了国家主权概念;国际金融市场的出现增强了横贯全球的货币交易、资金流动;互联网使远距离的通信可以在几秒内完成;过去能够在国界内垄断所有信息的政府现在不得不与其他跨国界的信息源展开斗争。

今天的人民已经具有了很好的信息源,他们不易被他们的政府通过错的或假的信息所操纵。这样的变化同样给战争的范围和方式带来影响。超限战就是通过对这种变化过程的研究提出来的。

超限战将发生在整个世界,国界将失去本来意义。超限战将被多个国家所操纵,它们有着富有经验、高度综合的军事力量,并掌握了精确制导技术。在超限战中,传统的和非传统的战场将被模糊,战斗员将同时包括传统的士兵和平民程序员、技术专家、电脑黑客、财政机构、药品联合会、跨国犯罪集团、恐怖组织等非传统力量。所以,当秘密的、精确或数字的、生物化学的和技术的因素继续在未来的战争中扮演至关重要的角色时,来自平民和技术社会的众多人员将更广泛地参与战争。

附录三　超限战：寻求均衡者——《简氏防务周刊》对《超限战》的评价

正像《超限战》作者观察的那样，"战争将于战场之外展开并取得胜利"。

由乔良和王湘穗提出的基本问题是："面对高技术战争，怎样能够使一个虚弱的发展中国家幸免于难？"为回答这个问题，他们决定研究美国。美国在冷战后具有超级力量，其经济实力和进行现代战争的军事能力是不容置疑的。作为一个基本的方法，作者同时分析了美国自苏联解体以来的整个外交政策。他们的分析对象包括军事行动，像1991年的"沙漠风暴"、1998年的"沙漠之狐"和1999年的"联合力量"。他们还关注美国关于亚太经济合作和北美自由贸易协议的动作，以及1998年的亚洲金融危机。

他们认为，随着苏联的消失，全球会更容易被美国的全球霸权战略所左右。乔良和王湘穗说，美国是一个极其富饶的国家，因而是一个极端恐惧伤亡的国家，与其经受对士气、勇敢、智慧的考验，美国更愿把战争当作在军事技术方面的马拉松比赛。美国人喜欢只有百万富翁才能参加的使用奢侈武器的战争。在对南斯拉夫最近的空战中，美国派遣的飞机平均每架花费2600万美元，使用每枚1600万美元的战斧式巡航导弹去摧毁价值比它小得多的建筑物和桥梁。可见，美国人非常喜欢使用这种零伤亡的奢侈的军事力量。

乔良和王湘穗确定出25种不同类型的战争，这些战争样式中的大多数都被美国使用过。例如，关于处理本·拉登事件，他们写道："美国人使用了恐怖主义战争、智力战争、财政战争、网络战争和法律战争。"他们使用短语"国家恐怖主义战争"，明显是在批评1998年8月克林顿政府向苏丹和阿富汗发射巡航导弹的决定。对于伊拉克，作者说，美国同时使用了"常规战、外交战、制裁战、法律战、媒体战、心智战"。他们声称，其他国家和地区同样进行过多种类型的战争。例如，香港自回归以来，使用过各种各样的手段对付金融投机分子的敌对行动，其中包括"金融战、法律战、心理战和媒体战"。

为追求国家利益和安全利益，某些国家沉湎于"国际法战争"，而美国是这种战争的主导者。"与伊拉克相比，美国要显得聪明得多。"作者写道，"美国从踏上国际舞台以来，一直靠武力或者花招来达到他们的目的，他们从其他国家得到的利益要比伊拉克从科威特得到的大得多。"

作者说美国为维持对世界事务的控制，"从不错过任何机会插手与美国利益有关的国际组织"，并且"确保所有这些组织与美国利益紧密联系"。他们举出两个例子来支持他们的这个论点。

其一，当澳大利亚总理霍克提出建立仅包含亚洲国家和其他一些国家的区域组织APEC时，华盛顿反对了这项计划，并且成功把美国和加拿大包括进去，然后"不遗余力地坚持让一些亚洲国家与北美自由贸易区签署独立协议"。

其二，美国反对日本人关于建立亚洲货币基金组织来处理亚洲金融危机的建议，反而"主张由美国作为主要持股人的国际货币基金组织实行一揽子救援计划"。

尽管美国拥有强大的实力，但作者认为，美国还没有找到有效处理国际恐怖主义活动的办法。他们写道："全球性恐怖主义活动是全球化的副产品，它是由技术综合所引导的一种趋势。"恐怖主义组织"对主权国家构成越来越大的威胁"。与这些组织相比，"在当今时代，职业军队好像巨大的恐龙，缺乏与它的体积相称的力量"。

本·拉登型恐怖主义的存在，使国家无论具有多么大的力量，都发现在没有游戏规则的游戏中要占恐怖主义上风是困难的。美国为报复1998年8月美国大使馆在内罗毕遭遇袭击而发射巡航导弹的事件印证了这个观点。

关于超限战的最大争议发生在该书出版后乔良与记者的一次谈话中。他说他已注意到南斯拉夫的总统"不知道怎样打一场人民战争"。乔良说，在南联盟与北约的战争期间，米洛舍维奇应该派遣恐怖分子去意大利、法国、德国和比利时,特别是去美国在这些国家的军事基地。还说他应该在欧洲开展城市游击战争,"一旦欧洲大陆感受到疼痛,它就不会再让美国和英国在它的领土上进行战争"。

有关超限战的观点

《超限战》也许不能与克劳塞维茨或孙子的著作相比,但是它确实陈述和论证了一些独创的见解。作为一次展望和引导21世纪战争的创作,与《大趋势》及《力量转移》一样,它是一部不错的作品。但是,其中关于战争的一般性评论,则不太可能被长期记住。书中许多关于信息战、计算机战、计算机恐怖主义、空间战和其他类型的战争的观点已经被其他的中国国防问题专家论述过。

当中国增强对未来战争理论的研究时,中国的战略专家正试图将西方的各种各样的战争理论进行综合并且引为"中用"。乔良和王湘穗关于提倡米洛舍维奇在南斯拉夫与北约的战争中实行"人民战争"的原则并使用城市恐怖主义的思想,是被美国高度关注的常规战争理论的突变,为美军在海湾的军事力量设置提供了一种有益的启示。两名中国军事战略专家倡导使用这个战略战术,将加强所有国家当卷入战争时更小心对付可能的恐怖主义行动的意志。

当中国处于发展核力量的进程中时,《超限战》嘲笑核战争并把核力量称为"纸老虎"。更有甚者,当中国正不遗余力地加速进入"强力"集团的进程时,《超限战》却嘲弄确立的核武器具有毁灭力量的概念。超限战是中国战略遗产的重要方面,中国将在未来的世纪里为获得优势而重复利用它。

跟随着超限战,中国的战略构想者们正在建立一个新的框架,声称未来战争将没有限制,即一个军事落后和经济不发达的国家应该走向极端，打破任何规则，突破战争的传统要领去战胜技术超强、军事强大的国家。对于战争的法则，乔良和王湘穗说，应该由建立这套法则的强大国家来遵守，弱国不应该被迫遵守它。超限战的所有方面都强调一个事实，即军事强大的一方将不能轻易取胜，尽管与弱对手相比它享有技术优势。

美国军方关注产生于中美关系脆弱时期的这一研究成果。尽管如此，华盛顿和北京不许他们之间的关系恶化到引起军事冲突的程度。

在这个背景下，美国国会的立法者普遍关注台湾问题的同时，不希望将美国总统推向与中国因台湾而引发战争的路子上。但是对于使用武力去统一台湾，中国应该特别谨慎。美国虽然不希望与中国在台湾问题上发生战争，但同时它要遵守美国1979年对《与台湾关系法》作出的承诺。美国也必须遵守对包括日本、韩国在内的安全承诺。

如果华盛顿能够违背它在保卫台湾不受中国大陆军事打击上的承诺，它同样可以违背对东京和首尔的安全承诺。

（章珂 翻译）

（此文发表于《简氏防务周刊》2000年2月号，作者伊赫桑·阿哈里博士是美国武装部队参谋学院—联合战役学校的国家安全和战略教授。）

附录四

国家与新恐怖主义之间的角逐
——超越军事界限的战争

有一天,我们站在时间长廊的远端回眸,肯定将比现在更清楚地看到"9·11"事件的标志性意义:终结"美国世纪"神话的并不是被他们紧盯着不放的后起大国,而是寄生于一个蛮荒小国的恐怖主义组织。它昭示一段历史的终结,也预示另一段历史的开启。而眼下,我们正在步入完全不同于既往的一场新战争:以美国及其他所有世界大国为一方,以恐怖主义为另一方的全球性战争。

本·拉登,一个新恐怖主义符号

在阿拉伯世界,本·拉登,这是个平淡无奇的名字。它告诉人们,他是"姓拉登的男人的儿子"。可对西方或者世界其他民族来说,这名字就成了恐怖的化身——"本·拉登"每一次名声大噪都带着浓浓的血腥气。除了在半岛电视台的录像中偶尔露一下面,这个蓄着胡须面容清癯的汉子,一直深居简出,但这并不妨碍他比世界上最出名的明星还要有名。如果说中央情报局提供的最初培训只是使他拥有恐怖活动的技能,那么被现代媒体铺天盖地式的宣传造就的巨大名气,却在不断强化他在全球施行恐怖活动的影响力。

三年前，在《超限战》一书中，我们对恐怖分子与各种可能成为超级武器的高新技术相遇的前景进行了研究，指出掌握现代高技术手段的新恐怖主义将成为21世纪初叶人类社会安全面临的主要威胁。我们在书中告诉人们，奉行新恐怖主义的不是职业军人，使用的也不是传统武器，他们在非传统的战场上针对平民目标，用一场战术级别的恐怖行动，达到对当事国战略级别的打击和震撼。我们还特别指出："他们因行动诡秘而有很强的隐蔽性，因行为极端而造成广泛的伤害，因不加区分地攻击平民而显得异常残忍。现代媒体实时、连续、覆盖式的宣传，又极大地强化了这一切的恐怖效果。""9·11"事件几乎印证了这一切。

这种新恐怖战，与以往的战争有许多区别。其中最大的不同是，战争的发起者不是主权国家——非主权国家、非国家组织成了战争新的主体。一伙"赤条条来去无牵挂"的恐怖分子闯入了战争领域，他们不必像国家那样承担战争责任，因而更倾向于采取极端方式进行战争。与国家有组织的因而也倾向于克制的暴力不同，在力量对比上处于畸弱地位的新恐怖主义所使用的是另类暴力——毫不节制地使用极端暴力和技术提供的破坏力。这些新恐怖主义分子，充分利用现行国际秩序提倡自由交流的体制，凭借高技术为他们提供的便利，把他们染指的任何地方，都变成血腥的或不那么血腥的战场。这就是说，除了本·拉登式的恐怖主义，我们还将面临其他形形色色的恐怖主义，比如由某个黑客组织发动的网络恐怖战或金融投机家们发动的金融恐怖战。任何国家对这种形影飘忽、手段极端的新恐怖主义都难以设防，就如我们曾经指出的："本·拉登式的恐怖主义的曝光，向世人强化了这样一种印象：任何国家力量，不论多么强大，都难以在一场无规则游戏中占上风。"应该说，至少是现在，各个国家当然也包括拥有最强大军事力量的美国，在一种新的战争形态——超越军事领域的战争中并没有占据上风。

作为新恐怖主义的代表，"本·拉登"现在已经不光是那个"姓拉登的男人的儿子"的名字了，他甚至也不只是"基地"组织的首领，他是一个符号，一个新恐怖主义的符号——他标志着用极端手段挑战国家乃至全球秩序的一种社会力量。击毙本·拉登或铲除塔利班也许不是最困难的事，可消灭了本·拉登并不意味恐怖主义的绝迹。根植于现代社会、掌握着高技术的恐怖主义很快就能找到自己的新符号。

"持久自由行动"——美国式超限战

一向形式感很强的美国人，希望给这次反恐怖战争（阿富汗战争）取一个富于感召力的名字，最初叫"无限正义行动"，后来担心其中隐含的宗教意义刺激伊斯兰教徒，就改成了现在的"持久自由行动"。这种美国式的严谨，不经意间暴露出美国对这场全新战争认识的不确定性。"9·11"事发当日，美国各大媒体说，美国遭受恐怖袭击，但不是战争。从第二天起，先是国务卿鲍威尔，继而是小布什总统，都宣布"这就是战争"，并在没有找到确定敌人的情况下就代表美国宣战。敌人不明确——这仅是这场战争与以往战争的区别之一。在我们看来，"无论是黑客的入侵、世贸中心大爆炸，还是本·拉登的炸弹袭击，都大大超出了美军理解的频带宽度。如何对付这样的敌人，美军显然在心理上和手段上，特别是在军事思想以及由此派生的战法上准备不足"。

与以往靠采取军事手段应付战争危机不同，美国政府此次使用了许多超越军事界限的战争手段。"9·11"事件后，美国政府迅速查封了与恐怖活动有关的资金账户，在立法程序太迟缓的情况下还使用了黑客手段；小布什总统与各国领导人打电话，寻求支持；国会批准拨款，还欠联合国的旧账；压迫以色列缓和与巴勒斯坦的关系；做小泉首相工作，令其访问中、韩两国；把车臣反政府武装定为恐怖主义组织，换得俄罗斯的支持；要求卡塔尔政府管束半岛电视台，不许播本·拉登的讲话；与美国有线电视新闻网等五大媒体协商，限制新闻自由；授权中央情报局恢复暗杀行动；援助阿富汗难民，贿赂塔利班军官，给反塔联盟派顾问，等等；最后才是军事打击。就像小布什总统宣称的：在进行军事打击之前，美国在金融领域已获得了战果；与在阿富汗进行的军事打击并列，国内反炭疽恐怖活动、发展经济是这场战争的第二、第三条战线；这是一场不同于以往的战争，是在多条战线上进行的战争。

显然，美国人已经意识到，在全球化时代，将没有人能仅靠军事手段赢得战争的胜利，要取得反恐怖战争的胜利，必须使用"超限战"的办法——超越军事领域组合各种手段以打击敌人。如果说美国人在"9·11"遭遇了"超限战"，那么，他们眼下也正在实践"超限战"——"以其人之道还治其人之身"，用"超限战"的打法去打本·拉登，去反恐怖。也可以说，这是一场美国式的超限战。"超限战"已经成为一种战争的新趋势。弱势的一方会这么干，强势的一方也得这么干。这么干了，才会弱者变强，强者更强。

谁将获胜？

这次的反恐怖战争，像是一场大象与老鼠的搏斗。没有人怀疑美国以无以匹敌的实力能踏平塔利班，也没有人会相信恐怖主义将就此绝迹。谁将获胜，取决于你用什么标准去衡量胜利。

在美国的历史记忆中，与游击队作战一直是个挥之不去的梦魇。从越南到索马里，强大的美国军队一直没有占过便宜。对"零伤亡"的追求，是美国社会的目标，进而也就成了美国政府的政治目标，这肯定会限制以牛仔自诩的美国军人的勇敢精神。"把拼刺刀的活交给北方联盟的军队"，这句出自五角大楼新闻发言人嘴里的话，已经清楚表明，在可能造成重大伤亡的情况下，美国人不会轻易派出地面部队。三个星期的轰炸证明，用精确制导炸弹对付躲在山洞里的塔利班，不是什么好办法。最初雄心万丈，以为可以一鼓作气荡平本·拉登组织的拉姆斯菲尔德，也渐渐降低了调门。他表示，要逮捕或杀死本·拉登是"非常困难的事"。但战争一旦开始，就会按其自身的逻辑发展。正在美国内外发酵的关于"军事打击陷入僵局"的舆论，将迫使美国使用地面部队。战争将脱离远程轰炸机纤尘不染的仪表控制盘，开始变得肮脏和血腥。也许这正是在山洞里等着像教训苏联人那样教训美国人的奥马尔和本·拉登所期盼的。

此一时彼一时，美国和巴基斯坦所支持的阿富汗游击队可以迫使苏联撤军，但空前孤立的塔利班绝无可能战胜怀抱哀兵之心的美国兵。关键在美国民众能保持多久的耐心和美国军队打算付出多大代价。

对美国来说，真正的危险不在战场上，而在于阿富汗的战后安排，因为这个安排涉及许多国家的利益。如今，俄罗斯、法国、伊朗还有印度主张建一个"干净"的阿富汗战后政府，而美国、英国、巴基斯坦和中国倾向于建立一个"基础广泛"的政权。这场大国间的利益争夺，有可能造成令塔利班和本·拉登成为漏网之鱼的缝隙，甚至会引发左右战争结局的危机。迄今为止，非国家组织还没能拥有撼动国家根基的实力，许多非国家组织之所以能够与强大的国家对抗，是因为背后都有其他大国或明或暗的支持。也许，在这次全球反恐怖的斗争中，各个国家能够学会把共同利益置于彼此的分歧之上。

面对新恐怖主义的挑战，需要国家间合作的事还有许多。像封堵恐怖资金和跟踪恐怖分子，都依赖超越国界的配合——这也是一种"超限"。恐怖主义产生于绝望，由绝望而生出鱼死网破的决心。要消除这种绝望，就要让在全球化运动中不断边缘化的国家和民族看到希望，而这也需要全世界各个国家的共同努力。显然，国家与新恐怖主义的角逐，已经远远超出了军事领域的对抗范畴，波及现行制度体系的各个层面，认识到这一点并据此实践，才可能使我们在这场铲除新恐怖主义的战争中掌握更多的胜算并避免过多的暴力。

2001年10月

附录五

"9·11"周年祭——21世纪的真正开端

与自然历法的指示和千禧年庆典营造出的狂欢气氛截然不同，我们坚持认为，"9·11"才是人类21世纪的真正开端。在那个清晨（在中国是晚上）殒殁的数千生命，再次揭示出人类命运本质的悲剧性，逼迫每个活着的人回答：21世纪人类，究竟是打算和睦相处还是彼此仇恨？

与传统的军事性战争一样，恐怖主义也是制造仇恨的根源。有大量高技术手段支撑的新恐怖主义正在成为人类共存的主要威胁。正像三年前我们在《超限战》一书中所写的那样："技术融合带来的全球化趋势的副产品之一是全球性的恐怖活动，非职业化战士和非国家组织正在对主权国家构成越来越大的威胁，这使他们成了一切职业军队分量越来越重的对手。与他们相比，职业军队就像硕大无朋但在新时代缺乏适应力的恐龙，而这些人则是生存力极强的啮齿类，能用他们尖利的牙齿啃掉大半个世界。"这段话再清楚不过地表明了我们对恐怖主义的警觉和态度，连五角大楼的将军们面对世贸大厦的废墟时，都不得不承认这一点。

去年9月12日这一天，全世界都从电视里听到了那位三星将军沉痛的反思："看来有必要回过头去重新读读这本书。"奇怪的是，直到今天，仍然有人不断地故意绕过书中随处可见的这类文字去断章取义，别有用心地把这本某种意义上的警示之书曲解误读为恐怖主义理论。最近的例证就是陈水扁先生在三芝会议上诬指《超限战》为恐怖主义，这才是典型的话语恐怖主义！因为那些捂住喊"狼来了"的孩子之口甚至嫁祸于预警者的人，无异是狼的帮凶。

一年后的今天，我们面对那些在瞬间被"狼"吞噬了生命的亡灵，除了悲悼，唯一能做的，就是重复七十年前在布拉格的上空回响过的一句话："人们啊，我爱你们，你们要警惕！"

人们要警惕的，不仅仅是恐怖主义，还有滋生恐怖主义的根源和土壤。只有当恐怖主义问题获得整个人类的痛切关注时，这个问题才有可能得到真正的解决。（必须指出的是，在我们看来，与制造爆炸事件的本·拉登式恐怖主义相比，金融恐怖主义更加危险和可怕。在虚拟经济已经大大超过实物经济的今天，电子化的游资完全有可能被心怀叵测的人变成杀伤力巨大的武器而殃及世界。在这种危险不断迫近的时候，人们对此就像几年前对本·拉登一样不予关注。）

反恐需要行动，同时也需要声音。在使用英语的强势媒体占据80％的话语版图的态势下，保留我们自己的声音至关重要。最近"东突"能被美国政府列为恐怖组织，除了国家间利益的权衡，也与中国坚持和保留了在反恐方面独立话语权的努力分不开。中国的反恐是世界反恐的一部分，但不能因此丧失中国人对这一问题的独特观察和独立思考。这是每一个关心中国乃至人类命运的人，投身反恐大业的前提和立场。

号角已经吹响。中国反对恐怖主义的态度是明确的，那就是反对一切形式的恐怖主义。这不是特立独行，而是基于公正与良知。

当公正与良知开始主导这个不断制造着悲剧的世界时，"9·11"死难者的在天之灵，方可安息。

2002年9月11日

附录六

《超限战》的历史传承及对霸权主义的警示

　　《左传》讲过这样一个故事：周襄王十四年（鲁僖公二十二年，公元前638年），鲁国和邻境的蕞尔小邦邾国（今山东郯县东北）发生了武装冲突。鲁僖公瞧不起邾国，认为可以轻易取胜，所以没做任何战前应有的准备措施。公族臧文仲劝告僖公："国无小，不可易也；无备，虽众不可恃也。"又说："君其无谓邾小，蜂虿有毒，而况国乎！"鲁僖公不理会臧文仲的分析，轻率地把军队投入战场，结果打了败仗。邾国还掳获了鲁僖公的甲胄，甚至挂在城门上示众，十足地羞辱了鲁僖公。

　　这场战争规模不大，历时不久，却成了小国战胜大国的典范，并使"蜂虿有毒"这个成语流传后世。二千六百三十七年以后，中国人民解放军空军少将乔良、大校王湘穗合著的《超限战》一书问世，为小国对付大国创造了前所未有的战法。

　　此书自1999年2月付梓行世以来，曾历受海内外注意，美国似乎也不敢掉以轻心，对其倡导的战法，势必进行深入广泛的研究。2000年6月底，台湾媒体专访作者，且从敏感的角度探讨问题，加之适逢海峡两岸及美国的三角关系呈现较为复杂的情势，于是《超限战》的理论再度引起重视。

　　如果望文生义地看《超限战》的书名，好像它已"超"越时空，和传统的战争思想完全划清了界"限",但实际上,任何一种思想都不可能凭空掉下来,仔细寻绎,必有其历史传承的脉络可循,《超限战》自不例外。

《超限战》全书分两卷八章,上卷论新战争,下卷论新战法,内容着眼迥然有别。前者重点在于论述武器革命与军事革命的趋势;后者主旨在于摆脱强弱宿命,越过强国大国武器革命所掌握的优势,进行新型的"总体战",让强国大国面对弱国小国时,尝到"蜂虿有毒"的苦头,进而让他们醒悟"国虽大,好战必亡"这句话的哲理,或者真的让他们重蹈罗马帝国的故辙,落到衰亡的命运。所以,上卷只是序曲,下卷才是本书的主调,呈现出汹涌澎湃的乐章。质言之,下卷所倡导的,是一场军事思想的革命。

而从"思想革命"的层面上展开视野,本书作者看美国武装力量,就好像看一群养尊处优的纨绔子弟,只有发达的军事科技,但无卓越的军事思想。因此,本书作者毫不隐讳他们对美国的藐视。尽管作者否认此书是针对美国而写,但《超限战》全书始终绕着美国打转,且紧咬不放。1993年,美国陆军曾有"全维作战"的概念,灵光一闪却无疾而终。作者在书中写道:

"如果美国陆军没有在其1993年版《作战纲要》中提出'全维作战'的概念,我们简直会对美国军事思想界的'贫血'感到惊讶。……'全维作战'应具有'全纵深、全高度、全正面、全时间、全频谱、多手段'的特点,而这正是战争史上从未有过的作战方式最具革命性的特征。很可惜,美国人,准确地说是美国陆军,过早中止了这次革命。"

1996年4月间,有个名叫伦奈·亨利的美国陆军中校在美国陆军军事学院召开的战略研讨会上,提出《21世纪的中国:战略伙伴或对手》的报告,指出:"中国至少在下个世纪头二十五年里,不可能进行一场军事革命。"《超限战》的作者对这位美国陆军中校不敢苟同,于是借着"全维作战"观念夭折的话题提出反击,指出该是这些"对别国的军事革命能力提出质疑的美国人扪心自问的时候"了,接着对"全维作战"构想胎死腹中严厉质问:"为什么没有发生革命?"

乔良说"他们不想和西方对抗",这话可信,但这也正是把美国从西方孤立出来的战略运用,是《超限战》对《孙子兵法》中"我专为一,敌分为十"的原则,以及克劳塞维茨的"集中"原则的牛刀小试。

把焦距聚于美国,是为了彰显"美国强权能一手制定,又能一手破坏现存国际原则的荒谬",例如:它用"主权不可侵犯"的理由出兵入侵科威特的伊拉克,又以"人权高于主权"的理由介入科索沃。"美国要怎么玩,就怎么玩,国际公义何在?"

在这个聚焦的检视之下,《超限战》也分析了美国把国家利益和他们的价值观熔于一炉的荒诞,及其难以避免的后果。《美国1996财年国防报告》中引述了克林顿总统的话:"作为世界上最强大的国家,我们有领导义务,并在我们的利益和价值观受到重大危害时采取行动。"说上述话时,显然连克林顿自己都没能意识到,国家利益和价值观完全是两个不同级别的战略目标。如果说前者是美国人可以通过行动进行维护的目标,后者则既不是其能力所及,也不是其应该在美国本土之外追求的目标。与"孤立主义"对应的"全球第一"思想,使美国人在国势膨胀时,一直有追逐无限目标的倾向。然而,这是一个终将导致悲剧发生的倾向。一家资产有限,却热衷于承担无限责任的公司,除了破产,不会有其他的结局。

现在,我们要仔细梳理,看看本书的作者凭什么敢于毫不犹豫地做这样的论断。我们要从古今中外各个方向探讨,同时应该从作者最接近的时间和空间开始——当然是中国共产党所特有的军事思想,而且必须首推毛泽东的军事思想。

毛泽东的军事思想,是为中国共产党奠定江山的支柱与基石,迄今仍是中华人民共和国无与伦比的宝贵资产。1947年4月22日,毛泽东以军委名义，发给晋察冀军区司令员兼政治委员聂荣臻、副司令员萧克、副政治委员罗瑞卿一份电文，指示正太战役的作战方针，全文如下：

"聂萧罗并告朱刘：马电悉，你们现已取得主动权，如敌南援，你们不去理他，仍然集中全力完成正太战役，使敌完全陷入被动，这是很正确的方针。正太战役完成后，应完全不被敌之动作所迷惑，选择敌之薄弱部分主动地歼灭之，选击何部那时再定。这即是先打弱的，后打强的，你打你的，我打我的（各打各的）政策，亦即完全主动作战政策。"（《毛泽东军事文集》第四卷，军事科学出版社，1993年版，第41页。）

正太战役于1947年4月9日开始，迄5月4日结束，战场在河北石家庄外围，及正定至太原铁路沿线，包括韩信当年背水一战而成名的战略要地，名列太行八陉之一的井陉口，解放军在此役大获全胜。这个指导原则，在此后两年又七个月的时间里，席卷整个中国大陆。"你打你的，我打我的"这八个字，就成了解放军作战的基本指导原则。1997年7月，《中国军事百科全书》指出：这八个字是"毛泽东对中国共产党领导进行的人民战争的战略战术基本精神所作的高度概括……现代战争虽然较之过去发生了多方面的重大变化，但中国军民仍将坚持'你打你的，我打我的'这一根本原则"。而《超限战》的理论不管怎么千变万化，就算"一个技术综合时代的战争规律已经来临"，仍然跳不出"你打你的，我打我的"的根本原则。

乔良不同意美国国防部把"超限战"译为"Unrestricted Warfare"，认为应该译为"Going Beyond Limits Warfare"，这就不免令人想起比"你打你的，我打我的"还早十八年的"十六字诀"："敌进我退，敌驻我扰，敌疲我打，敌退我追。"这是毛泽东和朱德于1929年4月5日共同提出的"游击战争的作战原则"，其地位和"你打你的，我打我的"不分伯仲，因为它创造了很多"以弱胜强，以劣势装备战胜优势装备之敌的奇迹"，所以"现代战争虽较之以往战争出现了许多新的特点，但是十六字诀的基本精神并未过时，对现代条件下的人民战争仍有指导作用"。

1949年以后，"十六字诀"在国际间轰动一时，第三世界的军人或革命者尤其奉为圭臬，但关于它的思想根源，中共所有的著述包括《军事辞典》及《中国军事百科全书》，都没有翔实的记载或解释。笔者探索甚久，直到读了《蒙兀儿史记》关于三峰山之战的记载，才恍然大悟。（此事《元史》《新元史》《多桑蒙古史》等书均载，但以《蒙兀儿史记》最详。）

三峰山之战发生在元太宗四年（金哀宗天兴元年，宋理宗绍定五年，公元1232年），太宗渡黄河，命大将速不台攻汴京（今河南开封），金帅完毅合达，自郑州（今河南郑县）率步骑十五万赴援。蒙古名将拖雷（宪宗时，追谥英武皇帝，庙号睿宗，世祖改谥景襄皇帝）以万骑尾蹑之。据《蒙兀儿史记》所载，拖雷的作战措施包括："金兵纵，我军不与战"；"敌欲盘营，我军复渡河往袭，金兵不得炊宿"，"拖雷号于军曰，毋令彼得休息，终夜鼓噪以扰之"；"彼军有三日不食者，被甲胄残立雪中，枪槊结冻如椽，拖雷合南北两军围之数重，金师大溃，击如山崩，……我军纵杀殆尽，流备被道，资杖委积，金之精锐尽于此矣"。

"十六字诀"和前述记载比对，完整吻合。毛泽东读书极多，并曾手批《二十四史》，必然读过关于三峰山之战的记载，说"十六字诀"的思想脱胎于此，应该是合理的推断。据《蒙古史料四种》，复据赵珙在《黑鞑事略》中描述的蒙古军队的战法，"凡遇敌阵，则三三五五四五，断不簇聚为敌所包，大率步宜整而骑宜分，敌分立分，敌合立合，故其驰突也，或远或近，或多或少，或聚或散，或出或没，来如天坠，去如电逝"。

也不仅蒙古如此，我们读一些各边疆民族的史料时会发现，其盛时几乎都具有这种"飘忽"的共同特征，主动、奇袭、机动、集中局部优势等战法，都是制胜的条件，而"飘忽"最令人印象深刻。回头看乔良强调的"Going Beyond Limits"，就不免会有似曾相识之感。

此外，毛泽东于1936年12月发表的《中国革命战争的战略问题》中的"没有缴获或缴获不超过消耗,而我们看来是很少意义的。我们的战略是以一当十,我们的战术是以十当一"的宣示,正是毛氏"战略上藐视敌人,战术上重视敌人"的精义。而《孙子·作战篇》中高难度的理论"胜敌而益强",却由毛泽东发挥得淋漓尽致。《超限战》千言万语,基本精神还是"战略上藐视敌人,战术上重视敌人",基本原则还是"你打你的,我打我的",基本战法还是"敌进我退,敌驻我扰,敌疲我打,敌退我追"。有了这些,也就有了"偏正律",也符合了从"全向度"到"全程调控"那八个原则。

这并非说乔良和王湘穗抄袭毛泽东,绝对不是。《超限战》的确是创作,但它有毛泽东思想的"基因",这个论断是透过"检验"得来的。当然毛泽东的思想也不是"天纵英明",他也有根源,他读过的书构成肥沃的知识土壤,丰富了他的智慧。美国学人拉尔夫·索耶于1993年将《武经七书》译成英文,出版推荐文说:"亚洲旋转乾坤的战争领袖如中国的毛泽东、越南的武元甲,均曾藉此书之教,重创敌人。"而在《武经七书》中,毛泽东最推崇的,以及他最能活学活用的,还是《孙子兵法》。中华人民共和国自建政以来,对孙子兵法的提倡和研究不遗余力,而且已经把孙子兵法学说和他们特有的军事辩证法理论结合起来,例如:把虚实、奇正、安危、强弱等,纳入战争矛盾运动的辩证规律;肯定矛盾可以互相转化("奇正之变不可胜穷",势篇);能动地争取战争中的主动权("致人而不致于人",虚实篇);辩证地认识战争的情况("知彼知己,百战不殆",谋攻篇);根据战场敌情的变化,运用适宜的战法("践墨随敌,以决战事",九地篇);并且认为:《孙子兵法》的军事辩证法思想,已经超出了军事范围。《超限战》的理论中有很多地方都可以从这里得到印证。更何况,《超限战》列举的曹刿论战、田忌赛马等史例,也都是毛泽东论述过的。

这不过是一例而已,要追溯毛泽东思想的谱系,可能还要扩及经、史、子、集的若干领域，对《超限战》而言，也就不能否认它们的"遗传"因子。

自索耶那里转折，试从西方搜寻《超限战》的移植胚芽，也有"杂花生树"之妙。这个探索也是由近而远，先从中共思想的近亲着手，首先是马克思、恩格斯、列宁、斯大林这些人，甚至还包括帝俄时代功勋彪炳的名将、苏联也仍尊敬的库图佐夫等。这一部分令人失望，就连从"马克思列宁主义关于战争和军队的学说"中也找不到多少可供《超限战》摄取的养分，其余关于"战争"或"战争规律"的理论也莫不如此。

西方合于《超限战》思想的重要源头，还是16世纪意大利的马基雅维利主义。其中心思想"为达目的，不择手段"的论点，好像就是为《超限战》"有限目标，无限手段"量身定做的包装。

除了曾被指名道姓的克劳塞维茨等人，有个人似乎值得一提，那就是《战争艺术史》的作者德尔布吕克，他在这部四巨册的著作里，使早已存在却久被冷的"消耗战略"思想，重新获得生命。这种战略所采用的战法，在于兵不血刃而获取胜利，和《孙子兵法》中"不战而屈人之兵"的理念颇为近似，也更符合《超限战》中"偏正律"的运用。

安德烈·博福尔（"二战"后法国战略家，极受英国知名战略家利德尔·哈特所推重）在所著的《战略绪论》中，以击剑比喻战略行动，其中包括奇袭、佯攻、欺诈、突击、消耗等技巧，似乎符合《超限战》中的"有限目标，无限手段"。而博富尔为所有的战略决定提出的三个"主要坐标"即时间、空间、所能动用力量的量和质，也是《超限战》倡导遵守的原则。前面提到利德尔·哈特，他所倡导的"间接路线"对《超限战》也有参考价值。从《超限战》的字里行间及答复记者的访问中，可以体察出作者博览群书，所以对芜文所列举的书，想必作者曾寓目且做过深入的研究，因此各书的精华，可能都已融入《超限战》的理论之中。

经过上述的理解，有两个问题需要重新审视：第一，乔良认为，

《超限战》所揭示的军事意义，有可能在未来二十年至五十年里显现出来；台北几位受访的退役将领也认为，要完全扭转解放军的思路，没有二三十年的酝酿不足以为功。第二，不怕美国如法炮制"以其人之道还治其人之身"吗？又，既然是弱国小国对付强国大国的战法，何以台湾不能用来对付大陆？这都有待进一步探讨。

关于第一个问题，首先要澄清的是，何以要"完全扭转解放军的思路"？这个思考方向的假设前提是，只要采用了《超限战》，就是一场彻头彻尾的军事革命，既有的一切都要被抛弃或被推翻。笔者不认为如此，《超限战》固然有特殊的战略思考、特殊的战术运用以及特殊的战法技巧，但这并不表示旧有的一切都要放弃。正如同赵武灵王胡服骑射，但并没有完全放弃步兵；采用了游击战法，未必就要永远放弃正规战。《超限战》的运用应该是一支突击队，和传统的武装力量共同作战或进行交互，可能效果更好、能量更大。

这就不需要二十年到五十年来显现它的军事意义，假如非这么久不可，说不定十几年后又有新构想问世，于是新的挤掉旧的，如此循环不息，永远都在"纸上谈兵"。

至于第二个问题，说穿了，《超限战》是"只此一家，别无分号"的独门绝活，只有在中国共产党领导的背景下才有可能产生这样的战略、战术、战法思想，其他人想学也学不来。而这个背景是有层次、有深度、有广度的，就如同毛泽东当年提出的《中国革命战争的战略问题》一样，其中分战争、革命战争、中国革命战争三个层次，构成它的特色。美国革命战争和俄国革命战争的经验，对中国革命战争没有用，同样地，中国革命战争的经验也不能输出。各有各的问题，也各有各的方法。

以中国共产党的领导，加上中国固有的军事文化，益之以转化过了的辩证法，搅拌上几十年的战争冶炼，才造就了《超限战》的思想温床，试问，美国和台湾怎么学？不论怎么学，也都只是东施效颦。

从战略层面看,《超限战》最大的效果在于吓阻,因为战术上保有"出其不意"的主动权,可以完全掌握"胜兵先胜而后求战"的优势,因而使敌方防不胜防,借此警示美国收敛它的"霸"气,不可总是"要怎么玩,就怎么玩",须醒悟"蜂虿有毒",庶几避免"国虽大好战必亡"的后果。

(本文作者系中国台湾学者刘振志。)

附录七

自"超限战"中和平崛起：
针对中国特点的大战略

【导读】文章介绍了大战略的定义，认为美国需要针对中国特色的"超限战"制定自己的大战略。文章通过对战争本质和权力转移理论进行深入分析，结合当前世界形势总结了战争的发展趋势。文章认为，在当前形势下，发生物理战争的可能性逐渐降低，取而代之的可能是各种"非动能"战争，如金融战、政治战、舆论战等。在东西方两种不同的战略观念下，美国应该放弃克劳塞维茨的观念而针对中国特点制定自己的未来大战略。

> 战斗力量只是大战略的一个工具，大战略需要依靠运用金融压力、外交压力、商业压力和道德压力来削弱对手的意志……与战略不同，大战略还有很多内容需要去探讨、去了解。
>
> ——利德尔·哈特《战略论》

正如许多观察家所指出的，21世纪初的中美对抗，与导致了第一次世界大战的英德对抗非常相似。因此，国际关系学术界一致认为中美关系将是未来数十年最重要的双边关系问题。

但这个重要的双边关系在其推动力和最终结果上却存在着很大的不确

定性。在面对"冲突是否难以避免"这个问题时，三种流派（现实主义、自由主义、结构主义）都非常谨慎，分别提出一个悲观的看法和一个乐观的看法。显然，对于当前这个最热门的话题，任何预测都是毫无意义的。

对于外界观察者来说，最不解的是乐观主义者和悲观主义者对冲突和战争持相同的概念，似乎"冲突"是个不言而喻的概念，而"战争"却是一个超越历史范畴的概念。特别是对"权力转移理论"持支持和反对两种观点的人们都不顾中国战略文化的独特性和过去五十年全球的三种发展趋势——"重大战争"的减少、军队"可替代性"的降低和"战争"本身的变化，而对"重大战争"的起因、时间、强度和后果争论不休。相比之下，军界认为当前不可能出现"需要集中兵力应对的战争"。自"9·11"事件以来，美国国内的战略观点就充满了"战争"的论调，似乎对战争的各种描述层出不穷：非常规战、不规则战、不对称战、邪恶战、犯罪战、第三种战争、非三位一体战、新型战、反击战、人民战、三街区作战、第四代战争、混合战、网络战、叛乱、全球游击战、经济恐怖主义，还有信息战、金融战、资源战、法律战等。

显然，很少有战略家同意英国鲁伯特·史密斯将军的"战争不再存在"观点。虽然常规战、国家对抗、军队对抗、战争等概念不会很快消失，但是"战争"一词目前充满了"迷雾和矛盾"。美国戴维·巴诺中将近期坦白："在相对确定的冷战时期之后，我们的部队目前在没有战争概念的情况下行动，我们正在竭力寻求一种冲突的'统一原理'，以此组织和推动军事条令和战术、采购和研发、训练和组织、领导人培养和教育、材料和武器、人力和晋升政策等，取代依然在军事各个方面占主导地位的冷战结构。目前尚未出现一种统一的冲突原理来推动这些重要因素发展。出现这种局面的原因是大量不同的观点导致难以达成专业性一致的结果。"

因为缺少一种"统一"的战争理论，目前强权国家如美国等的军事分析人员都采用"防御性现实主义"情报政策，来达成各军种之间最低程度的一致。美国在过去三年最大的成果就是总结出了"混合威胁"的概念。

弗兰克·霍夫曼上校和内森·弗雷尔上校将这个概念推进一步，指出"混合威胁"强调综合战争中的物理和心理因素，模糊常规战与非常规战、动力和非动力、战斗人员和非战斗人员之间的界限。

人们在提及"混合性"的时候，常常忽略地缘政治因素，这也是为何直到今天我们还只是局限于"混合威胁"这个词，还在忙着应付有关混合战的逻辑问题。

相反，修正主义国家如中国的战略家都更倾向于"进攻性现实主义"情报态势，制定了一套"统一"的战争原理，虽然这种原理依然同中国的战略文化有关，但其中战争中的动能因素已经不再占据主要地位。与这种原理关系最近的例子就是1999年出版的由乔良和王湘穗撰写的《超限战》。简而言之，"不由自主地认为军事行动是支撑战争的主要手段这种思维已经过时了。利德尔·哈特也注意到了这一点。他主张利用'间接性手段'来选择敌人防守最薄弱的地方和以敌人最想不到的行动方式进攻。虽然战场不断扩大，包括了政治、经济、外交、文化和心理范畴，各个因素之间的相互影响让人更难以将军事因素作为解决问题的主要手段。战争会在非战争领域开展，如果我们想要在未来赢得胜利，我们必须要为这种情形做全面准备，也就是说，准备好发动影响一国各个方面的战争，这种战争很可能不是以军事行动为主"。

如上面引用的语句，同德国战略家鲁登道夫的"全面战争"相比，"超限战"的概念与英国战略家利德尔·哈特的"大战略"概念更加相近。这种情况下，不仅非动力手段比动力手段占的地位更重要，而且常见的形式不再是全体动员，而是各种因素互相结合。另外，虽然发动战争的方式在原理上是"不受限制的"，但是后果是受限的。如《超限战》

中明确警告："不要追求不受时间和空间限制的目标。"

"超限战"并不是"中国用以摧毁美国的主要计划"。同样，它也不是迫使中国军官开放思维的一种智力测试。在当前环境中，"超限战"的最好定义是"一种可以让崛起中的大国受益的'注射了类固醇'的作战模式"，换种说法就是，一种在军事力量应用逐渐减少的时代进行"全面冷战"的计划蓝图。

"超限战"是一种"试验性"的概念，它在中国相关机构中的重要性依然有待确定。虽然有人认为"超限战"只是四种军事思想流派之一，但是深入研究会发现，"超限战"不仅包含了其他三种流派的精华部分，而且横跨其他三种流派。

这个概念在政界也造成了影响，不仅国家主席江泽民和国防部长迟浩田都曾阅读过《超限战》一书，胡锦涛任主席以来的七年里，官方的"和平崛起"外交条令和非官方的"超限战"军事条令之间都似乎存在着矛盾之处。

2003年，随着官方提出"和平发展"概念，中国共产党中央委员会也支持"三种战争"的概念（显然是受"超限战"概念启发），称"要加强在舆论战、心理战和法律战方面的政治工作"。同年，中国政府启动了"走出国门"计划，这是一种新重商主义进攻方式，计划在国外进行战略投资的同时，由解放军组建首个网络战部队。中国黑客发动的"巨人雨"（Titan Rain）攻击活动让人怀疑中国政府也参与其中。

时至2008年，美国国务院国际安全顾问委员会确认，目前正在形成非动能三战战争："美国需要更好地理解中国官方'三种战争'概念所代表的全面战略对抗，并制定有效反应措施。如果不能积极应对，那么北京的心理战、舆论战和法律战会让其在关键领域获得战略优势。"

2009年，中国迅速发展的金融战和网络战能力迫使五角大楼进行了一次重大金融战演习，并在美国战略司令部建立了一个统一的网络司令部。

在《超限战》出版十年之后，教科书上的24种行动模式显然不如以往清晰，中国正在利用各种非动能手段，如心理战、舆论战、法律战、金融战、网络战等，建立其修正主义大战略。

但是在五角大楼以外，"超限战"依然不为人知。这种模糊概念充斥了军事杂志和政府报告，而这些都未能提高民间的态势感知。

本文的目的是抛砖引玉，缩小美国国内对"中国威胁"的军事和学术认知上的差距，同时提高各部门在"超限战"上的态势感知能力。

权力转移原理

正如将历史进行概念化一样，战争史的概念化也有两种方式：线性和周期性。

在周期性概念中，重大战争被称作"霸权战争"，这种战争是在历史上所有权力转移时期重复发生的现象，如：希腊伯罗奔尼撒战争、三十年战争、拿破仑战争和两次世界大战。其中，两次世界大战被丘吉尔和戴高乐看作"第二次三十年战争"。

这种历史的周期性概念是权力转移原理的基础，这一原理在2000年《权力转移：21世纪战略》出版之后风靡一时，成了分析中美两国之间对抗日益加深的工具。

从表面来看，权力转移原理的魅力在于，它是在权力转移的背景下形成的一种与政治相关的"统一性"战争原理。书中明确指出："在所有国际性原理当中，'权力转移'原理可以最为严谨地解释战争发生的原因、方式和时间。另外，它还可以提供有关战争损失、强度、持续时长和后果等的证据。"

经过深入分析可以发现，权力转移原理的吸引力不在于它理论上的严谨性，而在于对照一个世纪前英美和英德的力量转移历史，会发现这一原理有一种强大的自我表述和历史性叙事之感。简而言之："从'权力转移'原理的观点来看，美国拥有同英国一样的政治和经济结构、自由的民主文化，美国同样渴望全球的政治、经济和法律秩序。美国是一个很有满足感的国家，它相信可以通过对现有系统进行修正获得自己的利益，而不需要用新的秩序来取代当前的秩序。英国人了解美国人所希望的国际秩序，所以它可以接受自己的权力在这种秩序中稍受影响。但是在英德权力转移过程中，德国与英国在政治、经济和文化上完全不同，关于国际秩序的观点也不相同，因此德国自己并不满足。英国领导人同样不想做太多让步，宁可接受战争风险，也不愿和平过渡到另一种英国利益受到极大损害的国际新秩序。"

不仅这两种"权力转移故事"本身有问题，决定重大战争的两个因素——霸权国家之间的"权力均衡度"和新型强权对现有秩序的"不满意程度"也都存在问题。

第一个问题是，在军事力量影响力降低和不对称战略日益增多的时代，衡量"权力均衡度"的过程中遇到了种种问题。除了官方统计数据缺少透明性（中国的实际国防预算预计是官方数字的三倍），美国和中国评估综合国力的方式也不同（质和量的区别）。权力失衡的情况下，可能会增加计算错误的风险和任何一方发动战争的风险。

权力转移原理所采用的"权力"概念同"均衡"这个词一样，都是过时的。虽然这个原理对"权力"的定义（强迫或劝说对手遵从自己要求的能力）接近现代事实，但是对权力的评估方式有些陈旧："在'权力转移'原理中，权力是三种因素的总和，即参加工作和战斗的人员数量、经济生产能力、吸取和集中个人贡献为国家目标服务的政治系统效率。"

军事权力：与权力转移理论家不同，中国没有忘记苏联在20世纪80年代为了与里根进行军备竞赛而破产的事实。邓小平的"四个现代化"项目中，军事现代化排在最后一位，前面分别是农业、工业和科技现代化。更重要的是,"威廉时代德国和中国的主要区别是,德国想要发展出与英国相当的能力,而中国却想要发展不对称能力"。中国并不想通过建造11艘航母来实现海上权力平衡,而是计划利用各种不对称手段,从卫星战到地雷战,从反舰弹道导弹到"海洋法之战"制定封锁战略。

经济权力:当今的原理更注重权力转移的动力,而不再强调"生产力",并且会更加重视工业和金融的发展。中国想要达到与美国相当的生产力还需要很长的一段路要走,但是它的巨量外汇储备可以决定未来储备货币的种类,这是美国全球优势的关键。

软实力:很奇怪这种权力转移原理不重视过去二十年的"权力变化",而是逐渐增加了对软实力的强调,中国的概念更接近德国的"民力"概念,而非美国的"软实力"概念,这更加突出了权力转移原理中这一让人不解的疏忽。对于中国来说,"软实力代表军事和安全领域以外的所有内容,不仅包括流行文化和公关,也包括经济和外交政策,如资助和参加多国组织等"。

第二个问题是,当定义当前秩序下"不满意程度"时,权力转移原理在处理"权力均衡"的问题上就显得比较唯物主义化。如果不能深入考察一国的"战略文化"和"大战略",那么就没有办法评估该国的不满意程度,而这两点恰恰是权力转移原理没有提到的。

战略文化:如果确实像权力转移原理提到的那样,英德权力转移是因为"德国与英国有政治、经济和文化上的差别",那么人们就会注意到中国与美国在政治、经济和文化上的差别更大。虽然英德对抗在某种程度上来说,确实是"文化冲突"引起的,但是两国依然属于同一种文明。相反,中国和美国代表着两种不同的文明,这让人认为权力转移原理漠视这种文明差异是为了避免与学术界观点即萨缪尔·亨廷顿的"文明冲突"相冲突。因此,权力转移原理中缺了两个关键因素。第一,没有意识到当前国家之间(美国和中国)的对抗发生在更广的文明转移的背景下（从地缘政治上来说是大西洋转向太平洋，从地缘经济和地缘文化上来说是从西方转向其他地区）。第二，没有意识到与欧洲不同，传统的亚洲国家倾向于等级制度思维，而非力量均等思维，当前的问题是中国的邻国希望"力量平衡"的愿望有多大。

大战略：按先后逻辑顺序来说，任何严谨的权力转移理论的首要任务都应该是评估何种修正主义大战略会增加或减少大战发生的可能性，加速或减缓大战的爆发和终结，以及对参战成员会造成什么影响。通过对这些内容的分析研究，就可以事先总结大战的发生时间、持续时长、严重程度和后果。但是在权力转移原理的大战略概念中却没有这些内容。权力转移原理显然没有意识到，在各个方面（人口、生产和政治能力）持平的情况下，英德和美德权力转移的时间、剧烈程度、时长和结果也会有很大不同，德国的大战略不就是这样一种巨大的"错中之错"吗？

最后，权力转移原理一直不能够在评估"目的"的基础上衡量"权力"。你根据这种权力转移原理，永远也不会了解到中国根本没有兴趣与美国争夺"全球霸主"的称号，而是更想乘全球多极化运动来消除"霸权战争"的观点。

总之：因为权力转移原理着重对手段（权力源泉）的研究，它忽视了虽然中国是一个"系统上"的修正主义国家，但是它与威廉德国在方式（战略文化）和结果（大战略）上都不相同。

如此说来，权力转移原理的卖点在哪里呢？

充其量，这个原理也就提供了一些老生常谈的话题，如"当一个对手国家在力量上与强权国家持平，而它又不满足于现有体系时，就很可能发生持续时间较长、烈度较大的战争"。这种论调会让过去三十年里一直漠视各种国际关系原理的外交人士也忍不住说"我早就知道了"。

在就可能发生的战争发出警告时，权力转移原理的拥护者都把战争看作一种跨历史范畴的东西。在2000年出版的《权力的转移》中可以发现，权力转移理论家们好像都没意识到对战争的讨论经过了二十年的发展，也没有提及在后现代时代"大战"可能会以《超限战》中的形式出现。说实话，从十年前出现以来，权力转移原理的主要观点就一直认为"霸权主义战争"很可能出现，它为那些不相信"历史会终结"或者"利益协调"导致和平共治的西方观察家提供了一个警示性的内容。

虽然承认核时代从根本上改变了大战的成本和利益，但是权力转移原理认为拥有核武器的国家之间的大战难以绝对避免。但是它得出这一结论的原因却是完全错误的。

因为权力转移原理没有提及战略文化、大战略、大战的警示、武力运用的减少和战争本身发展的重要性，所以它的说服力有限。因为没有谈及工业和金融动力的差别，权力转移原理只能作为一种预测性的原理，因此会产生误导。因为它过高估计了大战的可能性，它的价值就更让人怀疑。

权力转移原理中最具讽刺意味的是，它对先前"霸权主义战争"的过度敏感让当今这一理论的支持者鼓励极端冲突形势转变为"缓和"下的共处。

权力转移原理的支持者提出的政策建议常常近乎愚蠢："对于中国来说，北约进一步扩张将其纳入其中，可以帮助建立一种和平取代的条件，如此一来，可以降低全球大战的可能性。"

中国加入北约，否则就会发生世界大战？可能吗？

十年前，全球一度处于"单极化"状态，在这种双边权力转移背景下考察中国的崛起不太合理。十年之后，我们面临的后美国世界中，中国的发展会受到东南亚国家联盟（东盟）、俄罗斯、欧盟和美国本身的影响，权力转移原理就失去了逻辑支持。

历史周期性概念本身并没有错，中国近年来也谨慎研究强权国家的崛起和衰落。错误的是西方社会科学家把历史作为争论的工具以及他们对伪科学的迷恋和对研究领域的忽视。新一代的理论家更愿意"考虑政策的相关性",这是一种好的趋势,但是如果国际关系学者想要赢回他们上一代失去的外交家对他们的信任,他们就必须避免仅仅利用半生不熟的历史分析来提供愚蠢的政策观点。

"超限战"的形成

军事历史一直保持线性发展的概念。在这种概念中,"大战"常常与特定时期有关,如克劳塞维茨时代,从1792年的瓦尔密战役到1945年广岛遭原子弹袭击。

这一时期的西方军事历史主要就是一个逐渐升级的过程,社会动员(从法国大革命开始),工业动员(从美国内战开始),最终导致了20世纪的全面战争。用黑格尔的话来说,从瓦尔密战役到广岛遇袭期间背后的哲学就是一个渐进的历史实现过程,也就是克劳塞维茨所说的"绝对战争"的概念。

军事历史的发展过程中,从拿破仑到希特勒直到全面战争的爆发,这个过程是显而易见的,在过去二十年里许多学者都进行过深入研究。相反,后广岛时代的发展脉络并不是那么明显。从1945年到1989年期间的主题一直是对大战的警惕和小型战争的扩张。事实上,在20世纪后半叶国家之间的战争已经不再出现(连非核国家之间也没有战争),而国内战争却较为常见,这种国内战争的形式多样,包括革命,因种族、信仰引发的冲突犯罪和资源战等。但是大战和小型战的说法只能代表一部分现象。

还有一种可能的形式,外交史至今也没有提及,就是在20世纪后半叶全面动能战争开始转变为非动能的全面战略。这种形式的前半部分发展过程,从杜鲁门时代的国家安全体制到艾森豪威尔时代的全面冷战都

227

广为人知,但是后面的发展过程,即里根时代的"第二次冷战",却只有内部人士能有片面的了解。如国家安全决策第75号指令(NSDD-75)规定的,里根的大战略实际上就是"超限战"的雏形,只是具备了美国特色。简而言之:在世界大战结束之后,西方战略家开始分析全面战争的不同方面,"经济战""心理战"和"政治战"等概念开始出现在战略描述中。在修正主义国家如德国,战略家的目标是寻找更有效的方法来赢得下一次的大战,因而鲁登道夫将军创建了进攻性全面战争原理,这一原理中,政策服从战略,而战争被看作"生存意愿的最高表现方式"。

权力相当的国家如英国,它的目标是赢取和平,避免大战期间流行的克劳塞维茨意识造成的破坏性后果,因此利德尔·哈特的系统性全面重估(战术、作战和战略)间接帮助他形成了"大战略"的概念。类似鲁登道夫的全面战争概念,利德尔·哈特的大战略概念也造成了战时与和平时期界限的模糊,但是两种概念有根本区别,"大战略"中军事手段只是一种支持性角色。

两战期间利德尔·哈特的理论被高估,"二战"后他的声望开始衰落,主要原因是受到理论、历史和政策的影响。与克劳塞维茨不同,利德尔·哈特从未提供"大战略"的系统性著作。他的原理一直是零散的,分散在1929年到1954年间发表的一系列文章中。而他的"间接方式"又太过于依赖可疑的历史观点,如所谓的"英国式战争",这是历史学家们不愿看到的。时至今日,利德尔·哈特依然因为他支持"缓和"而被人谨记,但是仔细分析会发现,他的理论性成果接近乔治·凯南的"遏制"理论。

"二战"之后,西方主流都抛弃了大战略概念,开始采用更模糊的"国家安全战略"概念。随着1952年第一颗氢弹的出现,在随后的十年中,西方的主流战略争论开始将重点放在核战略上面,并迅速形成了一种战略信仰。

而与此同时,利德尔·哈特继续认为,间接大战略在目前更有必要:

"氢弹及其试爆都显示了'全面战争'模式和'赢得战争'这个目标已经过时。认为原子弹让战略失去效用的想法毫无根据而且会产生误导。原子弹的自杀式破坏力促进了另一种间接方法的出现,这就是战略的本质。"

但是在他的《战略论》一书中,只有很少几页内容涉及了大战略概念,他解释是因为"要全面地分析这个大主题不仅需要更多的内容,而且需要另外撰写专著。虽然大战略控制着其他战略,但是它的原则常常与战略领域中流行的观点相违背"。在修订版中,他对间接方法的兴趣已经从国家战略转变到了战场战略。

1963年,利德尔·哈特的信徒,法国的安德烈·博福尔将军想要利用"全面战略"一词重新定义"大战略"的理论。我们虽然不能对博福尔的书进行全面评价,但可以指出其中两点是毫无价值的:首先,他对"内部机动"和"外部机动"的区分相当于今天对"战场"和"战场空间"的区分。其次,斯特凡·普松尼的科技战概念发表以前,博福尔就提到:"和平时期正在发展一种新的战略,这种战略利用了'军备竞赛'一词,它不认为战争会出现,而是认为竞争双方都力图让自己的装备性能胜过对手。这种形势曾被称作'后勤战略'。它的战术包括工业、科技和金融等方面的因素。这是一种间接性消耗,而不是直接摧毁敌人的资源,它的目标是让敌人落后于自己,给敌人造成大量消耗。一种无声但明显的和平战争形成了,但战争本身是决定性的。"

虽然并不是毫无价值,但是博福尔的成果对美国读者来说"太法国化了"。

最近似的美国版"全面战略"可以在1962年出版的《战争新前线:政治战的过去和未来》中找到,该书由威廉·金特纳和约瑟夫·考恩菲德尔合著。该书既抓住了艾森豪威尔时代的"全面冷战"精神,同时也提前一个时代提出了后来乔良和王湘穗撰写的《超限战》中的理论:《战争新前线》将政治战定义为"一国不直接利用武装力量而将自己的意愿强加给对手国家的冲突形式"。"政治战由外交、国际商务、信息和其他民间机构、政府和非政府机构、军事活动等组成。当前频率和强度更高的行动需要一种新的名称来描述，因此我们创建了许多新名词，如政治活动、经济战、心理战等。我们把'军事活动'的范畴进一步扩大，包括资助外国政府和居民，或者游击部队和党派战争等。"

金特纳的著作没有引起太多关注，其原因有二。一方面，古巴导弹危机之后，美国战略家们不再对大战略感兴趣，而是把重点放在了危机管理上。另一方面，随着越南战争升级，大战略只好给平叛行动让位。

同时，由于20世纪70年代社会科学家的风头超过历史学家，在国际关系原理中经典现实主义就让位给了机械论结构现实主义，而后者与大战略概念毫不相干。虽然英国历史学家保罗·肯尼迪做了很多出色的工作，但是对大战略的研究还是被国际关系原理和外交历史等的研究推到了不起眼的角落。

随着里根时代的"第二次冷战"到来，大战略开始从"抑制"转向了"回击"。1979年，西方国家通常认为，苏联处于进攻态势，而美国处于衰退阶段。1989年，苏联转为衰退，而美国处于"唯一超级大国"地位。里根的"第二次冷战"应该比艾森豪威尔时代更符合"全面冷战"的概念。奇怪的是，国家安全决策指令第75号（NSDD-75）对这种大战略的战略研究只字未提。

部分原因是"第二次冷战"是秘密发动的，有些因素到今天依然处于保密状态，但是大部分原因是学术界希望将这一时期归功于戈尔巴乔夫，而把里根看作"在历史中梦游"的好莱坞演员。因此在冷战末期，大部分历史学家都注重戈尔巴乔夫的角色，而忽略了里根在第一任期间的角色。需要注意的是，学术界将1979年到1985年间定义为"第二次冷战"时期，是为了说明里根的"回击"战略和冷战结束之间没有什么联系。

从起到的作用来看，里根的大战略包括从专利战到石油战，从低强

附录七 自"超限战"中和平崛起：针对中国特点的大战略

度战争到"信仰战"。从地缘政治观点来看，里根的战略击退了苏联在中美洲地区的利益，削弱了苏联对东欧的控制，迫使苏联从阿富汗撤退。里根的战略不但综合了横向的外交、信息、军事和经济手段，还综合了政府间组织和非政府间组织的垂直联系措施。

简单来说，里根的"回击"是超限战的雏形，但是这里面有个缺点。从形式上来看，里根的全面战略非常复杂，范围广且非常有效，但这个"超限战"缺少任何的成本效益分析，它的胜利只能被看作代价很高的胜利。从美国国内来看，1986年美国一度由世界上主要的债权国变成了主要的债务国。从国际上来看，美国协助中国和伊斯兰国家抵抗苏联产生了出乎意料的结果。

正如军事战略家约翰·阿奎拉近期指出的那样，因为巴基斯坦"为抵抗俄罗斯占领阿富汗的叛军提供了庇护，所以里根不愿意过分督促巴基斯坦军事独裁者放弃研发核武器的活动。这种错误带来的后果让事情变得更加复杂，因为巴基斯坦的非法扩散网络对朝鲜、伊朗和'基地'组织获得大规模杀伤性武器起到了不可忽视的作用"。

除了忽略了大规模杀伤性武器扩散，里根政府放手让越战后的美国军队进行常规军事力量建设，而且也忽略了当时已经出现的反恐问题。阿奎拉认为："这些资金大部分都花在了为参加欧洲中部可能爆发的常规战争做的准备工作上，而发生这种战争的可能性微乎其微。与此同时，恐怖主义正在作为一种战争形式出现。当里根政府中的成员建议组建发动突袭部队以便对恐怖主义进行先发制人打击时，这种建议受到了那些传统主义者狠狠的训斥。"简而言之，如萨缪尔·亨廷顿所说，里根政府是一个建立中国—伊斯兰纽带的工具。

出于这两个原因，里根的大战略既不被学术界采纳，也不被军事机构认可。自1979年以来，国际关系学术界的兴趣从决策转向了原理创建，结构现实主义在冷战结束以前一直处于支配地位。1979年左右，美国军方决定专业士兵的主要工作是注重常规战术和作战模式，他们还从越战中得出了错误教训，采用了克劳塞维茨的这种没有战略的战争科学。

随着冷战结束，战略概念和"大战略"思维在学术界和军界就更是默默无闻了。

在军界一方，卡尔·布尔德在20世纪90年代中期提出："随着冷战结束和核对抗风险造成了政治局限性，有人预期美国军方会出现在战略思维上的复兴，但是这并没有发生。海湾战争和波斯尼亚冲突几乎都是以作战和战术方式解决的。美国军方的战略思维似乎躲藏了起来。三十年之前，国家安全领域中战略思想光芒四射。而在30年代，战略理论化占据了美国的主流思想地位。如果我们军方的作战思维是安全而无可匹敌的，如果我们的战术思维不断涌现，那么战略思维早就被抛弃了。国家安全的战略因素被看作政治家和外交家的事，而作战和战术因素属于军方，而民众则两不相干。"

与此同时，学术界的学者如理查德·贝特开始发出质疑声，称"战略文化在西方精英分子中逐渐衰落，武装力量的发展也在减弱，而战争的非线性性质逐渐增加，在这种情形下战略是否还只是'空想'呢"。学术界的"战略研究"领域成了模糊的"安全研究"，不仅"大战略"的概念完全消失，"国家安全"的概念也变成了模糊的"人类安全"概念。而战争本身在民间学术界逐渐被看作"风险管理"。

冷战后时代，不管学术界还是军界都没有多大兴趣在大战略上投入心思。对于学术界来说，只有那些粉饰"全球监管"和"人类安全"的学者才容易获得研发资金。而在军界，面对大幅的预算裁减，官方战略迅速转变为"克劳塞维茨VS计算机"这种虚伪的争论，让人力密集型的陆军和海军陆战队与以武器为中心的海军和空军互相攻讦。除了少数正统派相信克劳塞维茨《战争论》的毫无瑕疵，大部分美国军事精英都开始意识到克劳塞维茨理论的不足，但是在军事事务革命的支持者的自我陶醉式言论中，这个普鲁士人好像不再那么邪恶了。海军战争学院知名教授迈克尔·韩德尔努力协调东西方的两大传统思想：克劳塞维茨理论和孙子兵法。他对两种理论做了许多说明和"补充"性的工作，他认为：孙子兵法从大战略的角度来研究战争，而克劳塞维茨大多采用具体的战略来解决问题。

虽然他尽了很大努力来挽救克劳塞维茨理论，但还是不情愿地做出总结："孙子的理论在分析战略和战争上比克劳塞维茨理论更适合我们的时代。""9·11"事件前夕，韩德尔表示希望看到一种统一的战争理论出现，而十年之后，巴诺将军也正是因为缺少这样一个统一的理论而哀叹不已。

与此同时，中国军方一边关注美国军事事务改革，一边开始重新研究自己的战略传统，并在此期间进行一件更重要的事情：战略事务改革。

超限战之道

东西方的战争和战略传统可以简单总结为西方理论注重纪律、技术和决定性战役，而东方理论注重欺骗、计谋和非武力解决方式。

随着20世纪各种科技大量涌现，这两者之间的区别淡化了。在1904—1905年的日俄战争中，让人惊讶的是日本居然比俄国的用兵方式更加西方化。东方国家的军事西方化在20世纪期间一直持续，直到1998年，印度和巴基斯坦的核试验让某些西方观察家承认长达两个世纪的西方军事优势结束了："两百年以来，这个世界一直处于西方军事统治之下。作为国家力量代言人的炮舰已经被战斗机所取代，而后者又被导弹和卫星，还有计算机所取代，但直到不久之前，这些技术都由欧洲和北美国家垄断。而现在这种垄断已经不再。"

"9·11"事件之后，其他观察家已经开始怀疑西方的军事优势是否还在，这种优势已经不只是受科技局限，也受到战略的限制。

在冷战结束之前，对中国进行长期观察的拉尔夫·索耶指出，中国已经开始重新研究自己的战略传统："1985年以来，随着中国人民解放军国防大学的成立和《中国兵书集成》开始出版，中国军事科学开始研究自己的理论和实践遗产，这将促使中国创建一种全新的军事科学，一种不仅仅是模仿，而且是超越了西方战略家的科学。这种科学深不可测，可以用来整合武器、指挥和通信方面的各种优势。传统的中国军事著作，特别是《孙子兵法》《六韬》《百战奇略》和《三十六计》都广为流行，而且被制作成各种形式的电视剧和漫画书等。"

十年之后，解放军在科技上进行"西方化"的同时，还在不断让自己的战略"东方化"。汉学家亚瑟·沃尔德伦颇有先见之明，他当时就说："从19世纪军事事务改革开始以来，西方国家就趋向于提高自己的实力，以便更容易地利用军事手段来解决问题，所以我们往往把武器看作决定性的手段，包括速射枪、坦克、空中力量或当前的高技术。但是随着核武器的出现和战场向全球范围扩展的可能性提高，我们意识到越来越难获得决定性的力量。这种情况对中国来说再熟悉不过，因为他们的基本作战方法就强调太过依赖武力带来的局限性和危险。中国所强调的计谋为现代化武器系统提供了一种西方国家难以提供的应用思维。"

具有讽刺意味的是，当中国忙着重新研究自己的传统时，西方国家的修正主义学派却声称没有所谓的中国传统。至多是在面对"必要的战争"时，中国会与其他国家一样采用克劳塞维茨理论。当面对"选择性战争"时，中国依然喜欢利用间接方式解决。用智力来胜过对手，而不是打赢对手，这种方式依然被看作"上兵之道"。

同我们修正主义者声称的不同，中国的战略文化并不像教科书中所定义的，而是同其他任何一种战略一样，是集众所长的历史经验。中国虽然了解西方国家崛起的原因，但是对"权力转移"的理解不是基于西方国际关系原理，而是基于自己的历史——战国时期和中日战争。

附录七 自"超限战"中和平崛起：针对中国特点的大战略

中国集体记忆的中心是鸦片战争时期与西方列强的对抗，这一时期早被西方国家抛诸脑后，中国却铭记着这个作为"屈辱世纪"开端的时期。实际上，西方国家利用鸦片作为武器，使用这种间接性手段击败中国，让中国感到尤其耻辱。这种"阴谋诡计"从18世纪末开始，让400万中国人深受其害，所以从战争一开始其结局就已经是注定了的。

中国和其他国家一样，"集体记忆"常常与实际历史不符，但是即使这种集体记忆是空想，它对集体行动的效果却是真实的。"政治就是观念之争"：1997—1998年的金融危机在亚洲某些地区被看作西方国家发动的"金融9·11事件"。乔良和王湘穗毫不犹豫地把索罗斯比作恐怖分子本·拉登，他们认为亚洲危机是一个转折点："非国家组织利用非军事手段与主权国家交战。因此，金融战是一种非军事战争方式，它的破坏性与流血战争一样大，只是未出现流血牺牲而已。金融战现在正式成为战争的一种。随着核武器的威慑力日益衰退，金融战已经变成一种吸引了全球注意力的战略工具。"

对于乔良和王湘穗来说，1998年亚洲"金融战"的历史重要性胜过1991年的海湾战争，他们认为，军事事务中的科技革新是导致思维改革，亦即战略事务改革的第一步："很长时间以来，军事和政治人员都习惯了采用某种特定思维方式，他们认为对国家安全造成威胁的主要根源是敌对国家或潜在的敌对国家的军事力量，但是20世纪末的十年中发生的战争和重大事件让我们改变了观点：军事威胁已经不再是影响国家安全的重要因素。目前存在着同样的领土争端、民族冲突、信仰不合，但同时也存在获取资源、争夺市场、控制资本、贸易制裁和其他经济问题因素。"

早在十年前，战略家爱德华·勒特韦克就表示地缘政治模式转变为地缘经济模式，但是没有明确指出这种转变对军事战略有什么影响。乔良和王湘穗丝毫不受西方思维限制，他们声称克劳塞维茨理论从未成为东方传统的一部分，在金融战中也将一无用处。相反，中国与利德尔·哈特有某种一致，并在1994年翻译了他的著作《战略论》。

作为分析家，乔良和王湘穗很好地抓住了20世纪90年代美国军事争论点。作为战略家，他们太过于关注美国，因而同其他地区的战略家一样，大部分讨论都是以地缘政治为前提。作为未来主义者，他们坚定地提出了一种"构成主义者"的战争概念，这一点上，他们两人可以被看作中国的阿尔文·托夫勒。

在《超限战》出版两年前，托夫勒学派认为工业时代的主要特点是国家之间的联盟，而信息时代的特点将是政府和非政府行为体之间的"深度联盟"："与海湾战争期间的国家联盟不同，目前可能存在一种实实在在的深度联盟，例如可以由三个国家组成，也可以由十四个民间组织组成，或者两三家私营企业因为共同利益而结合，再或私人投机者组成，等等。深度联盟涉及一个系统中各个层次的机构。它是一种多维的关系，所有组成部分都在不断增长、扩大和融合。与1648年《威斯特伐利亚和约》之后产生的国家体系不同，新系统很少依赖主要国家之间的'力量平衡'关系，而是注重各级组成部门的正确结合能力。比力量平衡更重要的是'保持平衡的力量'，即一国保持对自己地位的清醒认识，将自己的经济和军事能力与知识资源相结合。这样，整个世界就进入后威斯特伐利亚和后克劳塞维茨时代的全球秩序。"

这种"深度联盟"的概念在某种程度上也体现了超限战概念，因为它不断强调非国家行为体的政治角色，包括信用评估机构和缉毒机构等，它也强调了"战争平民化"的概念："现代科技正在改变武器和战场，同时它也将战争参与者变得更加模糊。非专业战士和非国家组织给主权国家带来的威胁越来越多。面对一个无限战场空间中越来越多的战争形式，在大战略的概念中不再单独依靠武装力量和武器达到国家安全目标，军事力量也不可能保证实现所有的国家利益。显然战争正在从以士兵、部队和军事事务为主转变为更多地以政治家、科学家和银行家为主的形式。"

对乔良、王湘穗两人来说，"组合"是一个关键的字眼，他们两人都强调"组合"在军事历史中的重要性，正如利德尔·哈特在"间接方法"中所述，"不管是三千年前的战争，还是20世纪末的战争，最终的胜利都显示了同一个现象，即胜利者都是能够将资源有效组合的一方"。

他们观点的主要独创性就是他们强调了需要在行动的各个层次上（国际、政府间、各民族）系统地"组合"各种作用领域和行动领域（法律、经济、心理等）。正是因为超限战的中心思想就是"组合"，所以西方国家也把它称为"组合战"。

但是，时至今日"超限战"依然不够全面。一方面，他们对"杀伤力"和"暴力"的区分带有后现代主义色彩。被判定为非致命的战争不代表它是非暴力的，需要对暴力做进一步的重新定义。另一方面，他们声称发现了一条"百试百灵"的金科玉律，但是军方策划者对此深表怀疑。

"超限战"作为一种战略理论上的思维实践，最有趣的地方就是它所依赖的事实处于东西方的传统之间。有人会把它看作博福尔将军创建的全面战略概念的新版本，只是其中包括了非国家行为体的革新战略。而其他人把它看作后现代主义版的孙子兵法，只是包含了战场的数字化、法律的武器化和外国政策的金融化。

但是"超限战"在中国机构的重要性并不确定。"超限战"曾被看作中国军界四种流派之一。第一种是传统主义者，他们信奉毛泽东的防御性人民战争的概念；第二种是新型传统主义者，他们热衷于地区力量投送；第三种是高技术革命主义者，他们的重点是遥远的网络中心战。"超限战"是近期出现的可与其他三种流派相竞争的概念。这种说法虽然容易理解，但是不容易让人信服。

有一点需要注意，今天军事战略科学中人民战争的概念与祖辈的完全不同："人民战争是战争的组织方式，它与军事科技水平完全无关。人民战争的概念并不只限于低科技战争范畴。人民战争的巨大力量可以通过整个国家力量释放出来，它可以组合和平时期和战争时期、军事资源和民间资源、战争活动和非战争活动。"简而言之，它并非原来的农民游击队思维的产物，今天的人民战争与"平民战争"毫不相干，超限战概念也提到了网络爱国者的涌现，这样说来，第一种和第三种流派就没有什么区别了。

另一点，自2004年12月胡锦涛主席颁布了"我们军队在新世纪新阶段的历史任务"以来，解放军的任务就定义为力量投放，而不仅仅为区域领土进行防御，所以第一种和第二种流派之间也不存在区别。

再进行深入分析可以发现，"超限战"相对于现有的三种流派并不新颖，只是将三种流派进行组合而已。如查尔斯·霍金斯2000年提出："新出现的超限战概念在几个方面都有哲理性。这种观念作为一种'以弱胜强'的方式进行宣传，它借鉴了其他三种流派的思维并加入了自己更广的战争概念。超限战支持先进科技，同时提议利用任何可用的手段进行兵力投放。例如，如果导弹不能威慑台湾，那么对重要的基础设施发动网络攻击可能会起作用；或者秘密运用两种手段。超限战概念也扎根于传统思维。它是另一种人民战争或积极防御措施。它拓宽了战争的范围，并利用高级科技让更多的社会因素参与其中。"

但是出于对中国军政关系的考虑，超限战概念在军界以外的地位就不得而知了。有些西方观察家已经确定党政军之间存在争执，而军事和政治精英之间也可能存在"军政隔阂"。

西方观察家对中国的四代军政领导人毛泽东、邓小平、江泽民和胡锦涛进行了分类。有一点到现在已经很明显，那就是自2003年第四代领导人就任以来，官方的"和平崛起"外交条令和非官方超限战军事条令之间的矛盾更加明显。如导读中提到的，第四代领导人正在加大利用法律战、心理战、舆论战、金融战和网络战。因此，超限战可以被称作"第四代战争"。

附录七 自"超限战"中和平崛起：针对中国特点的大战略

美国国防部应对超限战的"间接方法"。

虽然"9·11"之后《超限战》一书曾名动一时，但是五角大楼早在十年前就对这种概念展开了研究。

虽然国会要求国防部每年递交一份报告，总结"中国大战略、安全战略和军事战略以及军事组织和作战概念的可能性发展"，但是五角大楼的年度报告一直注重"动能"威胁，只是在2009年78页的年度报告中留出两页来总结与超限战有关的非动能威胁。

为了对中国大战略轮廓稍作了解，我们最好的入手点就是美中经济和安全评估委员会的年度报告和各种有关中国软实力、战略欺骗、网络能力、贸易守则等的特别报告。

至于五角大楼为什么一直对超限战理论保持沉默，人们就只能猜测了。

第一个原因可能就是官僚作风。没有哪个军事机构能够心平气和地面对"失去在战争上的垄断"和可以通过非军事手段有效地发动战争，而这正是乔良和王湘穗所表达的概念。对"超限战"的第一反应可以最好地反映出修正主义国家的战略家和对手国家战略家之间的思维差别。一名美军事分析人员提到："许多解放军高级领导人不会发现超限战有多大的吸引力，因为它对中国21世纪士兵的专业思维构成了挑战。如果战争没有了界限，那么就不可能训练士兵来掌握现代战争的各个方面。相应地，中国专业军事教育机构的任务也就变得多余了。另外，传统的军事硬件，如坦克、装甲车、高性能飞机和战舰在超限战中都变成了附属品，甚至变得无关紧要。而传统的军事能力衡量标准，如人力、火力等也只能放到一边。在古文明中，官僚政治非常严重，'超限战'所讨论的概念，如信息战和经济战等，可能对中国的政治领导人非常有吸引力，因为它们可以促成成本较低的国防政策，但是对军界来说会使他们难以获得新型的和较为昂贵的武器系统。大部分中国军人不欢迎这种战争形式，因为这样的话，他们就只能得到较少的国防预算、人力资源、官僚资本，而且解放军威信也会降低。"

这种现象可能反映了"9·11"事件之前的那种"大军事"官僚思维，也可能正是这种思维让超限战理论从其他国家产生了。但是修正主义国家早就超越了这种组合主义思维。

第二个原因可能是美国考虑到面子问题，不想把这种潦草的概念纳入自己的官方条令。但是美国条令中长期存在的非常规战争在概念上很容易同超限战混淆。最新版的《非常规战争手册》强调，非常规战争和超限战在条令上不能混淆："乔良的超限战理论的第一条原则就是没有原则。强权国家不使用同样的手段攻击弱国是因为'强国制定原则，而崛起中的国家打破原则并想钻空子'。"作者是否创立了新的原理尚有待考证。

他们的著作引起了西方国家的兴趣，主要是因为它代表着中国官方的战略思维，如果这种思维得不到官方认可是不会出版的，尤其是在谜一样的中国。陆军特种部队的官兵及其相关的多国合作伙伴应该了解超限战，但是他们必须明白超限战不是正式批准的作战条令，它拥有非常明确的国际背景和应用。

也就是说，五角大楼在贬低超限战的重要性和新颖之处时，美国军方却在悄悄地采用这种概念的某些可取之处。这种低调的战略改革顺着两条轴线发展。在空间轴线上，不断拓宽动能战场，将非动能战场空间包括在内。在时间轴线上，不断模糊战时与和平时期的区别，并采用"长期冲突"的概念，在传统的四个军事性战争阶段基础上增加了所谓的"零点阶段"（环境的形成）。

另外的三种应对超限战的"间接方法"也值得一提：

争议性公共领域：美国学术界将中美之间出现的对抗看作旧式的权力转移活动，美国官方却想突出美国的"全球公共秩序"提供者、"全球共同利益"保护者的地位，认为美国有权处理"争议性公共领域"问题，这种问题涉及太空的军事化和海洋领土化，正当看待中国的海、陆、空和太空能力。

克劳塞维茨力量的衰退：过去四年可以看作在条令上对利德尔·哈特的"间接方法"进行彻底重估和对克劳塞维茨的直接方法逐渐放弃的阶段。克劳塞维茨的理论永远存在，但影响力在逐渐衰退。2006年《四年防务评估报告》标志着官方条令在利德尔·哈特的名义下重建，2007年的《平叛手册》标志着劳伦斯的回归，而从"以敌人为中心"转变为"以人口为中心"代表着克劳塞维茨力量的进一步衰退。2008年的《非常规战手册》本身就非常明确地声明，在谈到大战略时，孙子兵法比克劳塞维茨理论更切题："争斗各方都利用自己的各种力量竞争，这种形式成为国际环境的特点。"自《威斯特伐利亚和约》签订以来，人们都一直认为竞争发生在国家之间。这种竞争采用国家力量的所有工具，如外交、情报、军事和经济等，近期这些工具的范围又扩大到了外交、情报、军事、经济、金融、信息和执法等。只有当国家工具力量耗尽或难以提供足够的竞争力时，军事工具才会用来解决国际争端。克劳塞维茨把利用军事力量的行为描述为"一种迫使对手遵从我们意愿的暴力活动"。这一论断影响深远。但是面对当今的世界，他的理论就有了局限性。早期的《孙子兵法》更适合今天，虽然参战是为了获胜，但是"百战百胜，非善之善也；不战而屈人之兵，善之善者也"。

混合威胁之争：如果说修正主义国家如中国的战略关键词是"组合"的动态概念，那么他们的对手国家如美国的战略关键词就是"混合"，这是一种更加静态化的概念，但是在这种概念下可以达到三军的一致。

过去五年里发表的一系列文章中，弗兰克·霍夫曼分析了混合威胁的"多模式"和"多层次"特点，而2006年以色列和真主党的战争强调了"国家冲突的毁坏力与非常规战争的狂热和持久性"相结合。霍夫曼称："我们在未来遇到的最大挑战不是来自只采用一种手段的国家，而是来自那些利用各种战术和科技并将它们以全新的方式混合，以适应他们的战略文化、地理位置和目标的国家。"

这种警告只是片面地强调了"战术和科技",内森·弗雷尔上校号召军事分析人员不要局限于混合威胁的"直接防御手段"(军事手段),也要分析"间接防御手段"(民间措施)。

弗雷尔并不担心自己会被视作异端分子,他直接暗示中国今年的常规军事建设可能只是为了转移注意力:"认识到混合型高度威胁的军事方面可能在实际冲突或竞争中处于次要地位,这种意识不错,但是这些军事方面可能是对手用来转移注意力的工具,为的是增加美国风险计算或吸引美国的注意力,而同时在其他领域发动真正的战争,如政治、经济、社会活动等领域。"如学术界太过关心常规的"大战"形式,军事战略家太过关注高技术"局部战争"(如台海战争),都有可能导致忽略掉更可能发生的其他形式的战争。

然而,正如弗雷尔自称的,美国军事内部在整体上不愿接受非动能战争的概念:"目前,国防部大约一半人都在关注我们正在进行的战争,他们为此身心疲惫,因此不愿看到未来出现反恐和平叛行动以外的其他任何内容。而国防部的其他人依然关注与崛起中国家之间的高技术战争,而这些国家却正在利用政治、经济和非常规对抗能力作为更有效的工具来对付我们。"

目前处于争论中的"混合性"概念有一定的价值,但是这种概念不涉及地缘政治,所以只是局限于"混合威胁"一词,没有解决"混合战逻辑"的问题。

超限战也可以看作一种秘密行动,所以在五角大楼以外的人们对它感到迷惑也情有可原。各部门从来没有听说过它,学术界也没有提到过它。这种公开的概念并不容易被人掌握,因此也不可能提高民间对此的态势感知。

就连在军界,超限战也没有得到应有的关注:受到目前在伊拉克和

附录七 自"超限战"中和平崛起：针对中国特点的大战略

阿富汗的战争影响，军方的争论话题从2005年起就成了"现代主义"派。为平叛战争制定统一条令的需要，使得本应被1999年《超限战》拓宽的战略争论视野再次受到了限制。

据弗雷尔称，2005年《国防战略》的起草人之一曾经提到："有人认为将超限战概念引入国防战略可能会引起迷惑。对于高级领导人来说，他们首先应该了解非常规威胁的两个最紧急的问题：恐怖主义和叛乱。对超限战这种概念的排斥可能会限制对非常规挑战的全面考虑，也会导致忽略它对公认的'非常规战争'形式的影响。"

但是时过五年，五角大楼应该承认，平叛行动和超限战之间的区别，从思维角度来看，是层次上的区别而不是种类上的区别。主要的不同是平叛行动是处理一国国内事务的战术和作战行为，而超限战是处理国家之间事务的战略和大战略行为。但是对于两者来说，行动的逻辑线络要大过物理线络。从这一点来说，平叛行动和超限战都可以说是"80%是政治的，20%是军事的"。

为什么美国国防部可以在平叛行动上作为一个整体达成一致，而在超限战概念上就不行呢？如果你了解平叛行动的六大行动逻辑线络，那么你肯定也能抓住超限战的二十四条行动逻辑线络。

1998年，乔良、王湘穗两人就针对美国部门之间的不协调状态发出感慨："让人惊讶的是，像这么大一个国家居然没有一个统一的战略和指挥结构来处理（非军事战争）威胁。让人哭笑不得的是，他们拥有49个部门和办公室来负责反恐活动，但是这些部门之间不能协调和合作。美国为反恐花费了70亿美元，这只是美国军事开支（2500亿美元）的1/35。"

十年之后，部门间的不协调状况有所改善，但还有大量工作需要理顺。在2009年《超限战》研讨会上，五角大楼项目分析和评估主任强调，美国需要"建立一个类似'四年防务评估'的'四年国家安全评估'

小组，它可以对国防部的要求进行区别处理。对国家安全挑战做出有效反应需要一个政府整体合作的办法，'四年国家安全评估'可以让我们在协作的环境里考虑这些复杂的问题"。

目前看来，国务院完全有必要设立一个"四年国家安全评估"小组来提高部门间的态势感知，以便同"四年外交与发展评估"保持一致。不管是针对超限战还是其他问题，如果五角大楼不带头进行部门合作，那么其他部门就更不可能带头合作。正如五角大楼项目分析和评估主任指出的，当务之急是缩小学术和军事之间的差距："目前大多战争，混合战、非常规战、超限战等都更注重软实力和社会议题，而我们却不知道如何动作。我们在过去的四五年里，投入了大量精力来了解它们。我们咨询了人类学家、历史学家和社会学家，试图了解这些科学并将它们纳入我们的分析能力。虽然我们做出了一定成就，但是未来几年我们仍需努力。"

虽然军事分析人员大都进行作战研究，近期都毫不犹豫地接触社会科学家以更深入分析"中国威胁"的性质，但是这种努力还不够。坦白说，学术界不太可能会考虑超限战的概念，他们正如新闻记者詹姆斯·曼恩在一篇尖锐的评论文章中对美国精英们对中国的幻想批评的那样，认为中国处于平稳发展的形势下："平稳发展观念认为，经济发展会不可避免地导致中国政治系统的开放。它只是中国未来发展的可能结果之一，却是美国当前对中国的主流观点。持这种平稳发展观念的包括研究中国的学术界专家、想要与中国开展贸易或投资的商业机构、依靠这些机构投资的智库和其他精英组织等。中国问题专家发现他们可以为同中国做生意的公司充当顾问而赚钱。当学者们在撰写特稿、会议论证或参加研讨小组时，公开的身份是他们的大学职务，很少显示他们参与中国业务或充当顾问等内容。"

避开中国问题专家，转而求助于对中国一知半解的国际关系通才，对解除中国威胁毫无帮助。主流国际关系通才在讨论中国问题的时候，主要关注的内容不是怎样评估中国给美国造成的威胁，而是限制新型理论（特别是权力转移理论）对自己支持的理论、学术界地位和"大战略"的威胁。

这种情况只会造成无休止的争论，不会得到任何真知灼见，而且常常会造成政策误导。例如，自由建构主义者常常会因为错误的原因而批评权力转移理论，他们坚称，北京近年来积极加入政府间组织的行为不可辩驳地证明了中国正在成为"负责任的国家"。

通过深入观察你会发现，事实是这种后毛泽东主义中国的行为主义与托洛茨基的渗透战略或者葛兰西式的颠覆战略非常类似。参与是一回事，而"社会主义化"又是另外一回事。中国国际贸易组织的成员身份在过去十年中既没有让北京终止对知识产权的剽窃行为，也没有让国际贸易组织得到整体上的加强。更重要的是，虽然中国2001年加入了西方国家创办的世贸组织，但是在同一年，中国也创建了一个反西方组织——上海合作组织。长期来看，上海合作组织会比世贸组织对国际秩序产生的影响更大。

醉汉在灯柱下找自己的钥匙是"因为灯柱下才有光"，受到当局重视的自由建构主义者也是在西方国家创建的政府间组织这个"灯柱"下寻找"新世界秩序"这把钥匙，对于只会讲英语的人来说，这是唯一能够用到的"灯光"。自由建构主义者专心研究全球统治理论，他们撰写了大量有关欧盟、北约和世贸组织的著作，但是几乎没有一篇是有关石油输出国组织、伊斯兰会议组织和上海合作组织的。全球存在着大量的非西方政府间组织，中国认为这些组织有助于增进其力量，而五角大楼的"智慧女神"计划也应该把这些组织作为研究重点。

简而言之，虽然军方分析人员应该继续同学术界接触，但是他们同时也应该时刻记住学术界的争论都受派别性因素影响，学术界各个流派与军方流派一样，都在利用科学语言来遮掩自己的机构性或意识形态上的派别属性。

有一点毋庸置疑：只要战略教育、战略情报、战略计划和战略沟通依然没有发展，那么美国大战略的制定和实施就永远只是泡影。如果五角大楼不能主动创建部门之间的大战略思维，那么其他部门就更难以企及。

从"持久战"到"网络闪击战"

至少有三种原因让美国军方更倾向于把超限战看作某种"具备中国特色的震慑行动"，而不是把它看作毛泽东持久战的延续。第一，对于一个有过珍珠港事件和"9·11"事件这样痛苦经历的国家，难免会对"战略突袭"有心理阴影。第二，对克劳塞维茨决定性战斗的迷恋，以及对科技至上的尊崇，都让美国军队难以防备"快速突袭"行动。最后一点，《超限战》一书中的某些章节确实提到了鼓励闪击战的内容。

虽然此书准确把握了战略和空间之间的关系，但是它没有提到战略和时间的关系。它疏略了"阶段性"的传统军事思维并提倡"协同"，但作者告诉我们不要将"协同"和"同时"混淆。这种忽略让人更觉得奇怪，因为东西方的战争方式区别就在于战略和时间之间的关系，而且对于美国这个缺乏注意力的国家，时间是最薄弱的一环。有人会说，如果超限战可以用组合战来形容，那么超限战的逻辑思维依然是持久战。例如金特纳上校五十年前就曾提到的："毛泽东的观点是持久战可以逐渐改变参战双方的相对力量。因此，与习惯把战争看作武装冲突的西方战略家不同，共产党领导人认为冲突的范围应该更广。军事行动只是战争的形式之一。其他战争形式包括政治战、心理战、社会战、科技战和经济战等，都一样重要，在某些情况下可能会更重要。为了赢得战争，战略家们需要进行几十年而不是仅做几年的计划。"

还有一个不能忽视的问题就是，超限战提出的行动二十四条逻辑线络不会受到闪击战等类似战争方式的影响，例如法律战、金融战和网络战等的时间线络。

法律战的时间线络非常漫长。1971年,中国成为联合国的一员,政治分析人员阿达·波兹曼警告称,联合国所执行的由西方国家建立的国际法律秩序最终将被逐渐增多的非殖民化意识觉醒的非西方国家侵蚀,但是将这种国际秩序全部推翻不是一朝一夕的事。对西方法律秩序的第一个重大挑战发生在1990年,当时由伊斯兰会议组织支持制定了《世界人权宣言》。在冷战后时代,在联合国大会的舞台上,中国和伊斯兰会议组织一起扮演了修正主义领袖的角色。对于中国在安理会中的行为,通过它在伊朗和朝鲜问题上的犹豫不决可以看出,中国作为一个大国难以展现出一个"负责任大国"的形象。

只是近十年期间,中国才决定将多边组织作为"第四支柱"加入其外交活动范围,也是从那时起开始注重三种外交关系(大国、邻国、发展中国家)。从这一点来看,自由建构主义者的观点没错,他们认为与之前不同,当前的国际秩序"更容易加入且更难被推翻"。当发生法律战时,中国的进攻行动似乎虽有限却精确,就像海战中表现的一样。任何程度的法律战都会持续较长的时间,除非它是更大范围的多种攻击手段中的一部分。

金融战的持续时间虽然不像法律战那么长,但是也没有网络战那么短。中国只是在近两年才决定结束将美元当作世界储备货币的状况,可能需要花费近十年的时间才能在不影响自己的情况下达到此目的。同时,中国在努力让人民币成为东亚地区非正式的流通货币,而且会增加海外直接投资。

网络战的持续时间是最短的。虽然有人可能会认为从2003年"巨人雨"攻击行为开始,网络攻击就从未间断过,但是人们通常会认为网络战是一种突袭手段而不是攻坚战。信息革命加快了历史发展速度,同样,网络武器也会加速战争的爆发。如前反恐专家理查德·克拉克指出的,网络时代与导弹时代有惊人的相似之处："在60年代，战争的速度明显加快。远程导弹可以从怀俄明州直接打击莫斯科，这个过程只需要35分钟。而网络战的打击速度近似于光速。这种速度有利于抢占先机，这意味着人们滥用网络战的机会增加，网络战爆发的可能性加大。如果网络战指挥官不迅速出击，那么他自己的网络可能就会先被破坏掉。如果指挥官不能抢占先机，他可能会发现目标国家突然采用了新型防御措施，甚至直接关闭互联网。在网络战中取得先机非常重要。"

如今，计算错误的风险很高，这很有可能造成计算机程序战最终发展为枪械战。由于网络战对网络战士造成的风险很小，他们只需要发送一个信号就可以不费一枪一弹就达到决定性效果，所以攻击者可能会认为，网络攻击，如关闭一个电力网和摧毁某网络的关键组成部分（让系统瘫痪数周），不会引起对方的过激反应，因而可以让紧张状态处于最低程度。但是对于数百万处于黑暗，甚至是阴冷的世界中，得不到食物，取不到现金，不能处理骚乱的人来说，这不啻在他们的城市中投下一枚炸弹。因此，"受到攻击的国家可能会利用'动能行动'进行反击"。

但是，做出反应的前提是你要知道谁攻击了你。网络战和常规战的一个非常显著的区别就是"找到问题所在"，这让战场的危险程度大大提高。网络战中，攻击者会隐藏自己的身份，遮掩自己的痕迹，甚至误导攻击源。

在学术界有一个"攻防平衡"原理，该原理认为一切平等，任何时期的军事科技程度都在进攻和防御两个方向发展，因此战争的可能性并没有增大或减小，但是随着网络武器的出现，这个平衡极大地倾向于攻击者，这种形势让人担心大范围的攻击可能造成无意识的全国总动员。

2001年发表的一篇影响深远的文章《历史的起点：记忆和忘却的战略意义》中，作者江文汉表示，信息革命让集体记忆拥有了某种战略意义："受到信息技术碰撞的激发，有关'记忆和忘却'的话题就不断创造着历史。它们形成了针对未来的战略部署。现代化技术，包括数字技术和互联网，利用图片和声音给记忆和忘却话题带来了前所未有的真实感、速度、范围和情感共鸣。记忆、历史和战略部署紧密地联合在一起。"

1999年美国对中国南联盟大使馆的误炸引发了中国的反应："误炸的新闻首先通过互联网发出，直接从欧洲发向了中国的学生团体，他们愤怒地动员起来。支持中国政府的香港黑客关闭了美国的内务部、能源部、国家公园服务和其他政府网站。爱国主义者认为美国蓄意摧毁中国外交机构，属于对中国的直接冒犯，中国政府被迫做出反应。这种全球网络新闻和多方面网络攻击的结合凸显了充满激情的记忆和忘却内容与新科技的结合会产生的惊人效果。中国民众是在中美关系背景下看待这次误炸事件的，有人把过去的历史看作西方国家利用坚船利炮进行商业渗透和开发的过程。美国和中国大众观点的严重分歧让我们认识到，虽然全球的信息、资金和技术流动将我们带入同一个世界，但是根本性的误解依然存在。确实，全球的变化速度和不同的历史观点在某种情况下会加深国际误解和危机。"

因此，这些网络攻击很可能不是解放军支持的，针对入侵台湾的反美网络突袭至多是自发的全民动员网络行动，是日益增长的中国爱国主义引发的共鸣。

中国的战略文化传统上采取防守姿势，中国的李际均将军也是这么同美国相关部门解释的。与克里斯托弗·哥伦布和其他西方发现者不同，郑和从未想过建立殖民地，直到今天，中国也不像美国那样在156个国家中拥有761个军事基地。但是正如德国和日本所显示的，战略文化是会改变的，而且有时候会有很大幅度的改变。在欧洲人眼里，德国人在大部分历史中都是一群无害的抽着烟、喝着酒、做着白日梦的家伙，只是在1870—1945年期间这种形象被改变了。众所周知，在俾斯麦于1890年退位之后，后继者能力不足，难以限制德国人不断增长的爱国主义情绪。

与此同时，1880—1914年期间的技术革命推动了历史的发展，这种情况同我们今天类似。同样，日本在17世纪曾禁枪，是世界上唯一一个曾想要毁灭这种武器的国家。

中国领导人从1991年推行的爱国主义教育运动开始将这种情绪进一步加深。自1999年的大使馆误炸事件以来，中国的网民数量从2000万增加到了4亿，网络爱国者的数量也随之增多。这一代政治精英让3亿人脱离了贫困，创造了前所未有的历史，这让他们过度自信，因此很容易想象他们对误炸或海上重大事故会做出什么样的后续反应。但是威廉德国时代与当今的中国还是有很大的不同：德国精英了解当时的形势并不利于德国，但是中国人聪明地意识到，如果他们跟进邓小平的建议，"隐藏实力，等待时机"，那么未来迟早属于他们。

对长期战争的回顾

从1979年开始，国际环境的特色就是以中国和伊斯兰历史在两个世纪后的回归为主。80年代期间，美国太过关注发动第二次冷战而忽略了邓小平和霍梅尼发动的改革所产生的历史重要性。90年代期间，美国精英们陶醉于亚洲市场提供的繁荣而没有能够针对中国来制定美国政策，差点应了列宁的预言："资本家会卖给我们绳子，让我们用它来吊死他们。"

"9·11"之后的十年期间，美国一味注重伊斯兰世界，并心不在焉地结束了"借中国钱给沙特阿拉伯"的政策。布什政府任期末一段时间，国家情报委员会的《2025全球趋势》称："全球经济和财富力量现在正以前所未有的规模、速度和流向从西方向东方转移。"

美国精英们现在应该仔细研究中国形势，而其应该认识到卢西恩·派伊所说的"中国不是一个国家，它是伪装成一个国家的一种文明"。美国和中国在历史和地缘政治观点上都是不对称的：如果你是一名美国人，你的历史观念也就是过去的六十年，所以中国被看作一个对美国所创建的现状造成威胁的"修正主义国家"。如果你是一名中国人，你的历史观念就是过去的三千年，所以中国仅仅是在自己的传统地位被短期（两百年）夺去之后再次将地位夺回而已。简而言之，一个人眼里的修正主义在另一个人眼里就是正常主义。此外，如果你是一名美国人，你会把中国看作地球上最后一个多民族的帝国，一个正在经历重大回归的不合时宜的产物。如果你是一名中国人，相反，你会认为全球经济和信息网络可能会建立一个"虚拟"的大中国，包括从印度洋到太平洋一直到美国。"如果21世纪的斗争发生在中国和美国之间，那么中国会占有优势。如果斗争发生在中国和复兴的西方系统之间，那么西方会最终获胜。"如果把未来归结为这两种形势，就太过于天真了。我们的全球主义学者们意识到了"西方"，这值得赞扬，但是这种假设是错误的。第一，中国和伊斯兰息息相关；第二，西大西洋已经不存在了。

20世纪崛起的国家中，从德国到日本，从苏联到美国，它们都曾试图让伊斯兰成为自己的助力。中国应该也不会例外（特别是考虑到对能源的巨大需求），伊斯兰可能也会乐意合作。新加坡的马凯硕曾提到："中国的崛起受到伊斯兰世界的欢迎。中国逐渐被伊斯兰世界看作应对美国不明智的地缘政治政策的手段。"

虽然中国—伊斯兰轴心的概念因为缺乏"统一指挥"而不能成立，但是在某些议题或论坛上，一种"统一的行动"可以证明中国—伊斯兰纽带的存在。这种明显的事实让某些战略家如内森·弗雷尔认为，把我们当前面临的挑战定义为"长期战争"可能太过于注重伊斯兰的挑战而忽略了中国和其他叛乱活动的挑战："美国正在面临一场长期的非常规冲突和各种坚决的极端分子对手。但是作者认为'长期战争'的概念不太准确，因为它很片面地形容了美国面对的各种活动、敌对竞争和抵制行为。针对圣战分子的'长期战争'只是复杂的非国家和国家竞争与抵制的一个方面。'长期战争'的概念限制了对各种对手的考虑范围。"

虽然这种提议很合理，但是弗雷尔将内部策划者摆在了重要位置上，将威胁和风险同历史挑战和自然灾害并列。政策策划者的工作是搜集各种可能的挑战和紧急事件。而政策制定者的工作相反，是从中选出首要的问题，而这些首要的问题显然应该是中国和伊斯兰，而不是海啸和疫情。我们不应抛弃长期战争的概念，而是应该重新定义并把中国和伊斯兰的联系包括进去。

因为伊斯兰世界并不是孤立的，冷战和长期战争之间的主要区别在于中国—伊斯兰集团与中国—苏联集团毫无相似之处。也就是说中国—伊斯兰集团不仅一致抵制西方国家建立的秩序，而且在战略上也保持一致，正如国防分析人员罗伯特·庞克在讨论超限战时提出的一个惊人的隐喻："超限战的许多经验都是借鉴于非国家组织，如恐怖组织、叛乱组织和黑客集团等，因此《超限战》类似'基地'组织手册。但是'基地'组织手册是战术和作战性的，而《超限战》是作战和战略性的，甚至是大战略性质的。"

中国—伊斯兰纽带的存在并不表示"文明冲突"不可避免。另外一种可能如2007年夏在华盛顿讨论会上提出的，是"没有西方国家的世界"，就是说其他地区自行管理自己的事务，而忽略西方国家。

现在已经不存在什么西大西洋组织了。在官方说法外不再有什么西方的概念。对于乐观主义者来说，取而代之的是三个帝国（美国、欧洲和中国）之间对"第二世界"的影响竞争。实际上在某些情况下，布鲁塞尔共识和北京共识之间只存在程度上的差别，但是这两个共识与华盛顿共识有类别上的不同。

对悲观主义者来说，一方面，美国太过专注于保持"全球领袖"的概念而难以全力应对后美国时代的现实。另一方面，依赖能源的欧洲认为俄罗斯的芬兰化相对于阿拉伯的伊斯兰化更为亲近。简而言之，欧洲的大战略可以归结为"宁可欧亚化，也不欧拉伯化"。

如果"西方"这个词的含义可以重建，那么它可能是范围更大的"大西方"，包括美国、欧洲和俄罗斯。像赢得冷战需要利用中国一样，赢得长期战争也需要利用俄罗斯。

孙子兵法：未来即过去，中国特色

冷战后时期，当所有学术界的文章都可以称为"填补空白的社会建设"之际，克劳塞维茨理论学派却再次强调了丝毫未变的战争本质，不由给人一种耳目一新的感觉。

2001年"9·11"事件提醒我们，战争跟其他活动一样，也一直是一种社会建设活动，未来也会继续如此。过去十年，美国战略著作也逐渐但不太情愿地承认了这种根本事实。

战争是社会建构的。1400年左右的英法两国士兵如果知道他们正在参加的战争是"百年战争"，会大吃一惊的。"百年战争"的说法是19世纪发明的。

战争是社会建构的。克劳塞维茨的《战争论》没有包括"鸦片战争"的内容，是因为当时构建战争的社会结构让普鲁士军界难以想象这种概念的存在。但是这并不能阻止一个只有4000万人口的国家将鸦片武器化，以此为手段征服一个人口达4亿的国家。

战争是社会建构的。对于今天的专职军人来说，战争可以是很多内容，除非他不介意将自己列为战争罪犯，那么战争首先就应该是《武装冲突法》中所定义的内容。如果克劳塞维茨时代订立的国际协议不再适用于今天的战争，那么你就需要改变这种协议，否则，即使你拥有最勇敢、最聪明的战士，你还是会战败。

战争是社会建构的。北约盟国从1999年开始制定一种新战略概念，其中一个争论点是一次网络攻击是否应该被看作一次"战争行动"，因而需要采用第5款规定的反应行动（美国观点），或者应该采用第4款规定的应急行动（德国观点）。

战争是社会建构的。通俗地来说，"有组织犯罪"和"非常规战争"之间的区别可以在一夜间消除。把城市暴力称为"第三代帮派"的美国立法者同样会把当下的形势定义为"第四代战争"而废弃原来的《地方警务法》。

战争是社会建构的。简而言之，克劳塞维茨理论家的主要问题是，他们没有意识到克劳塞维茨的"可逆性"观点只说对了一半。一般来说，战争确实可以称为"政治的继续"。在特殊情况下，政治就变成了"战争的继续"。如果20世纪可以作为"极端的年代"载入史册，那么很大程度上是因为它是个特殊的时代。

20世纪前半叶，欧洲国内政治可以看作战争的继续。这也是当时最有影响力的两位西方政治思想家的主要观点。左派的安东尼奥·葛兰西认为，政治包括从"机动战"到"阵地战"的各种形式的活动。右派的卡尔·施米特认为，政治的本质是"敌友"之别，政治和战争之间的区别不是本质上的区别，而是剧烈程度的区别。

20世纪后半叶，政治依然可以看作"战争的继续"，只是活动范围扩大到了国际领域，这也是这段时期被称作"冷战时期"的原因。1947年，沃尔特·李普曼发表了以冷战为题的短文时，当时许多人认为这种概念太过矛盾而不能接受。实际上，这个字眼并不比1870—1914年在欧洲流行的"武装和平"概念更为怪异。后来证明，冷战的概念一点也不新奇，因为这个词在中古世纪的西班牙就开始使用了，他们用它来形容伊斯兰教和基督教之间的长期战争（711—1683年）。

"长期战争"是否也可以看作21世纪的"冷战"呢？至少，如那名中国老人所说的,我们"生活在一个有趣的时代"。1991年,邓小平声称美国和中国之间正逐渐形成"冷战",而这并没有引起西方国家的注意。二十年后,55%的中国人都同意他的观点。与此同时,美国人都已经在认为21世纪将是中国的世纪了。

战争是社会建构的。中国战略家们认为毛泽东的定义"战争是流血的政治,政治是不流血的战争"需要"改正":"传统士兵和我们所谓的现代士兵之间出现了间隙。虽然这个间隙并非不能逾越,但是它需要我们进行全面的军事思考。这个方法就是创建一个全面的军事马基雅维利。虽然马基雅维利不是'超越限制'这一意识形态的早期来源(中国的韩非子比他更早),但他是这个概念的倡导者。"

战争是社会建构的。如果平叛战争可以被称作"大学生级的战争",那么超限战就应该被称作"研究生级别的战争"。修正主义国家如中国非常了解这一点,这也是为什么当前在美国大学学习的中国军官比美国军官要多。

战争是社会建构的。美国军方继续假装有战争"本质"这种概念,只有一个合理的原因:如果他们不自贬地称他们的工作是"杀人和破坏",那么他们的主人——民众就会毫不犹豫地利用、乱用和滥用他们,让他们照看孩子或捡垃圾等。也就是说,确实存在真正的战争。但如果你的竞争对手决定放弃克劳塞维茨而采用马汉、利德尔·哈特和孙子,那么你也要顺势而为。

简而言之,在当前的国家中如美国,军事战略家们在保持警惕上做到了宁滥毋缺,同时把战争看作"任何一种修正主义对手所认为的方式"。如果你在寻找一种"统一的战争理论",那么它就远在天边,近在眼前——超限战。

理想的情况下,负担本来已经很重的军队不应该把大战略当作自己的重点,但是在后现代主义的美国,政界因太过关注选举时提到的"永久性战役",而没有兴趣发展"大战略"。如果美国军界也不能或不愿处理大战略的问题,那么就难以避免最终的悲剧:21世纪将肯定会作为中国的世纪而被载入史册。

(天火 翻译)

(此文来源于美国约翰斯·霍普金斯大学2006—2009年《超限战》研讨会的论文选,作者托尼·科恩。)

中文初版后记

写作本书的动机缘起于一次世人瞩目的军事演习。三年前，因参加演习，我和湘穗在福建一个名叫招安的小城中相遇。其时东南沿海风声日紧，海峡两岸剑拔弩张，连美国人的两支航母特混编队也远道赶来凑热闹，一时间山雨欲来，军情匆迫，使人顿生"眼中形势胸中策"之慨。于是我们决定写一本书，一本能把我们各自数十年间特别是近十年来对军事问题的关注和思考浓缩在一起的书。

此后三年，我们打了多少电话、通了多少邮件、熬了多少通宵已无法一一细数了，唯一可以为这一切做证的，就是这本薄薄的小书。

需要预先向读者致歉的是，尽管我们写得十分认真也十分艰苦，但当流星划空般的思想变成陨石一样冷硬的文字固定下来后，你们（包括我们）仍然会发现错讹和失当之处甚多。而这，不是用"请多关照"之类的谦辞就能求得谅解的，只有在下一次（假如还有下一次）再版时予以订正了。

值本书即将面世之际，谨在此感谢解放军文艺出版社社长程步涛和副社长黄国荣，是他们毫不犹豫地支持，使本书得以在如此短的时间里迅速出版；还要感谢第一图书编辑部主任项小米，她一如既往地以曾为我们编辑另外四本书时的审慎甚至严苛，审校了全书并提出许多十分有价值的建议。对此，我们除了深怀感激，不知还有什么更好的方法能表达我们的谢意。

　　最后，我们还要感谢我们各自的家人为本书的完成所做的牺牲，这也同样不是用语言可以表达的。

1998年3月2日—12月8日全书成稿
于北京公主坟—白纸坊
1999年2月1日记

中文再版后记

在最初写作此书的时候，我们就抱定一个小小的"野心"：要让本书具有某种经典性。因为我们意识到，在新一轮军事革命的大门开启之时，仅靠对以往经典的注释和阐发，无法因应国家安全面对的新威胁。军事思想领域需要原创之风的涤荡。

我们似乎接近了初始目标。然而，"名满天下，谤满天下"，原创性著作总是命运多舛。此次再版，我们感谢本书的责任编辑简宁和牟洁，感谢中国社会出版社。当然，我们还要感谢为此书出版作出重要贡献的项小米、程步涛和黄国荣；感谢读过此书的穿军装和不穿军装的读者，感谢无数听过我们讲演的听众，感谢报道宣传过此书的媒体；感谢为《超限战》日文版、意大利文版、法文版、中文繁体字版翻译、作序、出版、发行付出劳动的朋友们，甚至还要感谢未经我们授权擅出英文版的美国出版商和发行商们，不管他们出于什么动机，毕竟扩大了《超限战》在英语世界的传播，为我们赢得了许多用自己眼睛阅读、用自己头脑思考的朋友。

最后，我们仍然想借此机会感谢家人。尽管与我们荣辱与共的他们不在乎，我们还是要说，感谢你们对我们始终不渝的理解和支持。

作者于2005年8月

中文三版后记

我们写作《超限战》的初衷，是为阐述对20世纪后半叶正在发生的世界军事革命的认识。在我们看来，由于技术的大量发明和综合运用，金融战、新恐怖战等非常规战争与军事性战争的组合，以及非国家组织和国家一道成为战争主体，使战争发生了重大变化，形成了一种全新形态的战争——"超限战"。

1999年2月《超限战》由解放军文艺出版社出版之后，曾引起远超出军界的很大反响，也引发了不小的争议。记得在一次讨论会上，有军事专家发出质疑：恐怖袭击之类的战术级行动，怎么可能对超级大国造成战略级震撼？2001年的"9·11"事件，证明了秉承传统安全观念的人们对新威胁的麻木与思想上的保守。如今，恐怖袭击和反恐行动都已堂而皇之地进入了战争范畴，成为当代军人必须面对的新挑战。荒诞的是，较早指出和分析拉登代表的新恐怖主义威胁的我们，竟然被视为恐怖主义的代表，《超限战》一书也因此被"妖魔化"。

然而，书有书的命运。《超限战》先后出版了英文版、日文版、意大利文版、法文版、越南文版和中文繁体字版。2005年8月，《超限战》的中文版再版。此时，由于《里根政府是如何搞垮苏联的》和《一个经济杀手的自白》等揭秘书籍的出版，以及"颜色革命"的冲击，人们对美国政府利用军事、非军事、超军事的手段剪除异己、追求利益的做法有了更多的了解。对《超限战》一书的态度，亦终于回归学理化。于是，《超限战》进入了许多国家的军校、大学、智库和图书馆。

2008年美国金融危机爆发，关于货币战争、金融战争的讨论遂又成为全球性的热点话题。湖北长江出版集团的陈智富编辑找到我们，他断言《超限战》一书对理解今天的危机和寻求解决之道有现实意义，希望重新出版。由于我们坚持保留《超限战》正文的原貌，不难想见，中文三版《超限战》可能有助于思想的传播，却不见得会有显著的经济效益。因此，我们对出版方和陈智富先生的执着与好意，深表感谢。同时，对一向默默支持我们的读者也送上诚挚的敬意。

在此，我们还要感谢帮助过《超限战》出版和再版的朋友们，感谢他们为《超限战》所做的一切。历史已经证明并还将证明，《超限战》是中国人为人类军事思想创新所做出的一次艰苦的努力。不论成功与否，我们曾经共同努力过，并为此付出了许多。这其中也包括我们的家人所做的付出。对这一点，我们将永远铭记于心。

超限战
Transfinite War

法文版序言+意文版序言

法文版序言

《超限战》的诞生源于中国现实

法国陆军中将 米歇尔·简

《超限战》是一部关于现代中国战略思考的特殊文献。如同孙子阐释春秋时期（公元前8—公元前5世纪）的战争，或者说更像富勒在分析拿破仑战争和1914—1918年战争之后推演出他的战略原则那样，该书的作者通过对海湾战争（1991）及其之后的种种变化进行分析，向我们介绍了中国对世界范围内新的紧张局势和新冲突的认识，以及他们推导出这种认识的思维方法。作者在对既往战史的分析当中——有的则是预见——总结了冷战结束以后发生在经济、金融、宗教、生态等领域以各种形式出现的敌对冲突的新特征。他们认为，由这种越来越复杂的冲突行为合并在一起的战争，超越了直到最近还仅仅是被军人所操控的常规战争的范围。

战争和战争模式的变化、发生这些变化的原因及其后果，都是这本书的主题。然而，这本内容涉及广泛的书，也允许我们更深入地对中国巨大的战略抱负进行一次更完整的审视。

一

在汲取海湾战争经验教训的时候，中国军队的分析专家——本书的作者在其中最具代表性——都承认美国已经拥有压倒性的军事优势。因此，以各种方式缩小差距和改变中国的落后状况就成为当务之急。此著作出版（1999）之后，武装干涉阿富汗（2001）和伊拉克（2003）的事件，向我们证实了在十年多的时间里发生并完成了一场真正的军事革命，它终结了常规战争的时代。在新时代，防御的范围骤然扩大。所有试图反对美国权威的国家——中国被视为潜在的未来强国和美国的对手——都应将他们的战略视野和对抗手段延展到常规的军事范围以外。

对中国来说，美国是典范，是经济、金融、技术和军事各个层面的参照物，也因此，一种既崇拜又排斥的现象出现在中美关系中。《超限战》则提供了一个机会，让人们可以比较在完全对立的政治文化背景下形成的各有千秋的中美两种战略文化。

把军事工具视为引导外交的一种手段和动力，依靠军事技术的优势去制定战略是美国的一贯政策。美国的战争文化具有直接使用战争手段的特征，美国的军事行动通常伴随如下特点：彻底歼灭的战略；进攻性的军队；军事胜利必然转向政治胜利；迟缓的政治行动；以双重标准对待反政府体系和民主文化；精细的规划设计；一旦展开敌对行动就趋向不断升级；武器和技术的优势被视为成功的关键；夸大手段在战略中的重要性；战略选择通常受预算的限制。

与此相反，中国的战略文化着重于间接的战略或战争——一种经常被西方忽视的传统观点——争取敌人投降和不战而胜、政治工作至上等等。美国作为中国的榜样，同时也是毋庸置疑的对手，毛泽东把对付它的办法归结为"战略上藐视，战术上重视"。当然，这句话已经不是今天的中国战略家们的唯一参考了。总的说来，中国人通常认为人的思想是至高无上的。通过诡计、欺骗、计谋、智力的光辉，思想被视为能依靠其优势战胜逆境和身体上的缺陷，以致武力被轻视。当一些概念——没有经过证明，仅仅是简单的假设——立足于正确的方向上时，推理就成立了。由此可见，黄金分割率（第六章）是"大有教益的"。

《超限战》的作者根植于中国的传统战略思想。举个例子，"不对称战"是一个新的概念，但实际上这是一个旧事物，是弱者对抗强者的战争。对于本书对国际形势的分析，以及对紧张局势和对抗形式的重新定义，人们特别记住了那些不确定甚至是不完善的部分，包括一些怀疑主义和现实主义——依赖时间和多种军事和非军事手段的结合。求助阴谋和计策是一种成熟和充满智慧的文化的表征。与其说中国是理想主义者，不如说是现实主义者。中国向来主张和平主义，但是中国历史中的防御战术比直接进攻更令人质疑。比起孙子和克劳塞维茨，本书作者与马基雅维利走得更近，因为后者的学识超出军事范围，知道如何结合政治行动进行广义上的军事行动。

二

如果不了解20世纪90年代的中国和国际背景，是无法欣赏《超限战》思想上的独创性的。

这个时期的三个事件影响了中国知识分子们的思考：首先是1989年中国被孤立；其次是苏联和东欧国家的社会主义制度解体；最后是1991年1月开始，短短数日就结束的海湾战争。在共产主义世界摇摇欲坠时，美国成了在任何领域，特别是军事方面没有对手的唯一的超级大国。这些事件使得中国和西方的关系，特别是中美关系动荡不安。

换言之，在当时一股受到中国共产党鼓励和控制的国家主义思潮在中国盛行，主要的论点就是"保持中国传统在精神领域至上的地位；中国的贡献不被承认；针对中国的国际阴谋；国家资源的需要；拓宽意识形态基础的必要性"。同时，中国经济的良好发展巩固了人们对中国传统和美德的信仰。1996年5月出版的《中国可以说"不"》，是由一些年轻知识分子撰写的反对美国霸权的书，申明了美国不能统治任何人而中国也不想统治任何人的观点。当1999年《超限战》出版的时候，有些观察家认为其中有令人担忧的信号，显示了中国的国家主义有可能向法西斯主义转变。

在中国和西方，超限战被某些阶层视为鼓吹发展中国家尤其是中国，在和美国的冲突对抗中，使用任何军事的特别是非军事的手段，来对付高技术武器。

对于具有国家主义意识和怀念五千年伟大文化的中国知识分子来说，美国在仅两百多年的时间里变为世界头号强国的历史是一个挑战。在毛泽东时代，很长一段时间里，中国最大的敌人就是美国。可美国被毛泽东称为"纸老虎"，美国的实力被对立的苏联所稀释。到20世纪80年代，中苏交恶，中美靠近，使中国产生了亲西方的潮流倾向。1990年后，这种倾向发生了逆转。

1995年6月，中国台湾省领导人李登辉以私人名义访问美国，激起了大陆的反对。7月，大陆在福建海岸举行了针对台湾的大规模军事演习；7月和9月发射了弹道导弹。1996年3月，在台湾省领导人直选第一轮选举前举行恐吓式军事演习。美国当时派出了两支海空部队，包括"尼米兹号"和"独立号"两支航母编队。

《超限战》作者这样描述："当时，暴风雨在群山间咆哮，军事局势如此紧张，使得我们马上要思索应对目前局势的战略，并就此题材写一本书……"

然而，也就是这个时候，1996年夏天，在两国元首克林顿和江泽民的推动之下，"建设性伙伴关系"的保证纾缓了华盛顿和北京之间的紧张局势。双方针对各种问题（台湾、核武器扩散、贸易顺差、人权等）重新展开对话，同时也确定了一系列互访计划。这些进展加强了两个阵营的联系，使他们都能够衡量各自的利益和战略分歧。

在军事领域，一个由时任中央军事委员会副主席和国防部长迟浩田率领，一些深切感受到美国威胁的军界主要代表组成的代表团，于1996年12月访问了美国。访问的行程包括会见克林顿总统，以及美国国防的高级官员。美国情报部门认为，直接导致美国派遣两艘航空母舰进入台湾海峡的1996年3月台湾海峡危机，意味着中国的部分军政领导人严重低估了美国的实力及其使用武力的决心。未来如果有新的冲突发生，北京做这样的错误估计将会是非常危险的。因此，美国给中国来访者做了演示并传达了两个信息。美方安排中国军方高官从直升机上俯视数十公里排满了坦克、直升机和各种现代化武器的战线，并展示了用于情报、指挥、信息等的现代技术。至于要传递的信息，第一是要让中国领导人更清楚地"认识世界第一强国真正的军事实力"；第二是说明美国布置在远东的部队（大约20万人）不是在威胁中国。1996年4月重申日美防务协定也不是针对某个特定的国家，协定并不代表日美结成进攻联盟。这些参观使中国军方领导人在此后几年的中美冲突中采取了非常审慎的态度，可同样也刺激了他们要在比较长的期限内缩小差距的决心。《超限战》也是基于同样的原因，致力分析美国的军事实力、面对新威胁的应变能力以及失误。这本书也是中国人对几个世纪以来各国战略家们关于矛与盾的无休止争论的回答。

在此后的两年里，"建设性伙伴关系"的政策保证虽然没有减少纠纷，但让两国政府都很满意。1997年7月1日，香港主权回归中国，全中国都沉浸在自豪情绪里。10月和11月，江泽民主席正式访问美国，中国成为克林顿领导下的美国的优先伙伴。其间，东亚经历了一场严重的经济危机，金融界认为危机是某股力量蓄意为之的。

《超限战》在1998年写成，1999年2月在北京出版。大约三个月后的5月8日，中国驻南联盟大使馆被美国的导弹击中。这一事件——华盛顿认为是个失误——被北京视作侵犯。

随后几年，中美关系一直不明朗——这也是中美关系的重要特点。两国的公众舆论也各持怀疑态度。在很多方面，两国政府都互不妥协。一些事件的平息、和解或者一些协议的签署还是因两国元首的直接干涉达成的。

很多事件都证明了双边关系演变中的混沌状态，2001年也是如此。布什总统一上任，就宣布中国为"战略竞争对手",强调美国会采取所有必要手段保护台湾。春天,"海南事件"导致了中国正式的抗议和示威游行。可是夏天开始,北京又使用一种温和的外交语气提出平息事件的意愿,同时通过了一项关于导弹相关技术出口的法规。利用"9·11"事件在美国引起的混乱,中国领导人表达了改善两国关系的愿望,试图充分利用新的国际局势:支持反恐斗争,接受——不管愿不愿意——美国在中亚驻军以换取制裁与新疆恐怖活动有联系的一些组织;唯恐被普京总统支持华盛顿反恐的态度超越,而力图挽救上海合作组织。2002年,两国关系继续朝着缓和的气氛前进:布什总统2月份正式访华,为了纪念《上海公报》发表30周年,重申了共同反恐的决心,等等。

然而,没有任何决定性的因素能改变两国这种互不信任的感情。一方面,中国的战略家们担心美国的驻军或同盟会对自己的国家形成包围圈。有关美国目的和中国安全的讨论还在内部进行。另一方面,美国的分析家们认为,从中长期看来中国是一个处于上升期的强劲对手。针对两国合作的批评声不断,特别是来自共和党阵营的。与此同时,台湾和大陆的交流不断增加。

虽然目前还不具备一个文明古国所想拥有的经济、金融和军事实力,中国的领导人却幻想提前登上美国的优先对话者的位置，被置于一个新的发展阶段——"全球统治阶段"，也期望依靠多边主义和联合国来与美国抗衡。如果失败了，其中最坚定的人会解释说只需要等到能够对抗的那一天。事实上，这一天还远着呢。

三

《超限战》作者和鼓吹军事行动优先的美国新保守派的观点，在很多方面是平行甚至是有交集的。"无论何种方位、何种手段，也无论是谁，都能对国家安全造成威胁……这种引申的安全观是一个主权国家生存和发展，以及对国际施加影响力的条件之一。"因为中国是一个"崛起的超级强国"，因此它和美国应该分享相同的"包括国家利益在内的全方位安全观"，借助犬儒主义、现实主义直至接受。"每个国家接受或拒绝一些国际规则通常取决于其是否有利于本国利益。小国希望借助这些规则自我保护，而大国则意图借此控制小国。当这些规则与自己的利益相冲突的时候，无论大国还是小国都会毫不犹豫地违反规则以求达到自己的目的。"

非常大胆的是——至少是从修辞的水平上说——作者

所宣称的行动原则和一些人,比如罗伯特·卡根的论点非常相似:后者相信,不能因为无法预见一个正确决定的所有后果而不执行这个正确决定。换言之,《超限战》主张的新艺术更多地借助于直觉——中国的特产——而非为了控制战场上局势戏剧性变化而作的数学推理。在预测未来的战争全过程将可能变得非常短暂,同时调整和控制的难度增加后,为什么不能对之后的战争,比如对2003年的伊拉克战争的作战方式提出准确的预见呢?

美国的新保守主义者们不希望竞争者们奉行旨在追赶或超越美国实力的军备政策。为了避免令人疲惫和没有希望的军备竞赛,《超限战》提供的答案拓宽了战争行动的界限:所有领域不单是军事领域,所有手段不单是军事手段。

其实,实施这样一场"超限战",并非仅仅缘于中国的传统,事实上也是因为受到中国的欠发达和军事现代化受掣于经济发展的制约。

《超限战》也有对中国国防政策的旁敲侧击,如果没有一些中国高级军官的支持或首肯,本书的出版是非常困难的。有些对战略战术、美国军人思想水平毫不客气的批评,隐含着对中国防务政策的批评,间接地传递到中国的领导者(文职或军职)耳中,有时还很明显:

"反对改革的人并不只在东方才会出现。"此外，还提出了"美国的军事思想和现实威胁之间的差距"，基本肯定了美国的模式值得学习。当谈及结构改革的时候，肯定了重组的法律和在美军中起到的正面的效果，即"为思考提供了素材"，并且使"所有想赢得21世纪战争的国家都会无可回避地遇到这样的选择：重组或被打败"。当在评估海湾战争这场正式考验的结果的时候，指出这"对全世界的军队和士兵都具有极其珍贵的价值"。还有，书中谈到使用军事手段以外的其他手段来补充、丰富甚至取代军事手段，但是中国的军队并不是朝这个方向在前进。

直至20世纪70年代末，中国军队的角色还仅限于体制的支持者和看护者。毛泽东把它塑造为农村的"人民军队"，更适应中国农村，而无法和现代化的力量对抗，在国境以外更少行动。从这个意义上讲，所有中国国内的事件冲突只需人民解放军各单位出人参与，这也使中国军人感觉到军队职业化的滞后以及军事理论和手段在实现现代化方面的阻碍。需要保持"红色"还是变成"专家"？这个问题一直就是中国政治和军事领导人争论的核心，他们夺取政权的革命经历也影响着这场辩论。

20世纪90年代，中国国防最引人注意的变化就是将政治领导和军事领导分开,这两者在过去是紧密结合,甚至是混在一起的。这种变化是必然的,因为没有了像毛泽东和邓小平这样为军队接受的政治领导者。他们的继承人江泽民不具备任何军事经历,因此他采取了明智的态度使自己被军方承认。高级指挥官的任命也体现了这种变化,即更多考虑职业化和军事现代化的需要而非政治斗争。从那时起,所有的最高领导者以主席为首,其职责是更好地满足军人们的需要。江泽民给予他们更多的空间管理自己职权内的事。反过来,他们也会被要求配合某些决策,特别是台湾问题,这也是关系到美国在该地区的战略部署。

从实践上看,从1999年起中国的军事力量现代化经历了另外一次飞跃,原因有二:一是台湾地区领导人李登辉的声明,降低了通过协商达到统一的希望;二是中国驻南联盟大使馆遭到轰炸,暗示如果中国采取武力解决台湾问题会有怎样的后果。

在仔细分析了美国军队使用的理论和军事手段的同时,中国人毫不怀疑应该适当降低毛泽东时代"人民战争"理论的重要性,而增强对"在高技术条件下的现代战争"的意识。然而,中国军队的现代化进程存在一些问题,例如鼓励中国的战略家们在军队中保留政治结构和依靠准军事化的力量。相反,当代中国领导人决心支持军队现代化,目的是要使自己的国家被视为一个强国。无论出于何种意愿,在相当长的时间内,财力、科技和工业的缺失都将妨碍中国军人具备相应的干预能力。他们必须意识到自身的首要责任是确保经济发展,保证社会内部的稳定。

地区性目标——对周边地区,如台湾、南海的政治和军事主导地位——是否更容易实现呢?中国的战略家们必须考虑到美国的部署——美国在亚太区的部署是强有力而又持久的,并得到了该地区大部分国家的支持,在2002年的阿富汗战争后,美国势力又延伸到中亚地区。考虑到风险、力量对比以及地区性后果,北京应该继续采用外交方式,将局势朝对己方有利的方向推进。从参谋部的假设或长期动机来看,军事干涉台湾的准备是中国军队的第一要务,因为随时有可能和美国引发危机。这样的准备——涉及空军、海军和登陆部队——都取决于国防预算。

中国国防预算缺乏透明而导致各种评论和不同猜测。单凭这个因素就能够得出很多针对中国军事实力现代化的不同结论——从最乐观的到持怀疑态度的。从1990年到2002年间,中国的国防预算增长很快,从35亿美元涨到200亿美元,每年增幅可观(1994年是28.8%,2000

年是12.6%)。2003年违反了这个趋势,预算达到224亿美元,"仅仅"增长了9.6%。可是大部分的外国观察家都认为在这个基础上还应该加上其他一些和国防直接或间接有关(某些工业、研究和企业领域)的项目预算,还有进口军事设备享有的特殊补贴等。因此,实际的国防支出比公布的更多,比如2002年宣布的国防预算为200亿美元,实际支出是800亿美元。这样的增长在某种程度上是跟随了经济增长的步伐,同时还应该正确衡量,有些年份的增长率实际仅够通货膨胀率。对我们来说,重要的是衡量中国在追赶美国军事实力上所作的努力。回忆一下美国的国防预算,2002年就达到了3400亿美元,这个数字还不包括其他如工业、科研领域的支出。

因为缺乏工业生产的能力,所以中国的科研项目庞大:战斗机、改进近程弹道导弹、巡洋导弹、核潜艇(093计划)或战略潜艇(094计划)、DF-31、地面部队的现代化装备等。此外,最近两年中国每年花费15亿美元从俄罗斯购买现代化设备(SU-27和SU-30战斗机、基洛级潜艇、"现代"级驱逐舰、S-300地空导弹系统和Tor-M1空中防御系统等)。两栖和运输坦克的投入使用,都增强了地面部队在登陆台湾时的进攻能力。

1997年9月,中国共产党第十五届一中全会宣布了要加快军队现代化建设的步伐。似乎是在同一年,并对"军事变革"进行了讨论,而美国是在1990年完成的这种变革。1999年,中国人民解放军才真正开始这种军事变革。对美国及其盟军实施行动的观察和分析成为中国战略家们的"家庭作业",他们对美国战术的理论认识和美国的武器一起不断增长、完善。面对美军令人羡慕却难以承受的实力,中国似乎没有办法填补中美军队之间量和质上的差距。

四

近期,甚至在相当远的未来,中国都还能靠其虚虚实实的实力扮演一个超级大国的角色,中国大大得益于这种身份并且无须证明这种实力。仅从此观点看,中国外交的灵活性和适应力已经为其声誉提供了最好的保障,这是一切军事行动做不到的。

对所有形式攻击的反击——据《超限战》的作者估计——将需要一个政权在所有领域内灵活、及时地组合使用其所拥有的一切有效手段来实施。由此看来,任何种类的恐怖主义分子或侵略者将会最先使用这种方式。

这说明单纯的军事领域只是一个狭窄的范畴，不足以保证国家安全或国际安全。目前国际秩序的混乱局面要求特别是负责安全事务的人们，加强对各种文化的了解，以认清威胁的来源。

这一切的变化都来源于：战争已经突破了通常的界限。

意文版序言

超限战：第四"福音书"

意大利陆军上将　米尼

《超限战》是一部名著。美国的情报机构和公众舆论，特别是那些害怕中国在世界上发挥作用的美国人，使这部著作闻名遐迩。

该书于1996年开始构思，在1999年2月出版发行。当它第一次出版时，国际环境已经与作者最初构思它的时候发生了很大的变化。作为一部具有革新意义的著作，它出版两年多来，在中国被当作专为军队提供当代思想参考的一本书。同时，在这两年里，该书还被以摘要、简介等多种方式翻译成英文，成为美国人特别关注的目标。美国人之所以这样做，是由于美国在这两年遭遇了许多非同寻常的事。1999年，美国人不得不为轰炸中国驻南联盟大使馆，就来自中方的指责为自己辩护；2000年，美国海军舰只第一次遭到恐怖袭击；也就是在这一年[1]，美国人不得不接受EP-3E间谍侦察机带来的耻辱，该机被中国扣押，在对其进行肢解后中方才同意使用俄罗斯的运输机送回，而且机上人员也被作为人质进行扣押，在被"肢解"后回国。当然。这里的"肢解"指的是精神上的含义。今天，该书讲述的内容对全世界来说已经成为一种现实。

截至目前，有据可查的《超限战》有三个版本：第一个版本是最早的中文版本，在1999年2月由一家中国军队出版社出版发行；第二个版本是美国驻华大使馆使用"中国式英文"翻译的，它对中文版的《超限战》做了概括性的介绍，在1999年11月至2000年2月间，分四次连续在网上发表；第三个版本则是在美国中央情报局的资助下，一批美国的汉学家使用漂亮的英文对该书的大部分章节进行了翻译，遗憾的是他们对其中的军事术语有些缺乏了解，此译作于2000年在网上发布。

这次格里齐亚纳出版书苑发行的版本是《超限战》的首个意大利文译本，它研究并且参考了美国中央情报局英译本的重要章节的内容。应该说，译文是尽力忠实

---

1. 实际为2001年。——译者注

于原著的，但是我早就认为，为了更好地了解各种翻译版本在何种程度上保留了原作的意思和语气，准确掌握原著的优点与缺陷，并通过它了解在世界其他情报机构看来信息封闭的中国军队，需要有一个完整的背景资料。此次，意大利文译本并不奢望揭开全部事实真相，也没有想去揭示有关写作、翻译、评论此书的许多秘密，更不抱有幻想去分析为什么许多人遗漏、删减或夸张宣传此书的许多章节的真实意图。意大利文译本，只是对前面的各种版本的补充，而不是将其替代。旨在对其所涉及的政治战略范畴，以及对其大量的评论与批评加以补充。如果此译本可以被看作"第四本"《超限战》，那么作为第四"福音"书（请允许我这样称之），它不只是对照福音书，也要与前面的译本相一致。

作者

对作者做个介绍很有必要。乔良和王湘穗是两位分别拥有少将和大校军衔（相当于英国军衔序列中介乎上校和将军之间的准将军衔，肩章标志为四个星）的军官，在中国人民解放军空军任职。但他们绝对不是空军的技术人员或者飞行员。前者任职于空军政治部,后者在广州军区空军司令部工作。他们的职业生涯也相似,要么在作战部队任政委,要么在机关负责道德、纪律、人事、干部监察及宣传活动的事务。在中国,负责党务的军官需要接受特殊的训练,而且负责对内对外宣传的干部一般都是从名牌大学的心理和人文科学系选拔出来的。当意大利驻京记者弗朗西斯科·郗士(Francesco Sisci)为意《新闻报》写稿而采访作者乔良和王湘穗的时候(这绝对是意大利人与他们的第一次接触),他注意到两位作者的外表和蔼可亲。一个是胖胖的,一个则略重修饰,这很出乎记者的意料。显然,在郗士眼中,对勇士和肌肉发达的军人形象的预期和现实产生了落差,尽管他也很清楚,乔良和王湘穗并没有目睹过战争。他们笔下的战争是由概念组成的,使用的语言是经过他们本人和他们的上级机关仔细斟酌、审查和考量的。事实上,他们只是军队的两位知识分子,是两位知名但不图钱财的作家。这是因为他们的信仰,也是他们的国家人民普遍的信仰。他们的榜样无疑是毛泽东(政治家、作家和诗人)、邓小平(政委出身,改革开放政策的设计师)、迟浩田(政委出身的国防部长、军队改革的坚定拥护者)。这些知识分子的典型可能是莫言,他也是政委出身，世界知名作家，其代表作为《红高粱》。他们的职责就是研究与国家安全有关的人文和军事思想。

相关的中国环境

经向作者本人证实，创作此书的想法产生于1996年。当时，中国正在进行战略调整，关于共产主义必然胜利和人民解放战争的毛泽东理论，为适应反对霸权主义的需要，正在转变为新的人民战争世界观。原有的人民战争世界观构成了中国从1959年到20世纪80年代的军事理论基础。在那个阶段，在中国战略防御范畴内，号召战术进攻和动员反帝斗争的政治理论是一致的。其中还有这样的思想：对资本主义进行包围的基础就是非洲和拉丁美洲受压迫的人民，就像中国大革命时期红色农村根据地对日本和国民党统治的城市实施包围那样。

这样，中国就形成了这样一个概念，即唯一可能发生的战争就是全球大战，中国要想避免或直接赢得这样的战争，就得具备可以确保进行还击的战略武器。因此，发展战略核力量就成为中国展现自己力量的唯一工具，而且是以还击威胁来避免遭受攻击的必要措施（至少是出自这样的考虑）。随着邓小平和江泽民开始进行的新历史进程，中国不得不放弃反对资本主义和帝国主义的全球战争观。

中国政府声明的新战略，是转向使中国不再会被侵略和占领的强大的基础性建设，并与其长期一贯的目标——捍卫领土完整——相伴。现在的中国开始认识到坚持亚洲领袖地位的重要性。这并不是由于中国对其战略力量规模扩大和将来趋势好转的预期，或者由于其常规军事力量的现代化，或者由于其经济社会力量的快速发展，根本原因是中国接受了在世界范围内与不同国家共存的全球新角色。因此，中国特别重视预防和镇压偶然发生的内战和可以预见的社会混乱。

在军事领域，自1991年海湾战争以来，中国不得不承认，在世界新秩序中，大国不考虑全球影响就发起一场局部或地区战争（或者支持一场局部战争）所带来的危险已成为一个现实威胁。通过对伊拉克战争特点和自身武器装备状况的研究，通过与类似技术和作战环境的对比，中国不得不承认自身军事工具的全面不适应。这里说的不仅仅是武器装备的落后，还包括作战程序、技术、军官的素养和观念、士兵的质量和训练对现代战争的全面不适应。

海湾战争向世界，特别是向中国人展示了西方军事装备的能力：军人职业化、娴熟的技术、精确的空中打击以及实现"零死亡"的能力。

从那时起，提高军事科技水平成了中国战略的关键所在，也成了中国领导人最为关切的重点和最感头疼的难题。从1991年开始，中国军事理论尽管仍然一直声称是防御性的，但是抛出了焕然一新的指导方针：对作战部队的计划、训练和编制必须实行规范化、职业化和现代化。

1996年，中国人的首要政治目标变得很明确，就是实现国家统一。原来的对台战略变得很模糊，可以感觉到中国根据环境的变化，想通过军事手段来解决国家统一的问题。然而，他们手里可使用的是许多旧式装备和一小部分新式装备，这与他们的战略目标存在着矛盾。存在的矛盾也是这个危险游戏的一部分：它们本身变成了发展军事科技的战略工具。

第一本书

1996年，中国由于台湾危机而进行军事演习期间，乔良和王湘穗在台湾海峡沿岸执行公务，讨论形势。他们决定写一本书，以便让中国军队对自己的未来，特别是对世界的现状和未来进行思考。我好像看到过他们，可能我还看见过他们那激烈得几乎是争吵的讨论。

当时，我已在中国工作了三年，那年夏天，我到厦门进行了一次旅游见学。厦门正好位于台湾管辖的小岛——金门岛的对面，金门岛是一座离大陆仅有一个炮弹射程的小岛。台湾军队的炮击（防空火炮）曾为厦门附近带来灾难和人员伤亡，但使人感到奇怪的是，这些事件都被认为是意外事件，并没有被认为是故意的挑衅和攻击。

台湾选举的临近，导致台湾和中国大陆间早已开始的宣传和破坏活动也日渐升级，1996年的军事演习成为中国长期以来一系列作战和战略活动的最大试验平台。战术导弹计划的修订、通过"长城计划"给予战略力量的特别推动，通过从俄罗斯购进第一批SU-27战斗机以及S-300导弹对空中防御现代化的推进，机载预警控制系统，电子对抗设备的增强，对海军陆战队和特种部队力量的加强，快速反应部队的成立以及一系列的情报准备，只是中国以严肃和明确的方式实践军事改革的最初迹象。他们的对手不是很明确，但很明显中国的战略优先考虑的是国家统一大业。在香港、澳门已经实际实现回归后，问题的关键就在于台湾。

中国从不掩饰不急于收回台湾岛屿的意图。从某些方面来讲，对一部分在社会发展、贸易、技术等方面处于先进地位的中国人（因为他们永远是中国人，全世界的华人首先应该是中国人，然后才是台湾人、马来西亚人、美国人、意大利人等）来说，这也是非常有益的。共产党中国很自负，认为台湾是它的一个反叛的省份（暂时没有出现在电话簿上——这是电话簿上的注解）；当然台湾也同样自负，甚至有一种特别的奢望，认为共产党领导下的中国是自己暂时不能实施统治的一部分领土。这种局面对双方来说都非常有益，既推动了非官方的贸易往来，也带来了仅限于官方之间的相互辱骂。但是，这种完全东方式的均衡，正在被台湾独立分子所打破。

在一些美国人、日本人的大力怂恿下，这些独立分子主张，无论是中国人（生活在台湾岛的）还是台湾人，都准备放弃对大陆领土的要求，建议成立一个新的国家实体：另外一个中国，或者一中一台。很明显，这种前景中国从前不会接受，将来更不会接受。

在我看来，中国只是被迫勉强地展示实力，并且凶狠地提高嗓门。现在我的看法仍然与我五年前的想法相同，中国很勉强地展示实力是因为中国客观上还不具备展示实力的条件，最多只能表达中国对这个问题的关注，同时也暴露出实际作战部队的装备不足和战斗力低下。对此，当时的许多观察家称之为虚张声势，美国人认为这种显示力量的表现是很消极的，更多展示出的是不适应和能力不足。

我对美国人在搜集世界真正威胁情报方面的低能一直持批评态度，特别是用西方人的标准来衡量亚洲人的态度、表现和军事行动本身，是绝对不恰当和不准确的。看来在朝鲜战争和越南战争时期太平洋岸边乡村的经历，也没有提高美国的这种能力。1996年，中国在政治和军事层面上都发出了一种真正明确的信号：台湾独立是不能商量的。在海军航空兵表演式的演习和在台湾岛附近发射导弹后，新华社发表声明，通过演习，军队表现出有能力捍卫国家主权、领土完整和国家统一，有能力完成保卫祖国的神圣使命。

随着时间的推移，中国可以平稳地收复台湾。如果被迫采取行动，中国已经做好准备，以牺牲所有的军力来重新夺取对台湾岛的主权。国防部长迟浩田曾经发出过一个含蓄的可怕信息，即中国的目标是岛屿而不是其居民和资源。对于台湾这座地理意义上的岛屿，可以使其成为沙漠或者切尔诺贝利。这对台湾人来讲，信息非常明确，要独立，就要面对防空警报、政治谋害和股市崩溃，不要抱任何幻想。而中国发出这些明确的信息，对自认为派两艘航母到达该区域就会对中国领导层产生影响的美国人来说，仍然难以理解。

当这些显示军事力量的演习正在进行的时候，乔良和王湘穗并没有考虑它对世界格局的全面影响，而只是关注台湾问题本身。台湾在当时的表现，是一个有能力打一场高技术战争的对手，可这场冲突在未来可能还会把美国也卷进去。对中国军队来说，问题的关键在于如何解开在技术落后条件下打赢现代战争的结，无论对手是谁。同时需要明白，是选择开始一种与时间、资源和现有能力方面占据优势的对手的全面竞赛，还是寻求一种超越式的全面接近。在中国，空军还要负责地面防空，他们认识到，与强大的美国空军相比，包括与中国台湾、韩国、日本以及其他与美国这个火车头挂靠在一起的国家相比，中国空军在防空、防导系统方面，比其他军队显然更加不适应当代的战争。

在中国改革开放的年代，通过与其他国家特别是西方发达国家军事能力的比较，中国新一代军人首先提出了在高技术条件下如何进行战争的问题。海湾战争被广泛研究，对它进行批评和赞美的书籍、文章充斥着中国图书馆的书架，但这些研究所用的资料都来自美国的信息，这就带来了一个缺点：中国的评论总是在模仿美国前一阶段的东西。因此，当中国人称赞空中武器系统对战争胜利与否具有决定性意义的时候，美国已经开始反思；在中国人称赞美国步兵数字化装备的时候，美国人却已将其放弃了，如此这般。

对中国人来说，有限战争具有战略价值。打赢现代技术条件下的局部战争是中国军队的一个战略目标，也是他们努力实现装备现代化的目的所在。预防爆发全面战争的意识并没有就此消失，而是成为发展战略核武器的理由。人民战争也没有消失，而更多的是形成一种通过人民武装力量机构（民兵和预备役）进行群众动员的体制。打赢有限战争的目标为建立新型军队、精简裁员、军队进一步职业化、建立快速反应部队提供了很好的理由。

至于如何进行一场有限战争，从一开始到现在，争论一直相当激烈。有人认为，只有使用现代的武器装备才能应付现代的形势；另外一些人则抱怨，要想拥有现代化的技术和装备，需要中国目前还不具备的知识和资源。于是，中国军队邀请各界人士来考虑如何使用现有的装备和技术来作战，向他们寻求计策、战术和战略。为了表明自己可以应付这样一场战争，在几乎所有关于加强军队建设的建议中，都有将现代战争中作战、技术方面的现代化趋势与自身文化（追求前人遗留下来的计谋和策略的需要）或者简单称之为传统的东西相融合。在讨论中也有乔良和王湘穗的功劳，他们早已在超出常规思想方面先行了一步。在这方面，一个最早、最权威的观点来自昆明陆军学院副院长刘林志，他在1995年（1995年2月14日的《解放军报》中）声明，在高技术条件下的战争中，力量薄弱的一方不能等待对手的进攻，应该首先对敌人腹地的致命目标发动攻击，以削弱对手的技术装备优势，进而破坏其攻击力。刘称："在未来反对侵略的战争中，任何企图分裂我国领土和威胁我国主权的行为，在战略方面都对我国构成实际上的'第一波攻击'。因此，在对手刚刚实施集结（战争部署）或其他针对我们的行动，或者战争表现为不可避免的情况下，我们应该在适当时刻发动预防性攻击。预防性攻击需要考虑多种因素，主要有：第一，目的在于削弱对手技术优势，破坏其进攻准备；第二，在战区安排方面，应考虑可以进行三维攻击的地方；第三，在作战方式选择方面，需要特别关注远程火力、特种作战和破坏等形式。"

很明显，刘的看法得到了许多人的认同。5月2日，在同一军报上发表了国防大学红杉（音译）的一篇文章。

文中写道："现代战争，特别是高技术条件下的战争，是作战双方作战体系的一种较量。是否能在较量中获胜，关键的因素不仅仅是双方所采用的作战体系的可信度和军队的质量，也包括一方使另一方的体系和结构蒙受损失的程度。海湾战争是一场典型的破坏结构的战争。在对付强者的抵抗战争中，胜利与否的关键在于力量弱强的转变。在中国人民解放军的历史中，对内方针主要是依靠持久战消耗敌方力量以赢得从弱到强的转变。然而，在高技术条件下的一场局部战争中，这种方式不再奏效，因为现代战争要求快速决断。此外，攻击的技术和模式的发展要比防御发展快得多。结果就是被动防御是没有用的，因为弱者要想战胜强者需要坚决遵循'你打你的，我打我的'的原则，这样才能掌握主动权。我们应该大胆反对从破坏到破坏的做法，我们应该学会积极的作战行动，学会对对手的战争和作战体系内部发起决定性和毁灭性的攻击。只有使敌人整体系统结构遭受损失，迫使他把大部分部队用于防御，才能减轻对自己战略目标的防御压力，有效地减少和削弱对手来自技术和装备优势的作战能力。如此，我们就可以在战场上改变力量均势，进而改变整个战争形势。在研究未来战争问题时，需要深入研究并调整对战争特点及其物质和技术基础，以及对其作战理论的碰撞。这些变革中最重要的一点就是，对战争机制和作战体系的破坏与反破坏成为现代战争整体进程中最重要的行动。战争结果主要由结构破坏的效果和反破坏行动来决定。"文章结尾道："在过去，中国人民解放军的作战形式带有歼灭战理论的印记。在未来高技术条件下的战争中，将会很难创造进行大规模歼灭战的条件。即使在战争对我有利、不放弃歼灭战理论的情况下，消灭战场上活跃的敌人兵力继续成为未来战争的主要目标，但从作战指挥的角度出发，我们更应关注结构破坏性战争。"

信息战的问题也没有被中国军人忽视。3月7日，南京7425军工厂厂长胡修芝强调："正在全世界展开的第二次信息革命（信息高速公路）必将对国防发展造成影响，改变军队组织机构和作战行动的特性。面对这场革命，中国如果想赢得这场未来战争，就必须高度重视理论研究。海湾战争以后，全球范围的军事革命已成为军事战略家们谈论的中心话题。此次革命在信息技术、隐形技术和远距离精确攻击武器方面有自己的发射点。于是，引起了常规战争的又一次历史性变革。"

以上这些关于现代战争的讨论，就是我们的《超限战》作者在电脑前动笔时的纯中国式的理论背景。这个被权威渠道解释过的背景情况即官方的方针的"重新思考"。

中国作战部队落后的现状反而激励了乔良和王湘穗。对中国军人来说，当对现代作战形式进行理论化思考的时候，他们会由于自身的落后技术条件，加倍努力从实践的角度去发明创造。于是就诞生了所谓的"新的作战模式"。可以由这个措辞来理解用于夺取目标的后勤战、作战技法或作战进程的改变。

无论是从前还是现在，中国人民解放军都面临一个无法解决的难题：它是一个军人数量巨大，完全扎根地域，强烈地融入国民生产布局的军事工具；它缺少资金，却需要结构和装备的现代化；没有合格的人才，却需要高技术；没有一个足够弱小的对手可以当作敌人，却自以为可以和它以外的世界为敌；它有短期的战略目标，却没有时间准备必要的工具去实现它们。这一切的结果就是，他们力图把旧的、不适合现代战争的武器与所购的新装备结合起来，形成新的作战模式、作战技法、管理和控制体系，而这些研究常常是徒劳。他们想出了不使用特殊装置实现夜间飞行的方式，想出了不用合适的装备就能进行电子对抗的方法，甚至发明了新的格言和口号：新的进程和体系能够加快军队训练的步伐，使军队的管理合理化。这些也许是为了欺骗，为能掩人耳目的发明，数量十分巨大，将那些有用的发明从无用甚至具有灾难性的发明中分解出来，简直是一个难以实现的目标。在作战方式方面，中国军队一直在寻求一种实际的方案以解决基本问题：使用现有的装备、程序去完成任务。但似乎很难找到这种方式。

《超限战》这本书写了三年，不能算一部速成的著作。在三年的研究中，作者获取了大量的美国书籍，经过了不断的争论和修改。与此同时，世界上也在发生着许多重大事件：坦桑尼亚和肯尼亚的美国大使馆受到攻击，有上百人死亡，上千人受伤；美国人对喀布尔的反应；亚洲金融危机，这危机很快就被归因于金融家索罗斯及国际货币基金组织和世界银行；波斯尼亚、科索沃、车臣的恐怖主义；阿尔巴尼亚剧变；本·拉登对美国宣布发起的伊斯兰圣战……整个世界仿佛疯了一般。高技术条件下的有限战争变得越来越混乱。新的全球性危机，凸显了合法或非法的非国家实体在这个时代一直具有决定性的作用。而面对新的斗争形势，原有的同盟也开始瓦解。这部写于1999年的著作不能不考虑这些形势的变化，不能无视任何对未来有重要影响的端倪。也许只有那些胆大和极端的说法能反映出这些变化，从而显得可信。

此书是悄悄出炉的，因为它是专为国内读者而写，至少官方是这样讲的。它仅有中文版,是一部专为中国人而写的著作,专门面向军队和内部读者。这么一部内部著作,它的作用不是在思想的控制和操纵方面,而是推动军人对未来战争的思考。

乔良和王湘穗采用了在中国常用的表现方式:变含糊的假设为明确的肯定。尽管文中还是引用了马列主义、毛泽东思想的军事理论的经典论著,但作者也大量引用美国出版物的内容,他们的许多思想的灵感来自布热津斯基和斯迪文·麦兹,特别是梅斯和美国陆军作战学院战略研究所的詹姆斯·基维特的文章《战略与军事革命:从理论到政策》。对西方文章了解不多的中国读者可能会高估作品的原创性,而西方读者则可能不欣赏作者的仿效和研究。

作者在设想《超限战》的时候,好像不是在表达自己的想法,而是在重复中国官方机构的想法,讲的是一个归纳后的形势。该书对中国军队近十年所采取的行动只字未提,只是从美国人所讲、所写和所做中得出自己的结论。它可以看作具有一种公正形式的理论化成果,但是它也绝对符合中国人的心理和思维。

第二本书

如果没有发生1999年5月北约轰炸中国驻南联盟大使馆的事件，乔良和王湘穗的理论不会引起重大反响。事实上，首先叫喊"不对称战争"的人，就是不想听任何解释的中国人自己，他们认为，这起事件是针对中国有预谋的、卑鄙的攻击。

中国人从不相信对南联盟大使馆的轰炸是误炸的说法。在他们看来，像美国这样的强国，不论是作为对手或者伙伴，都应该在技术和文化方面值得人尊敬，不可能因为其发射系统的失败，甚至是因为一个低能职员的标图错误而搞错攻击方向。像美国这样的强手可以很恶毒，但不会很愚蠢，因而美方是故意的。它故意使用了非常规的、非对称的程序（过程）和工具来完成轰炸，以便从轰炸外交场所的不合法性中摆脱干系。美国人还在美中的间谍事件中与中国较量，追查在克林顿争取连任的大选中的中国献金案，反对中国人在巴拿马的存在，还对中国进行恶意宣传。就这样，1999年夏天，这本书被CNN、VOA和BBC重新谈起，作者被许多媒体采访、报道，与此同时，《纽约时报》和《华盛顿邮报》指责作者推动了恐怖主义。乔良和本书初版的责任编辑项小米在2000年1月的《世界军事杂志》上坚决否认了对他们的指责，指出该书没有被很好地解读。

当年11月，美国驻华大使馆开始对此书进行翻译，它被分四次连续摘要发表，直到2000年2月。为驻华大使馆翻译此书的译者无疑是中国人，其英文不错，对作者使用的军事术语知识有很好的了解，但并不出色。译者评价："《超限战》是以清晰和平静的风格写成的。"

阅读美国使馆发表的概要，就会有这种轻松和平静的感觉。涉及越南使用脱叶剂、美国帮助伊拉克反对伊朗等具体的棘手事件的时候，也没有批评或者责备，只有当译者读到作者认为投机商乔治·索罗斯是所有亚洲金融灾难的罪魁祸首的时候，字里行间流露出轻微的关注。

使馆的摘要值得深思。首先，它是由生活在中国的翻译译成的。翻译者和评论者深知概要为众人所知，因而它有原则要遵守，有命令要执行：第一，不能翻译会使中国处于尴尬境地的东西；第二，不能讲对中国安全非常敏感的东西；第三，不能得罪美国人；第四，不应让人感到有一些敌意。译文要很含蓄，可以被接受。使馆官员自身也不愿因技术上的原因或不幸的翻译而制造外交事件。实际上，使馆官员出于好心，一直采取的是间接操纵的方式。结果就是在该书的全面摘要中，作者没有说明中国的所想、所说和所做，也没有说明中国军队将要做的事情。资料只有美国所列举的事件，只有美国和西方所做的事情，作者只是从中得出结论，并且只是指出美国结论本身的局限性和他们举止行为的不协调性。

此版本不能称为忠实原著的译作，甚至不能称为译作。概述或者引文全是译者或评论者的个人行为。因此，此版本是一个独立的译本，不是作者所写的，而是翻译者独立写就的。为了指出之间的区别，下面我就从中央情报局翻译和出版的版本中引述一些片段，特别要在语调和术语方面注意区别。

摘要从证实技术可能没用开始。在提及了一些中国人最钟爱的事情以后，文章写道："可怕的俄罗斯SU-27歼击机没有参加过一场战斗，SU-35已成型，但很多人都对它是否是一架成功的战机感到怀疑。"如果说在无力追赶美国的情况下，技术怀疑论将具有很好的市场，那么在赞美事物正面却暗示其反面的现象中，对美国思想的欣赏则显得是那么强词夺理，具有典型的中国特色："新型装备到处都是，美国人在这个领域处于领导地位的说法是有一点道理的。美国人在越南战争中为了在胡志明市的小道上识别士兵，使用了碘化银和脱叶剂。技术与财政资源的结合使得美国在这一领域无人可与之媲美。

尽管美国人在发展新式武器方面很优秀,但在发展新武器概念以真正原创的方式使用武器方面则特别逊色。这需要一种系统和哲学思想来发挥作用,而这不是美国人的强项,美国人只是一个在发展新技术方面具有优秀的实践能力的民族。"还有,按照新的思维方式,有计划地使股市崩溃、通过病毒攻击计算机导致(敌国的)货币不稳,以及在互联网上散布敌方政治领导人的虚假消息也都可能成为新的武器概念。这种新的思维方式使得人们手中的日常物件也都能成为武器。

"一个中国哲学原则(也是克劳塞维茨的战争原则)说的就是物极必反。科技如今已到了极限,进程正在转变,因而新的方式是必要的。"

"对于谁是未来战争的主角的问题,答案不仅仅是军人,还有老百姓,特别是电脑黑客,在1994年对美国国务院的电脑发动了230000次进攻。"

"同样,在对世界安全的真正威胁方面,不能只考虑来自国家的,还要考虑一些非国家组织,其中包括伊斯兰圣战组织、美国的白人民兵、日本邪教组织奥姆真理教和本·拉登(他刚刚组织了对美国驻肯尼亚和坦桑尼亚大使馆的爆炸事件)。使用有限工具的国家很难消灭无限制地使用任何工具的非国家组织。这些战士不仅仅是黑客，还可以是计算机系统的分析师、软件工程师、股市的操纵者、可以调动大批国际资本的金融家、通信工具控制者、社论撰稿人和电视的控制者，这些人同本·拉登一样具有强烈的信仰。从这个角度讲，谁能否认乔治·索罗斯是一个金融恐怖家呢？"

"最初构想未来战争的真正方式，不要局限于考虑信息战或者精确打击，而是要扩展到与战争不同的军事行动和非军事的战争行为。最后，这个概念产生于美国对其全球利益的认知。传统的例子就是美国认为世界其他地方都是它自家庭院。但并不是只有美国如此：德国总理科尔利用马克推倒了柏林墙，李登辉借金融危机之机使台币贬值并进而攻击港币。在阿尔巴尼亚危机中很明显可以看出，外国金融家们资助反对派，控制传媒，使国家陷入混乱之中。我们不应让这种观点影响我们的判断，因为可以肯定地讲，维护和平、禁毒斗争、镇压暴力、军事援助、在发生自然灾害时或者人道主义紧急状态下的干预以及反恐斗争将是人类面临的最重要的问题。"

"超限战的新构想不会产生于美国，因为美国军事思想接近了这个构想，但不能迈出决定性的一步。无论如何，这就是美国在世界范围内进行干预的实用主义风格，它自身的技术发展允许其在军事思想中进行这场革命。"

"恐怖主义使用无限的方式进行无限的战争。一个国家使用有限的（常规的和军事的）工具则处于劣势境地。利用过度的力量（指的是美国用导弹轰炸阿富汗，以报复1998年对美使馆的打击）经常是没有效用的。本·拉登对美使馆的攻击表明，一个没有章法限制的游击战国家很难被打败。"

"新恐怖主义不仅仅利用爆炸事件、绑架、杀人、劫机等传统方式。像日本奥姆真理教使用的毒气一样的新技术所产生的后果比受到侵略所产生的后果还要可怕，使用新技术的恐怖主义者可以被称为新恐怖主义者。"

"海湾战争，如果不是为了它，美国军方也不会有机会革新自己的结构。它成了空中力量和技术势力的展示场所。美国人倾向于使用费用高的武器和高技术以最大限度降低人员伤亡。只有富有的国家才能这样做。在海湾战争中，美国使用价值为每架2500万美元的飞机对伊拉克实施了上千次的轰炸，发射了每枚价值最多可达130万美元的"战斧"导弹。其中，有一种轰炸机就如同一座金山，它的价值要比轰炸目标高昂得多。在161天里，一条长长的后勤供应线输送了52万名士兵和800万吨物资。"

"此次战争，零伤亡政策几乎完全被遵守，亡140余人，伤458人。"

可能冲击美国敏感神经的就是一种简单而明捷的看法，即"美国人已成为所有物资中最昂贵的东西。如此贵重，以至于美国人民害怕像一个珍贵的花瓶一样被摔碎。所有与美国人交过手的人都明白这样一个道理：如果你不能打败美国的军事机构，那你就去杀死它的士兵。美国人需要胜利，但不希望有人员伤亡"。

另外一种非常平静的看法就是，在世界各地的战场上，"美国人展示了他们的高超技术，和他们并不出色的军事指挥艺术"。

海湾战争对美国的装备来讲是一则壮丽的广告，美国人作为世界上最大的武器销售商，已对其做出评价。它的高技术、烦人的战术和昂贵的费用，使它特像好莱坞的大片一样，情节简单，不忠于原作，但有奇特的效果。

魔鬼式战争和非战争军事行动的构想在相互接近，决定了对军事思想的一种真正的革新。但具有保守思维方式的美国军队的军官们能够区分战争性军事行动和非战争军事行动。当1998年颁布作战基本要素时，多维战争概念被放弃："走一步，退两步。"

"像美国这样伟大的民族是不会为反恐的联合战略而组织起来的。"

"规则也是由于实施它的国家的不同而不同的。"

"这种新恐怖主义对当前的国际秩序的挑战是空前的，同时也对这个国际秩序的合理性提出了质疑。我们应该逮捕违反规则的人，但我们也应改变一些规则：国家要与破坏规则的人做斗争，自身也准备好打碎一些规则。当美国使用巡航导弹攻击恐怖主义分子和中国香港政府使用外汇储备及行政法规与投机活动做斗争的时候，我们就已看到这种需求的一些迹象。还有国家采取的对策是无力且没有想象力的。最后，世界上各国政府最好的老师就是这些传统风格的恐怖分子，他们为了自己的事业，会不假思索地利用一切手段。"

"战争中无规则可循，只有有特色的过程。有被人民称为0.618黄金分割的进程，但没有持续不断的进程。如果谁坚持采取黄金分割式的战略，谁注定要失败。"

"对于未来战争需要的东西，大部分士兵还没有做好准备，赢得非常规战争的胜利和在战场之外取胜。从这个角度讲，就连鲍威尔、施瓦茨科普夫和沙利卡什维利将军都还不具有现代思维，不过是传统式的军人而已。"

"在什么是常规和什么是现代之间有一个巨大的空白，一个只有渊博的思想家才能填补的空白，现在的士兵应为马基雅维利式的军人。超限战的起源可以在文艺复兴时期意大利伟大思想家身上找到，当然在他之前还有中国的军事思想家韩非子。"

"超限战意味着超越国界，限制和区分军事和非军事、武器与非武器、军人与老百姓的戒律，不同方式的联合是大师们的鸡尾酒。只看到军事工具的联合就太狭隘了。要赢得当今的战争，就要利用所掌握的全部资源。此外，需要确定事件的发展进程以便决定更有效的战略和工具的结合。"

"现代国家受到欧盟、石油输出国组织、国际货币基金组织、世界银行、世界贸易组织和联合国等超越国家的组织的影响。此外，跨国公司、职业协会、绿色和平组织、奥林匹克委员会、宗教组织、恐怖组织和黑客等也是决定性的因素。这些超越国家的国际组织和非国家组织正在创造全球权力的新架构。美国通过组织群体和国家的联合来捍卫自己的利益。"

"人们对超越国家的组织解决冲突的能力的信任一直是比较弱的。人们看到的是经济全球化、国家政治国际化、信息资源的集中和科技更新周期的压缩。其中隐含着文化斗争和给人类带来同样得失的非国家组织的加强。"

"在1996年的台海危机中，股票狂跌，如果不是有计划的，会是那样的吗？"

"在与孤立主义相对的全球主义中，美国人正沿着无限目标的方向扩展自己的力量。这不可避免地导致悲剧。公司资本有限而责任无限是注定要失败的。"

"在新的世纪,战士已扪心自问:我们是什么?如果本·拉登和索罗斯是战士,谁还能不是呢?如果鲍威尔、施瓦茨科普夫和达扬是政治家,那么真正的政治家是谁?这是全球化时期战争的根本问题。"

第三本书

对外广播局是中央情报局负责搜索、翻译和向世界传播信息资料和报告的机构。

美国驻华大使馆的翻译工作始于1999年11月,完成于2000年2月,并于2000年年初,开始在网上逐章发表该著作,但似乎没有引起特别的关注。更多的反应是零星的新闻消息和记者对翻译和媒体即席引文的指责。中央情报局在美国大使馆完成它的第一部概要后开始挑选内容和翻译此书。很明显,中央情报局最初的兴趣不是很大,它利用一年的时间才让此书的译本进入美国和西方世界。众所周知,寻找合格的东方语言的翻译是有难度的,同样在这一阶段中国出了大量有关军事政策的著作，其作者要比乔良和王湘穗知名得多。仅张召忠教授一人，作为国防大学军事科技与装备教研室主任，在1999年3月至9月间就出版了三本书：《谁能打赢下一场战争》《战争离我们有多远》《下一个目标是谁》（每本约500页）。书名很吸引人。然而，在中央情报局刚刚掌握《超限战》译本的时候就看到这样可怕的、混沌的、警告式的反应，是令人感到意外的。

介绍译本的出版商很显然没有过多地考虑此书能够引起人们反思，当然中央情报局也没有对美国驻华大使馆的翻译做出公平裁决的需求。出版商指责作者为发展中国家特别是中国提供了新的战术方法，以补偿他们与美国相比存在的军事劣势。该书由于预见了在冲突中攻击美国的军事和非军事方面更为重要的多种手段，引起中国和西方新闻界的注意。他们提出的攻击手段包括攻击计算机终端和金融机构、恐怖袭击、媒体战和城市战争等。

中央情报局的译作粉碎了前译本的平静感，美国人感到这是中国针对美国的一次文化侵略。许多评论家读出了这样的指责：海湾战争是美国需要和进行的战争，利用的是纯美国式的军事机构和军事同盟。作战方式、作战概念和技术程序本身都是美国人的。海湾战争后，对美国战略的修订和机构重组（精简和现代化）只限于美国。美国人提出和使用了信息战理论，最早的黑客就出自美国，亚洲金融危机也始于美国，是由美国的投机商造成的：这些美国人都有文件和文字记载，从他们的总统开始。美国人不说却给人以暗示：可以使用特种作战、心理战、生化武器，甚至还包括国家恐怖主义等手段。当他们想在从伊拉克到阿富汗等世界不同地方使用非常规武器进行干预的时候，这些都是可能使用的工具。这些看法在著作主体中不能正式写出来，于是作者在注释中加以说明，在章节的脚注中可以读到是本·拉登为美国人在沙特修建了军营。对评论者来说，这些话显然都是侮辱性的语言。

军事专栏作家里奇·奥尔登中校认为，此书应是职业军人的必读书，尤其是情报官员。该书向类似中国的不发达国家传授了对美国展开全面战争的方法。

2000年8月，《基督教箴言报》定义此书：此书是一部求助于使用金融、计算机、经济、生物、化学以及恐怖主义等工具的战争手册。报纸在引用作者有关政客、科学家和银行家引导战争的思想的时候讲道："这种看待战争的方式，使中国军事情报部在1996年为民主党全国委员会投入100多万美元，以支持克林顿连任总统以及其他民主党人士的活动。"

2001年4月21日，戴维·伍德在《旧金山史报》上写道："超限战战略要求恐怖主义、媒体控制、网络攻击、为引起金融崩溃而对股市的操纵、计算机病毒的传播和其他非传统武器的联合。乔良和王湘穗写到，相信有一天，人们醒来后会惊奇地发现，一些原来美丽可爱的东西已具有攻击和致命的特性。"

2001年5月1日，第380期《中国改革监察》发出警告，中国在超限战战略的指导下，为纪念在与美国间谍飞机的撞击事件中牺牲的飞行员王伟，对互联网发动了上百次的攻击。作为警讯的来源，BBC和CNN引用了美国联邦调查局的消息。

应急研究所（ERRI）的分析人员斯塔恩没有美国媒体那么冲动，但仍然感到很不安，他强调此书指出了对付战略强敌（从未指明是美国）的多种方式。他尖锐地指出，中国战略家好像在研究战胜像美国这样的超级大国的计划的事实同样令人疑虑，因为乔良和王湘穗提出的概念几乎可以直接被一些无赖国家、非国家组织包括恐怖组织所采用。

2001年8月24日，中国共产党再一次出来反对克林顿放弃巴拿马运河的政策。中国借机想以租借的形式在运河区域拥有重要的商业基地，记者斯科特·加卢波问道："中国人来巴拿马干什么？"答案可以在《超限战》中找到，即巴拿马可以成为帮助像中国这样的发展中国家在与美国的交战中弥补科技劣势的基地，可以在此采用恐怖主义、毒品走私、计算机攻击和环境恶化等战术。此事被用来表明中国正在展开针对美国的超限战。

《中国改革公报》的圣托利说道："在对美国装备、后勤、军事理论的优势表现出巨大的尊敬和公开赞美的时候，作者同时相信中国可以在新的作战领域打败美国。"

显然，在对纽约和华盛顿的恐怖袭击后，对攻击的启示者和思想的发源地的追踪，再一次落到了那本书上。去年12月21日，詹姆斯敦基金会的《中国新闻简讯》的出版商比沙德·D. 费希尔写道："美国寻求在长期的反恐斗争中得到中国援助的时候，不应幻想中国与美国具有同样的目标或者不再是长期的对手。如果本·拉登或者他的盟友在将来能够获得核武器，那么很可能它的许多部件是通过巴基斯坦和伊朗运送过来，而且有'中国制造'的印记。本·拉登在一些中国人民解放军的办公大楼里还有他的吹捧者俱乐部。在《超限战》一书中，两位政委表达了对本·拉登做法的赞美之意。"

显然，没有办法核实这些指责有多少是真实的。从中文到英文没有一个官方的译本，而我们要读的这本书则在一个特殊的历史时刻，面对着一个特定的公众群体。如果想知道乔良和王湘穗写了些什么东西，第三本书可能成为帮助了解其真实内容的又一个版本。对此译本，我们应相信中央情报局，但对于写此书的真正意图，我们则应相信作者在回应指责时所做的声明。

乔良和王湘穗最近曾向郗士声明："我们写此书并不是向恐怖分子指明攻击美国的方式，完全相反：我们想告知美国人，一种巨大的危险正在临近，这就是现代科技与恐怖主义相结合的新恐怖主义。"

以前，他们在简氏信息集团的采访中说过："你们不会找到一句关于中国应利用恐怖主义发动战争的话语，超限战是一把'双刃剑'，它不是对任何特定国家发动战争的计划。"

在1999年《华盛顿邮报》的采访中，乔良在回答是否接受现今世界美国占统治地位的问题时说："你们美国人为了避免专制，建立了三权分立的国家体制，但你们给了世界什么？你们为什么不能给世界以和平民主？我不是说美国所做的一切都是错误的，但如果你们犯了错误，有谁能去改正它呢？"

第四本书

这是第四本书，作为最后一本福音书，我希望它与众不同，能从更加客观的角度反映事实。从第三本书中进行选择是被迫的，因为它是现有的唯一西方语言版本，也因为它只是对原作做了不大的删节（只是排除了对海湾战争有关训练、理论、作战等方面的特殊讨论，没有增加任何关于超限战理论的评论）。撇开作者、译者和评论者意图的好坏不说，此版本应是最流行和最为世人所理解的。目前，只有以此为基础来推论此书是否真是一种危险，以及这种危险是如何转变为威胁的。

依我看，美国人对此书涉及中美作战的假设的担心是真实的，而对这种理论在目前或今后二十年内转化为实践却不那么担心。所以我认为，以一种假贞节的心态把这本书罪恶化以制造丑闻的做法是不公平的。我们应留给读者一个完整的判断。这第四本书有意识地提供一个足够广阔的完整画面，使每个人都可以产生自己的看法。

当然，乔良和王湘穗的作品在军事职业范畴内的整体信息，麦考密克论坛基金执行副主席戴维·格兰奇将军感受到了。格兰奇在1999年退休，曾指挥过陆军步兵第一师，在德国、波黑、马其顿、科索沃等地任职。格兰奇在《国家战略论坛杂志》2000年冬季版上发表了一篇题为"非对称战争：老方式，新构想"的文章。和其他所有从第三本书中吸取过思想的美国人一样，格兰奇将军也认为，乔良和王湘穗分析了美国在许多非对称战争中的态度，并且希望理解美国的作战规则。我明白，他的思想来自对波黑、科索沃初期军事干预的典型经验和教训的总结，并以展示非对称战争思想变化的轨迹来呈现。这种思想应该受到人们的尊重。格兰奇讲道："我们认为，非对称行动一般是指防卫式的反应，在恐慌中做出决策；尽管在某些情况下，我们的空中打击或导弹攻击收效甚微，有时击中了非战斗人员而不得不利用媒体遮丑。不管形势如何变化，我们继续以不现实的使用武力的规则来限制我们的行动。欺骗、心理战、信息战、情报战、软件攻击等都是非武力的手段，这些是第四代战士应该具备的，这些手段在未来的作战中将会被使用。我们应该明白，力量是以时间、速度、当时的条件和立场为基础的，随着形势变化而改变。这些决定力量的因素很难定义，它们可以在不同环境中提供力量，如在缺少资源或者缺乏指挥控制能力的地方，可以由更多的诡计、道德力量、攻击态度、安全感、出其不意、灵活性和处理特殊任务的组织能力来弥补这些缺陷。我们应该攻击对手在作战中有规律的周期活动和凝聚力来预防对手的非对称行动。对手在每次行动的时候，必须进行规划，进行准备。我们可以提前行动，使其失败。关键就是保持对敌人在物质和精神上的优势地位。我们的对手，在与我们进行的不对称行动中争取优势方面很能干，我们可以通过采取同样的行动使这种优势难以逆转。"

为使对手在精神和组织机构方面蒙受快速而有效的损失，在针对其物质力量方面，我们固然可以采取典型的、可以预见的、常规的、直接的方式，但是应该更多使用达到非对称目标的手段（破坏、瓦解、分离），在对手之前赢得对民众的控制，禁止其组织使用宗教场所，扰乱货币流通和供应，杜绝其利用媒体揭露腐败，使领导层当面出丑，打断权力关系，进而迫使敌手处于防守状态，破坏其平衡。

"所有这一切要求具有公式化以外的思维能力，以及有主动性、能动性、灵活性和制胜的心理状态。对导致局部战争和（生物、化学、核和计算机等方面的）恐怖主义大灾难的一切值得世人关注的威胁，我们必须利用预防战略，采取非对称行动，来遏止第四代战争。我们必须对要担任什么角色做出选择：是猎手还是猎物？"

格兰奇将军谈及的范畴显然要比乔良和王湘穗讲的

全球范畴要小，但其哲学推理是相同的，对新的战争思维方式的呼唤是相同的。如果需要，甚至要更加残忍，但这只是语言问题。留下的问题是，新的思维方式在什么水平上，有多大的可行性。我们现在仍然停留在那里，尽管做出了努力，但问题还是老问题。关于乔良、王湘穗所提出的应对全球化威胁的措施，也需要将空想从现实中分离出来。

现在这一切还是乌托邦。无论中国还是世界上的其他国家，都没有体现出书中所写的组织力量，也没有将所有努力沿一个方向推进。目前，世界正在寻求结盟以对付恐怖主义这个特殊的威胁，但是世界各国对这个问题缺乏统一认识，行动不一。只有两三个主要国家、少许小国和组织，以实际行动对反对恐怖主义的召唤做出了回应。其实美国本身在内部协调上也有困难，现在已确认美国有49个国家部局负责反恐工作。每个部门有自己的预算，有自己的目标，有自己的工作方式。任何一个都与其他相分离。部局之间协调的神话，现在是由乔治·布什本人通过提供统一方针并亲自指挥来实现的。任何了解国家官僚机构运作的人都知道，总统也是具有人类局限的人，与他们对话和协调他们的行动有多难。何况，世界上并不是只有美国，还有其他重要和不那么重要的却与反恐有关联的国家，以及政府或非政府的、合法与不合法的、正当与不正当的超级机构和国际组织。如同乔良和王湘穗所预见的那样，全球多维战争，确实就是未来战争的发展趋势。他们所做的，就是通过提出理论来督促变革。

超限战理论在现实中的运用范围十分宽泛，那些像现代恐怖主义或者犯罪组织一样的同行业组织，还有从企事业、商业、金融或其他任何在对抗环境中需要通过竞争达到目的的个人和组织，都可以从超限战理论中获得反思和革新的启迪。该书经常把金融投机作为给人类带来更大灾难的战争现象并不是随意所言，他们思想最初的源头并不是马基雅维利，而是更早也更为出色，却不被我们所知的韩非子。把韩非子所说过的为达目的而不择手段的话，放在今天，就是需要按照形势的发展变化，在不同联合行动中选择利用任何所拥有的手段及其组合。作者在无意中描述了破解结构混乱现象的逻辑：虽然你无法在不断变动中预见事件发展的直接结果，但需要有一个与事物发展方向相一致的能够勾勒出发展趋势的理论。这其中包括黄金分割原则和在战争中不应墨守成规的警告。

像调制鸡尾酒那样，采取多种手段制造恐怖活动的犯罪组织的威胁是现实存在的，更危险的是我们没有意识到他们的活动是长期的。要想克服自身的恐惧，就需要熟悉他们的活动方式和可能的发展，这样才能寻找到适宜的、合法的手段消灭他们。

利用超限战原则去实现特定目标的组织，也同样存在着风险，但这并不可怕。因为强大的国家组织会更加深思熟虑，其目的和方式都更加隐蔽。现在它们已经处在不对称对抗中的有利地位上，还享有一定的主动权。再者，大部分人相信，只要恪守一些基本原则或者正义的原则来规范每个人的生活就足够了。大多数人的信念是有影响力的，他们为犯人和杀人凶手做出了正义的榜样，相信他们生活的社会本身能够包容他们的思想与行动。

这本新书可以帮助人们很好地理解自己所处的环境及其应该承担的角色。在这方面，乔良、王湘穗二位给予了重要的帮助。

如果今后有一天，人们发现这本书没有什么用处，只是某种幻想，甚至感到受了欺骗，那么也不必归咎到两位身上。世上只有少数人意识到，他们是作为猎物而活着，是同属于动物世界的捕食者的牺牲品。但那些捕食者同样不幸，他们生活在另一个残暴的世界里，从某些方面讲他们也是为谋生而捕食，需要对猎物可能的防卫使用武器和暴力。现在,恐怖分子就是猎手,他们可以利用双重优势:一是有许多无意识的猎物,他们不做任何反抗,彼此也不合作而选择投降;二是有少数的猎物虽然意识到了危险,但斗争能力有限。只有极少数人和组织在对这种威胁进行着激烈的斗争。如果我们不再继续国家间的对抗游戏,而是集中力量与人类真正的对手——恐怖主义做斗争,无助的猎物就会转变成出色的猎手。

这第四本书有助于人类冲破传统的对抗游戏。

(本文作者米尼将军曾任意大利驻华武官、北约驻南欧地区司令、意大利陆军总监等职。)